suhrkamp taschenbuch 1368

D1872611

Walter Brecht, geboren 1900 in Augsburg, Naturwissenschaftler und Ingenieur, war von 1931 bis zu seiner Emeritierung im Jahre 1971 an der Technischen Hochschule Darmstadt Professor für Papierfabrikation. Er starb 1986 in Darmstadt.

Walter Brecht, der um einige Jahre jüngere Bruder Bertolt Brechts, erinnert sich der Kinder- und Jugendzeit. Die Erinnerungen beginnen mit einem Rundblick auf Augsburg, die Geburtsstadt beider Kinder von Berthold und Sophie Brecht, um im Haus Bleichstraße 2 Einzug zu halten, wo die Familie lebte, die Söhne heranwuchsen; von wo aus der eine zum Studium nach München, der andere in den Krieg nach Frankreich zog. Das Buch endet 1920 mit dem Tod der Mutter. Ein Dokument.

Walter Brecht
Unser Leben in Augsburg, damals

Erinnerungen

Suhrkamp

13. SEP. 1996

Umschlagfoto: Familie Brecht, 1908

suhrkamp taschenbuch 1368
Erste Auflage 1987
© Insel Verlag Frankfurt am Main 1984
Lizenzausgabe mit freundlicher Genehmigung
des Insel Verlags, Frankfurt am Main
Suhrkamp Taschenbuch Verlag
Alle Rechte vorbehalten, insbesondere das
des öffentlichen Vortrags, der Übertragung
durch Rundfunk und Fernsehen
sowie der Übersetzung, auch einzelner Teile.
Druck: Nomos Verlagsgesellschaft, Baden-Baden
Printed in Germany
Umschlag nach Entwürfen von
Willy Fleckhaus und Rolf Staudt

1 2 3 4 5 6 – 92 91 90 89 88 87

UNSER LEBEN IN AUGSBURG, DAMALS

Familie Brecht, 1908

Für Lie,
Inge und Britta

Wer den Blick nicht flüchtig, sondern mit Bedacht in die eigene Vergangenheit lenkt, gelangt nicht nur zur Erweiterung seines Lebensbildes, er erfährt auch Wahrheiten, die sonst nie an den Tag gekommen wären. Denn man sieht die Menschen jener Zeit in einem die Konturen schärfer zeichnenden Licht, und – ob Eltern oder Geschwister – man versteht jetzt aus der Tiefe heraus, was ihnen auferlegt war und wie sie dies, kraft ihres Wesens, in ihrer Zeit bewältigten. Der Nachforschende begreift es deshalb als seine Aufgabe, ihnen aus diesen Einsichten heraus eine gerechtere Beurteilung zuteil werden zu lassen, als es dem noch so gut meinenden Fremden gelingen kann.

AUFGEWACHSEN IN AUGSBURG

Augsburg, eine der ältesten deutschen Städte, im ersten Jahrhundert n. Chr. von den Römern gegründet und in fünf Jahrhunderten zur frühbürgerlichen Handelsmetropole geworden, erlangte um 1600 Weltgeltung. Sie war Sitz des größten europäischen Bankhauses. Mit ihrer Teilnahme am ostindischen Gewürzhandel und dem sich aus ausländischen Bergwerken aufbauenden Kupfermonopol finanzierten die reichen Fugger Päpste und Kaiser. Kaiser hinwiederum machten Augsburg zu einer Stätte großer reichspolitischer Entscheidungen. Von den vielen Reichstagen unter Maximilian I. und Karl V. gelangten zwei zu besonderer kulturpolitischer Bedeutung. Der von 1530 lieferte mit der ›Augsburger Konfession‹ das Fundament für die Bekenntnisschrift der lutherischen Kirche, der von 1555 brachte den ›Religionsfrieden‹ von Augsburg, mit welchem die lutherische Kirche staatsrechtlich anerkannt wurde. Zeitlich eng verknüpft mit der wirtschaftlichen und politischen Blüte ging eine Hochblüte der Kunst einher, wie sie in dieser Dichte nie mehr erreicht wurde.

Augsburg, das als erster Vorort der italienischen Renaissance auf deutschem Boden bezeichnet wurde, brillierte mit seiner Baukunst, die der Spätgotik entstammende Kirchen schuf und es dem Stadtbaumeister Elias Holl ermöglichte, mit dem den Stadtkern mächtig beherrschenden Massiv von Rathaus und Perlachturm, aber auch mit seinen anderen Bauten dem Stadtbild frühbarocke Züge zu verleihen. Auf gleicher Höhe stand die Bildhauerei, die mit Standbildern und Brun-

nen die Plätze der Stadt schmückte. Die Malerei brachte Bilder eines Holbein d. Ä., eines Burgkmair und anderer hervor; dem Kunstgewerbe, vor allem den Werkstätten der Juweliere, gelangen Schöpfungen von meisterlicher Schönheit.
Mit etwa solchem Wortlaut ging das Hohelied der Stadt in unser Gedächtnis ein. Es nahm aber auch Dunkles auf. 1630, mit einer Einwohnerzahl von 45 000 wohl die kopfreichste Stadt Deutschlands, fügte ihr der Dreißigjährige Krieg mit Belagerungen, Hungersnöten und Seuchen unheilbaren Schaden zu, so daß nach dem Kriege nur mehr 16 000, also kaum mehr als ein Drittel der Einwohner lebte. Und dann, nach mehr als fünfeinhalb Jahrhunderten Freier Reichsstadt mit eigenem Stadtrecht, büßte sie schließlich durch die 1806 von Napoleon I. verfügte Einverleibung in das Königreich Bayern ihre ehemals einzigartige Bedeutung völlig ein. Daran änderte sich im Grunde nur wenig, als sich mit der etwas später einsetzenden Industrialisierung neue Mittelpunkte wirtschaftlichen Lebens zu entfalten begannen und an den Rändern der Stadt große Fabriken entstanden.
Das also wußten wir von Augsburg, und wenn es heißt, daß die Lebenskraft von Stadt und Bevölkerung auf die mit dem Zerfall des Römerreiches verbundene Einwanderung der Alemannen zurückzuführen sei, so war unser Heimat- und Zugehörigkeitsgefühl zur Stadt Augsburg in zweifacherweise echt, denn Vater und Mutter, er aus Baden, sie aus Württemberg, waren Alemannen.
Aus flachem, weiter draußen bewaldetem Land aufsteigend, gesäumt von den im Norden der Stadt zusam-

menfließenden Gebirgsflüssen Lech und Wertach, erstreckt sich Augsburg auf einer Bodenwelle, die die Türme seiner markanten Hauptbauwerke – der Dom im Norden, Perlachturm und Rathaus in der Mitte und das St. Ulrichs-Münster im Süden – zu einer von weither sichtbaren, zart und dabei doch genau gegliederten Silhouette verkettet.
Vom Ulrichs-Münster, dem südlichen Eckpfeiler der Stadt, war uns bekannt, daß man vom Hochaltar zur Krypta hinuntersteigen konnte, die den Steinsarkophag der Märtyrerin Afra und das Hochgrab des großen Bischofs Ulrich barg. Unter ihm hatte die Stadt Augsburg vor der Wende des ersten Jahrtausends einer Belagerung durch die Ungarn standgehalten.
Jemand hat einmal gesagt, der Turm des Münsters – wie ein gestreckter Arm – rufe dem aus der Ferne Kommenden zu, daß er in die goldene Stadt eintrete. Stärker als davon wurden wir aber von dem Anblick berührt, den die beiden eng aneinander gebauten Ulrichskirchen, die katholische und die protestantische, boten. Im Münster fanden wir zwar mit unserem geringen Kirchenverstand das meisterhafte schmiedeeiserne Kunstgitter bewundernswert, durch das man in das Langhaus eintrat, weit mehr beeindruckte uns aber der Größenunterschied der beiden Bauten, der in fast grotesk sinnfälliger Weise das Zahlenverhältnis der katholischen zur protestantischen Bevölkerung deutlich machte. Es betrug 1905, bei einer Gesamtzahl von rund 95 000 Einwohnern, etwa 3 : 1.
Es war eben eine katholische Stadt mit sanftem Religionsfrieden. Die Volksschulen waren konfessionell streng getrennt. Bei den höheren Schulen gab es Schat-

Die beiden Kirchen St. Ulrich in Augsburg

tierungen. Die Königlich Bayerische Kreisoberrealschule, die ich besuchte, nahm zwar Schüler jeden Bekenntnisses auf, der katholische Ton aber herrschte leise, doch unüberhörbar vor.
Mein Bruder Eugen besuchte das Realgymnasium, wo vielleicht Protestanten überwogen. Auf großer protestantischer Tradition fußend, galt das St. Anna-Gymnasium, von uns mit leichtem Lächeln betrachtet, als die elitäre Erziehungsstätte meist protestantischer Patriziersöhne. Für unsere Freundeskreise spielte die Konfession der einzelnen keine Rolle. Das mag mit der Toleranz unserer Eltern in Glaubensdingen zu tun gehabt haben, denen jeder, ob Katholik, Jude oder Protestant, gleich willkommen war.
Vor den beiden Kirchen St. Ulrich öffnet sich die Breite der zum Rückgrat der Stadt gewordenen alten Römerstraße. Die mit Giebeln, Erkern und Freskenmalereien versehenen Patrizierhäuser sind beiderseits zu grandiosen Häuserzeilen vereinigt, vor die sich mit figurenreichen Bronzebrunnen belebte Plätze lagern.

Unser Onkel Karl, der Bruder des Vaters, wohnte mit seiner Familie im dritten Stock des Hauses Wintergasse A 18, das auf der rechten Seite der Oberen Maximilianstraße gelegen war. Von den Fenstern aus hatten wir einen guten Blick hinunter zu den sich bei den Geburtstagen des Königshauses festlich entfaltenden militärischen Aufmärschen, den Paraden der drei Regimenter: dem 3. Infanterie-, dem 4. Artillerie- und dem 4. Chevaulegers-Regiment, dessen exklusivem Offizierskorps viel schwäbische und bayerische Aristokratie angehörte. Aber auch für die Maskenzüge des

Faschings, die mit elegant Berittenen viele überschwenglich dekorierte Festwagen mit sich führten, war die Straße ein herrlicher Rahmen.

So schauten wir auf eine Zeit hinab, die wir damals ›jetzt‹ nannten. In den etwa 40 Jahren nach dem gewonnenen Krieg von 1870/71 waren Dezennien großer industrieller, wirtschaftlicher und militärischer Entwicklung vergangen. Dem Soldaten wurde allgemein Sympathie zuteil. Die Wehrpflicht, die ihm drei Jahre abverlangte, wurde widerspruchslos geleistet. Zum Haus Wittelsbach, das sich, soweit es sich mit dem Gottesgnadentum vereinbaren ließ, volkstümlich gab, sah man zwar devot, doch nicht lakaienhaft auf. Im Volke lebte als unzerstörbarer Mythos das schon mehr als 20 Jahre zurückliegende Geschehen um König Ludwig II. Sein skurriles Tun in der ihn entrückenden Vereinsamung und sein geheimnisvoller Tod hatten die Menschen veranlaßt, in dem Monarchen, in seiner abseitigen, hoheitsvollen Welt, eine überhöhte Majestät zu sehen.

Dem Offizier galt besondere Ehrerbietung, ja bürgerliche Unterwürfigkeit. Die Hierarchie der Klassen war ausgeprägt. Da war ganz oben der Hof samt Hochadel; es folgten die Offiziere, die Reichen, die Kirchen und die Universitäten mit den Professoren – dann erst das Bürgertum, das sich entschieden von dem Arbeiter, vor allem dem Fabrikarbeiter, absetzte. Mit der Bezeichnung ›Sozi‹ wurde dem Sozialdemokraten Mißachtung bezeigt.

Dies so zu überblicken, vermochten wir natürlich nicht; und nie wäre uns der Gedanke gekommen, uns in der Kategorie des Bürgertums unten einzuordnen.

Es kam uns nicht so vor, zumal alles fest und ohne Härten in sich gefügt schien.
Wir sahen von Onkel Karls Fenster das festliche Treiben drunten auf der Straße mit den Aufzügen, die von schmetternd musizierenden Militär- und Trachtenkapellen begleitet und an den Straßenrändern von winkenden und rufenden Menschen gesäumt waren. Dahinter erhob sich die Fassadenreihe der alten Bürgerpaläste als unvergeßliche Kulisse, das Schaezlerpalais, die ehemalige Fürstenherberge ›Drei Mohren‹, die zu den erlesensten deutschen Hotels gehörte, mit ihrer farbig bemalten Front des Fuggerhauses.
Auch uns Knaben entging nicht der Zauber, mit dem die Historie die Paläste umwob, und leicht gingen uns die Erzählungen ein, die die ehemalige Größe jener Geschlechter lebendig machten. Wir glaubten mit Genuß an die noch heute unbewiesene Geschichte von den sich auf Millionen belaufenden Schuldscheinen, die der reiche Jakob Fugger, um seinem in Not geratenen kaiserlichen Herrn zu dienen, einfach verbrannte. Vor dem Kamin, der sich in einem zu ebener Erde des Fugger-Palastes gelegenen Raum befand und angeblich das Werkzeug der großherzigen Tat war, standen wir wiederholte Male in gläubigem Staunen. Auch hörten wir mit Genugtuung, daß Anton Fugger, als er starb, trotz der zusammengebrochenen spanischen Finanzen seines Kaisers, immerhin noch 6 Millionen baren Goldes hinterließ.

Unserem Haus schräg gegenüber stand der Herkulesbrunnen mit dem auf dem hochragenden Brunnenstock machtvoll kämpfenden Halbgott. Von da erstreckte

sich bis zum Merkurbrunnen, der den antiken Handelsgott in tänzerischer Gebärde zeigte, der ehemalige Weinmarkt, wo die Stadt einstmals ihre hohen Gäste, Kaiser, Könige und Fürsten, empfing. Weiter konnten wir vom Fenster aus nicht sehen, aber vom vielen Gehen durch die Straßen Augsburgs war uns auch die an der St. Moritz-Kirche ansetzende, zur Stadtmitte führende Untere Maximilianstraße wohlvertraut.
Wir liebten das die Ecke der Bürgermeister-Fischer-Straße bildende Zunfthaus der Weber mit seinen wohlerhaltenen dunklen Fresken, doch am meisten fühlten wir uns mit dem Herzstück der Stadt verbunden, dem monumentalen Block des Rathauses mit dem schmal aufragenden, fast grazilen Perlachturm, dieser mächtigen, der Stadtmitte zugewandten Front, von der treffend gesagt worden ist, daß aus ihr die große Vergangenheit mit den Worten spreche: Hier hat kein Fürst und kein Bischof mitzureden.
Wir standen oft auf dem Platz, den Blick auf die Wahrzeichen reichsstädtischer Macht und Eigenständigkeit gerichtet, unmittelbar vor uns der von einem Gitter umgebene Augustusbrunnen. Auf seinem weit geschwungenen, hellen Steinbecken erhob sich der Sokkel, auf dem der römische Stadtgründer gepanzert und mit Lorbeer bekränzt stand, mit der erhobenen Rechten zum Rathaus hinüberweisend. Darunter hingelagert vier Erzgestalten, sie versinnbildlichten die Flüsse und Wasserläufe, welche Augsburg den Wohlstand spendeten.
Aus der den Platz eingrenzenden rechten Häuserzeile trat mit würdiger Front das Börsengebäude hervor, in dem kulturelle Veranstaltungen stattfanden. Zwei sind

mir in Erinnerung geblieben, ein Rezitationsabend des Generalintendanten des Münchener Hoftheaters, Ritter von Possart, dessen pathetischer Vortrag leicht übertrieben wirkte, und ein Abend, zu dem mich Eugen mitnahm, als Thomas Mann, den er damals noch billigte, aus dem noch unveröffentlichten ›Zauberberg‹ vorlas.

Mit dem Rathaus, das als das bedeutendste Renaissancegebäude galt, hatte der Stadtbaumeister Elias Holl sein Meisterwerk geschaffen. Es hieß, daß es alles Damalige in Deutschland an klassisch ausgewogener Großform übertraf. Elias Holl ist nebst vielem anderen auch die Stadtmetzg und das Zeughaus zu verdanken, dem er eine kraftvolle, die Fassade straff gliedernde Eigenform gab.

Am Zeughaus ging ich auf meinem Schulweg zur Oberrealschule täglich vorbei, beeindruckt durch die noble Architektur des Gebäudes, vielleicht noch mehr durch die Übungen, die die Feuerwehr in dem angrenzenden Hof abzuhalten pflegte.

Der Goldene Saal, der im Rathaus die Übereinanderfolge der Säle vom dritten bis zum fünften Stockwerk beanspruchte, galt als das wichtigste Raumkunstwerk des deutschen Frühbarocks, ja als größte Raumschöpfung in deutschen Landen seit den Zeiten der Dome. Für mich war es ein Erlebnis von bleibendem Rang, als ich als Schüler der Augsburger Singschule, die ich mehrere Jahre besuchte, an der Feier teilnehmen durfte, die am 11. März 1911 zu Ehren des neunzigsten Geburtstages des Prinzregenten Luitpold von Bayern mit festlichem Gepränge im Goldenen Saal des Rathauses stattfand. Der Chor, welcher an diesem Tag sämtliche

Klassen der Singschule vereinigte und von ihrem angesehenen Gründer, dem Oberlehrer Greiner, dirigiert wurde, sang die Beethovenhymne ›Die Himmel rühmen des Ewigen Ehre‹. Alles, die Pracht des Saales, die festlich gekleidete Menge, die himmelan brausende Musik, ergab einen Akkord von Schönheit, der in uns nie mehr ganz verhallte.

Großen Reiz besaß der Perlach für uns Kinder wegen des Turamichele. Über dem Portal des Zeughauses stand eine Skulptur des Erzengels Michael im siegreichen Kampf mit dem Teufel. Wurde er dort in imposanter Größe gezeigt, gab es St. Michael im Perlach selbst, und zwar im unteren Teil der Westfront en miniature. Eine zierliche Halbbogenöffnung, die das Jahr über geschlossen war, gab am Namenstag des Heiligen Michael, dem 29. September, ein grüner Vorhang frei. Zu jeder vollen Stunde trat das Turamichele heraus, eine auf einem fahrenden Podest stehende, farbig bemalte Holzfigur, die zittrige Lanzenstöße gegen den zu ihren Füßen liegenden Teufel richtete. Es waren genau so viele Stöße wie die Uhr Stunden anzeigte, und die auf dem Platz vor dem Augustusbrunnen versammelte Menschenmenge, darunter viele Kinder, auch solche, die auf den Schultern ihres Vaters saßen, zählte laut mit. Dann zog sich das Turamichele samt Teufel mit leichtem Rucken wieder zurück, der grüne Vorhang schloß sich, bis er beim nächsten Stundenschlag erneut aufging und das Turamichele zur Freude aller wieder zum Vorschein kam und den Kampf fortsetzte.

Auf dem Platz zwischen Rathaus und Perlach fand jeden Sonntagvormittag der Tiermarkt statt. Es waren nur Kleintiere, die da zum Verkauf standen, Singvögel, Kanarienvögel, Wellensittiche, auch Papageien, Tauben und Hühner, Stallhasen, aber auch Hunde und Katzen. Vater, der Tiere mochte, nahm uns häufig mit, weniger zum Einkauf – die verhältnismäßig kleine Wohnung und die um deren untadelige Sauberkeit besorgte Mutter ließen vielleicht zwei Kanarienvögel und höchstens einen Laubfrosch zu – als einfach zum Schauen und Hören. Das war amüsant, wir erfuhren lobende Äußerungen, wie ›Prachtsvieh‹ oder ›prämierte Spitzenleistung‹, aber auch recht abfällige. Hunde, die nicht mehr im Vollbesitz ihrer Kraft und Schönheit waren, wurden mit dem verächtlichen Wort ›Verreckling‹ oder, wenn es sich um ein noch kleineres Tier handelte, mit ›Kreppierl‹ bezeichnet, womit gesagt war, daß sich der Interessent zu einem höheren Angebot nicht bereitfinden wollte.

Der Tiermarkt ist mir auch deshalb in Erinnerung, weil sich eines Sonntags etwas ereignete, das in die Familie für längere Zeit ein Nebeneinander von kaum unterdrücktem Spaß und offenem Aufruhr brachte. Wir Buben waren in der Kirche und zum Äpfelessen bei den Großeltern gewesen, Vater hatte den Tiermarkt allein besucht. Es war mittags 1 Uhr, die Mutter stand schon am Tisch, um die Suppe auszuteilen. Es wurde nie ganz klar, weshalb der Vater gerade diesen Augenblick für die Überraschung wählte, die er uns allen machen wollte. Auch er stand am Tisch, er hielt ein mit einem weißen Tuch verhülltes Glas hoch, Eugen stand rechts, ich links neben ihm. Jetzt nahm Vater das Tuch weg. Das Glas enthielt drei winzige grüne Laubfrösche, das Licht glänzte auf ihren feuchten Rücken. Vater war, wie wir Buben, von zärtlicher Begeisterung erfüllt. Da geschah es, alle drei Frösche sprangen in hohem Bogen aus dem Glas, überschlugen sich und fielen mitten in die Suppenschüssel. Mutter schrie hell auf. Für sie war die Überraschung über jedes Maß hinaus gelungen. Was sie aber sonst nie tat, tat sie jetzt, sie fing laut zu schelten an und hörte nicht auf, über ihre Nudelsuppe zu jammern, wogegen sich Vater und wir Buben, was natürlich die Sache noch schlimmer machte, vor Heiterkeit nicht fassen konnten.

Vom Eiermarkt aus konnte man in nördlicher Richtung durch die an Ladengeschäften reiche Karolinenstraße weitergehen, linker Hand vorbei an dem Restaurant Leonhardskapelle, einst Hauskapelle der Welser, rechter Hand an der stark besuchten Bierwirtschaft ›Goldene Gans‹. Die Einmündung des Schmiedbergs rechts liegen lassend, gelangte man zu dem den Nordteil der Stadt beherrschenden doppeltürmigen Dom, dem alten gotischen Bauwerk. Obwohl ich die zwei bronzenen Torflügel am Südportal, die leuchtenden Glasfenster des Langhauses und den Umgang des hohen Domchores beachtlich fand, ließ mich, im Unterschied zu Eugen, der gerne in Domandachten ging, der fast abweisend aufragende Kirchenpalast kalt.

Man konnte aber auch vom Eiermarkt aus durch die Philippine-Welser-Straße zum Königsplatz, von hier wieder nach Norden zum Stadttheater gehen. Von da aus war es nicht weit zum Realgymnasium, dem mein Bruder neun Jahre hindurch nicht immer Freude bereitete. Ich fühlte mich, zur schneereichen Winterszeit, mehr zum Gesundbrunnen hingezogen, dessen steil in die Tiefe der Geländesenkung führender Pfad eine wunderbare, nicht ganz ungefährliche Rodelbahn war.

Noch weiter und man kam rechter Hand zum ›Schleifgraben‹ mit seinen zwei großen, durch einen niederen Holzbau getrennten Becken: das eine war das feinere mit höherem Eintrittsgeld, bei dem anderen, bei dem die Eisbahn weniger gut gepflegt wurde, kostete es nur 5 Pfennig, und der diesem Feld zugeteilte Raum zum An- und Abschnallen der Schlittschuhe enthielt nichts als hölzerne Schemel; der andere besaß außerdem ein gut geheiztes Café, wo es warme Getränke und Kuchen mit Schlagsahne gab. An schönen Wintersonntagnachmittagen spielte eine Musikkapelle angenehme Stücke, zu denen man draußen auf dem Eis beschwingt Schlittschuh lief.

Eugen war ein sehr guter Schlittschuhläufer. Er konnte in genießerisch gebändigtem Schwung, die Hände auf dem Rücken verschränkt, weite Bogen ziehen. Auch mir war er an Geschicklichkeit weit überlegen. Er war auch der Geschicktere, wenn es galt, Schüchternheit zu überwinden und sich den angehimmelten höheren Töchtern des Stetten-Instituts oder der Maria-Theresia-Schule zu nähern. Eines Tages passierte mir ein Mißgeschick. Ich hatte im Laufe der Winternachmittage, an denen wir den Schleifgraben aufsuchten, ein Auge auf ein Mädchen der Maria-Theresia-Schule geworfen. Lange wagte ich mich nicht an sie heran, ich fuhr nur in elegantem Bogen, ein Bein graziös in der Luft, betont unauffällig, an ihr vorbei. Sie mußte mich längst bemerkt haben. Ich hatte mir auch schon ausgedacht, wie ich, die Fahrt der ihren anpassend, mit einem höflichen Griff zur Wollmütze und nach einer knappen Verbeugung bedeutsam sagen würde: »Darf ich Sie fragen, wie es Ihnen geht?« Dann war es eines Nachmittags so weit. Meinen Mut zusammennehmend glitt ich heran, ich sah schon ihren fragenden Blick, und genau in dieser Sekunde verfing ich mich mit dem rechten Fuß in einem Loch in der Eisfläche. Es war nicht leicht, mit dem beschlittschuhten Fuß wieder herauszukommen. Als es gelang, war das Mädchen schon weit weg.

Wandte man sich vom Gesundbrunnen aus nach links, so kam man nach wenigen Minuten zum Kleinen Exerzierplatz, einer weiten Wiese, auf der im Frühjahr und Spätsommer eines jeden Jahres das Volksfest des Plärrers abgehalten wurde. Eugen schrieb damals die Zeilen:

Der Frühling sprang durch den Reifen
Des Himmels auf grünen Plan
Da kam mit Orgeln und Pfeifen
Der Plärrer bunt heran.

Schon von fern hörte man eine Klangorgie von den Karussellen, der Berg- und Talbahn und den Buden, die alle mit lauter Musik Radau machten. Hätten wir mehr Geld gehabt, wären wir gerne ins Panoptikum, vor allem öfter in Schichtls Theater gegangen, wo es ihn, den Meisterzauberer, aber auch Schlangendamen, eine Seiltänzerin, Athleten und Akrobaten gab. Doch meines Bruders Leidenschaft, er war ja älter und besaß mehr Taschengeld, gehörte den Schiffschaukeln. In zwei Gedichten schrieb er später:

FRACHT

[. . .] Die roten Plantücher, in die man sich beim Flug samt den Schiffen einwickelt, klatschen Beifall, die Gestänge großer Schiffe knirschen, weil sie hinauf müssen, ich vergleiche sie Tieren, die in die Zäume beißen, aber der Reiter sitzt auf dem Rücken. Er hat sich wie ein Zeck blutdürstig festgesogen, der abscheuliche Polyp, er umklammert das fette Purpurtier und reitet gegen den Himmel an, wo ihn Tücher auffangen. Die gelben Lampen glotzen hinauf, wie hoch man kommt, ohne daß das ganze Instrument platzt.

VOM SCHIFFSCHAUKELN

1. Man muß die Knie vorwerfen wie eine königliche Dirne, als ob man an Knien hinge. Die sehr groß sind. Und purpurne Todesstürze in den nackten Himmel, und man fliegt nach oben, bald mit dem Steiß, bald mit dem vorderen Gesicht. Wir sind völlig nackt, der Wind tastet durch die Gewänder. So wurden wir geboren.

2. Nie hört die Musik auf. Engel blasen in einem kleinen Panreigen, daß er fast platzt. Man fliegt in den Himmel, man fliegt über die Erde, Schwester Luft, Schwester! Bruder Wind! Die Zeit vergeht und nie Musik.

3. Nachts um 11 Uhr werden die Schaukeln geschlossen, damit der liebe Gott weiterschaukeln kann.

1917, als der Krieg in seinem dritten Jahr war, machte er sich auch auf makabre Weise auf dem Plärrer bemerkbar.

Verwundete Frontsoldaten, die Lazarett-Ausgang hatten, kamen einzeln oder in Gruppen. Allein ihr Feldgrau, die Verbände, Krücken und Stöcke setzten befremdliche Akzente in die Farbigkeit des Ganzen. Doch das war nicht alles. Der Lärm und die heulende Musik drangen auf sie ein. Ich sah, wie einer stehenblieb, zu zittern begann, mit den Armen um sich schlug, mit weißem, verzerrtem Gesicht schrie und dann hinstürzte. Als ob dies ein Signal für viele andere gewesen wäre, begannen mit einem Mal auch sie sich zu schütteln und verkrampft zu Boden zu fallen. Mit dem Schock, den sie erlitten, wehte uns von den Schlachtfeldern Frankreichs her ein Grauen an.

In dieser Gegend der Stadt waren hinter dem Kleinen Exerzierplatz, nahe der Wertach gelegen, das große und das kleine Freibad, wo wir sommers im Wasser und in der Sonne viele Stunden verbrachten. Ein drittes Freibad, der nicht weit entfernte Holzbach, zog uns kaum weniger an, er strömte so schnell, daß es selbst den Gewandtesten und Kräftigsten nicht gelang, dagegen anzuschwimmen, er nahm uns reißend mit; nur Schwimmer durften in dieses Bad.

Wollten wir ins Freibad an der Wertach oder im Winter zum Schleifgraben, wählte unsere Ungeduld den kürzesten Weg, der von der Bleich an der alten Bastion des Lueginsland vorbei über das Wertachbrucker Tor zu den Zielen führte.

Man konnte sich auch am Königsplatz nach links wenden und, der Hermanstraße folgend, über die breite Eisenbahnbrücke zum Stadtgarten gehen, einem bei der Bürgerschaft beliebten Vergnügungspark mit blumenreichen Anlagen, malerischen kleinen Teichen, in denen Goldfische schwammen, und einem Restaurant, vor dem bei gutem Wetter viele Tische im Freien standen. In einem Pavillon spielte eine Musikkapelle. Mehr im Hintergrund war die ›Sängerhalle‹ mit dem riesigen Saal, der 1910 den Deutschen Katholikentag aufnahm. Doch näher am Eingang befand sich ein kleines Vivarium. An einem Gehege für Hirsche und Rehe vorbei kam man zum Zwinger von vier Braunbären, es schloß sich der Affenkäfig an, in dem Rhesusaffen, Meerkatzen und ein paar Paviane herumturnten.

Der nachmittägliche Besuch des Stadtgartens gehörte für uns zu den weniger angenehmen Erlebnissen des Sonntags. Schon der von uns nicht als kindgemäß, sondern als kindisch empfundene Matrosenanzug mit der lächerlichen Tellermütze, dazu das langsame, manierliche Spazierengehen auf den sauber geharkten Wegen, die man auswendig kannte, drei Schritte hinter den Eltern her, erhöhte die für uns kaum erträgliche Langeweile, die schon vormittags beim Kirchgang begonnen hatte. Doch da geschah eines Sonntags im Stadtgarten etwas, das die Langeweile durchbrach. Vater und Eugen hielten sich bei der Musikkapelle auf, ich stand mit der Mutter vor dem Affenkäfig. Die Abstände zwischen den Gitterstäben waren so bemessen, daß man mit der Hand hindurchlangen und den Affen etwas zum Fressen reichen konnte. Ich sah von der Seite zu, wie Mutter aus einer Papiertüte einen Affen fütterte, der die Nüsse mit seinen schlanken Händen zierlich entgegennahm. Mutter, die sich lächelnd mit dem Tier beschäftigte, bemerkte nicht, daß sich oben am Gitter ein ziemlich großer Pavian für ihren Hut zu interessieren begann. Es war ein üppig garnierter, breitrandiger

Strohhut, der ihr vorzüglich stand, ihr aber die Sicht nach oben nahm. Plötzlich fühlte sie, wie ihr jemand mit Gewalt den Hut abreißen wollte, der von langen Hutnadeln festgehalten wurde. Der Pavian war etwas tiefer herabgekommen, hielt sich mit einer Hand an einer Gitterstange fest, während er zähnefletschend mit der ausgestreckten anderen am Hut zerrte. Mutter, zu Tode erschrocken, schrie, der Affe ließ nicht los, Leute liefen herbei, das Ganze sah verzweifelt aus, bis es gelang, durch laute Zurufe und drohendes Schwenken von Stöcken und Schirmen das Tier zu verscheuchen. Zu Mutters Gram gab es Leute, die, obwohl sie nicht dabei waren, die Sache sehr komisch fanden.

Wenn man sich vom Königsplatz aus südlich hielt, gelangte man über die vornehme Kaiserstraße in die Schießgrabenstraße mit dem Lokal gleichen Namens. Hier fanden gesellschaftliche Veranstaltungen statt, und Stammtischfreunde versammelten sich zum Kartenspielen oder Kegeln. Als in Augsburg ein Turnertag abgehalten wurde, der weit über Schwabens Grenzen hinaus die Turner zusammenrief, marschierte in der Schießgrabenstraße eine beachtliche Zahl von Trachten- und Vereinskapellen auf. Eugen sah und hörte sich dies mit Freunden an, wies auf das laute Spektakel und sagte: »So stelle ich mir meine Beerdigung vor.«
Um zur östlichen Stadthälfte zu gelangen, konnte man den Eiermarkt verlassen und, statt der Karolinenstraße zu folgen, den engen Perlachberg hinabgehen. Man folgte damit der Trambahn, die mit schrill kreischenden Bremsen in die scharf talwärts führende Kurve einbog, was immer ein bißchen gefährlich aussah.

Unten begann die Jakobervorstadt mit der gleich links liegenden, von Elias Holl gebauten Stadtmetzg, mit ihrem klar gegliederten Giebel ein besonders schönes altes Bauwerk Augsburgs.
Wandte man sich jetzt nach rechts, so wurde der geräumige Platz hinter dem Rathaus erreicht. Auf der einen Breitseite ragte die riesige Rathauswand empor, mit einem über der untersten Fensterreihe eingelassenen Steinrelief, das das Wappen der Stadt, die uns anheimelnde Zirbelnuß, zeigte.
Gegenüber der gigantischen Rathauswand kam auf der Ostseite des Platzes das kleine Franziskanerinnenkloster St. Maria Stern mit seinem schönen Baukörper, dem überschlanken Türmchen und dessen zierlicher Zwiebelkuppel, als eine der hübschesten Sehenswürdigkeiten der Stadt, zur Geltung.
Man ging weiter und gelangte in ein Altstadtgewinkel mit giebeligen, dicht aneinander gereihten Häusern, mit Gassen, die sich zu Höfen und Plätzen öffneten, das Ganze durchströmt von kleinen Kanälen, dem Hinteren, Mittleren und Vorderen Lech, dem Sparrenlech und Brunnenlech, alles Wasserläufe, die ehedem dem Fleiß und Gedeihen zahlreicher Handwerksbetriebe gedient hatten.
Da lag am Mittleren Lech die Treutweinsche Gastwirtschaft, deren Besitzerehepaar, die alten Gablers, im ersten Stock wohnte und ebenerdig zwei Gasträume und eine große Küche versah. Das Schankzimmer war von Handwerkern und Fuhrleuten besucht; in dem zwei Stufen höher gelegenen kleinen Nebenzimmer hatten wir Pennäler unsere heimliche Kneipe.
Wir kamen, vielleicht acht oder zehn Gymnasiasten,

spät abends, wenn es längst dunkel war, saßen auf Bauernstühlen um einen langen, derben Tisch, redeten und sangen zur Laute, die ich damals ganz gut spielte. Getrunken wurde meist nur etwas Heidelbeerwein, den die alte Frau Gabler vorzüglich herstellte. Wahrscheinlich weil wir ruhig und bescheiden waren, mochte und verwöhnte sie uns und verhalf uns zu manchem Butterbrot, das wir nicht zu bezahlen brauchten.
Einmal kam Eugen mit. Er machte von da an ›Gablers‹ auch zur Bleibe seines Freundeskreises. Obwohl dies nicht regelmäßig geschah, schätzten wir es, schon um der angetasteten Heimlichkeit unserer Zusammenkünfte willen, nicht allzusehr.
Beim Heimgehen streiften wir gerne durch die stillen, von leise blubbernden Gaslaternen spärlich beleuchteten Gassen. In einer Sommernacht, es mag gegen zwölf Uhr gewesen sein, traten wir, Xaver Schaller, Heini Götzger und ich, in einen kleinen, von einer Mauer umgebenen, mit dicht belaubten Kastanienbäumen bestandenen Biergarten ein. An zwei Tischen saßen noch ein paar Leute, das Bierglas vor sich, plaudernd, sich der Schönheit der späten Nachtstunde erfreuend. Auch wir setzten uns an einen Tisch und bekamen unser Bier, doch unerwartet wurden wir Zeugen einer unterm sterneglitzernden Nachthimmel erschreckenden Szene: nicht weit weg von uns begann ein Mann mittleren Alters einen anderen, jüngeren, der ihm gegenüber saß, zu hypnotisieren. Ein kleinerer Kreis von Bekannten der beiden, darunter auch Frauen, sahen dem auf sein Medium beschwörend Einredenden zu, das Interesse war zunächst mäßig, überraschend aber wurde die Lage ernst. Mit allerlei Handbewegungen vor dem Gesicht

seines Partners, rief er ihn eindringlich an und fragte, ob er den ebenfalls am Tisch sitzenden Willi deutlich, und zwar vor allem dessen Kopf, sehen könne. Nach einer bejahenden Geste wurde er aufgefordert, genau hinzusehen, denn jetzt habe Willi nicht mehr den eigenen, sondern seinen Kopf. Er sah den Willi an, sprang auf, trat mit entsetzt aufgerissenen Augen auf ihn zu, ergriff mit beiden Händen dessen Hals und fing an, ihn mit aller Gewalt zu schütteln, als wolle er ihm den Kopf, seinen Kopf, den er auf den Schultern des anderen erblickte, abreißen. Wir alle schrien: »Halt, aufhören, Schluß!« Nur mit Mühe gelang es, den Angreifer von Willi zu lösen und ins Bewußtsein zurückzurufen.

Ging man von der Metzg aus geradenwegs der Jakobervorstadt zu, so kam man rechts zur langgestreckten evangelischen Barfüßerkirche, einem der ältesten Gotteshäuser der Stadt, die damals unsere Kirche war. Denn hier wurden wir konfirmiert, hier hatten wir vielen Predigten zu lauschen. Die Nüchternheit des Kircheninneren zwang uns zu erfinderischem Handeln. Wir regten unsere Freundinnen vom protestantischen Stetten-Institut an, sonntagnachmittags in den 5-Uhr-Gottesdienst zu gehen, den eigentlich nur ein paar alte Frauen besuchten. Wir kamen auch und saßen den Mädchen seitlich gegenüber, von ihnen allerdings durch die volle Breite des Kirchenschiffs getrennt, ein bescheidenes Abenteuer, das gleichwohl beiderseits mit andächtigem Vergnügen genossen wurde.

Nicht weit, und die Jakoberstraße brachte uns in die Jakobervorstadt. Sie lagerte sich um die evangelische, auch von uns dann und wann besuchte St. Jakobskirche

und nahm ihr östliches Ende mit dem malerischen Jakobertorturm.
Die Renaissance- und Barockbauten, die von einem schwarzen, hölzernen Färberturm hohen Alters überragt wurden, und die Jakoberdult, ein biederer, behaglicher Jahrmarkt mit vielen, meist ländlichen Verkaufsständen, zogen uns an, zumal man mit ein paar Schritten in der ›Fuggerei‹ war, der alten Wohnsiedlung, die der reichste Fugger als hochherzige Stiftung für alte, arme, unbescholtene, katholische Augsburger eingerichtet hatte. Es sind 53, durch 6 Straßen unterteilte Reihenhäuser mit 106 Wohnungen, wobei für jede ein jährlicher Mietzins von 1 Rheinischen Gulden, jetzt etwa 2 DM, zu entrichten war und heute noch zu entrichten ist. Die mit sozialer Gesinnung verbundene bauliche Klugheit fand sympathischen Ausdruck auch in der Anordnung eines für jede Wohnung eigenen Eingangs. Die Wohnung des ersten Stockes läßt sich nur über eine eigene, am Hauseingang beginnende Stiege erreichen. Also haben die Fugger damals schon gewußt, was heute alle Richter und Rechtsanwälte wissen, daß nirgendwo so leicht und so viel Streit entstehen kann wie in dem den Mietern gemeinsamen Flur und Treppenhaus.

Wo die Barfüßerstraße in die Jakoberstraße überging, kreuzte sie den ›Graben‹, der nach rechts, am Wasserlauf entlang, Oberer Graben hieß und zum Roten Tor, nach links, als Unterer Graben, in die Klauckevorstadt führte. Unweit der Ecke, die die Jakoberstraße mit dem Unteren Graben bildete, lag neben einem kleinen Gemüsegeschäft die ›Schule der Barfüßer‹. Hier begann für die ersten zwei Jahre unsere Schulzeit. Ich erinnere mich noch an den Tag, als ich an der Hand meiner Mutter zum erstenmal die Schule betrat. Ich wurde mit anderen Kindern in eine der Bänke gesetzt und sehe meine Mutter zwischen anderen Müttern an der rechten Längswand sitzen, aber ich sehe nur sie, aufrecht, mit etwas bekümmertem Lächeln, mir ab und zu zuwinkend. Eugen war ebenfalls noch in der Barfüßerschule; in seinem letzten Volksschuljahr besuchte er die Schule am Stadtpflegeranger.

In den ersten zwei Jahren meines Schulbesuchs hatten Eugen und ich einen gemeinsamen Schulweg. Im Winter, wenn viel Schnee lag, fuhr uns die Schwarze Marie, unser Dienstmädchen, in einem breiten, zweisitzigen Schlitten, mit Armlehnen und angenehmer Rückenlehne, zur Schule. Wir saßen eingemummt in eine Pelzdecke, hatten dicke Handschuhe an und eine Pelzmütze über den Ohren. Der Schulranzen lag auf dem Schoß. Er enthielt die schwarze, vom gelben Holzrahmen eingefaßte Schiefertafel, dazu harte Griffel für die gewöhnliche Schrift und Milchgriffel fürs Zeichnen. Die Griffel mußten gespitzt mitgebracht werden. In einem schwarzen Lackdöschen, doch an der Tafel angebunden, der Schwamm; ein kleiner Lappen diente zum Trocknen. Später kamen die linierten Hefte mit weißem Etikett auf blauem Umschlag und Bücher dazu. Ich fand es herrlich, im Schlitten gefahren zu werden; Eugen dagegen mochte nicht von den Mitschülern im herrschaftlichen, von Glöckchen bimmelnden Gefährt gesehen werden, er stieg vorher aus.

Der Lehrer war eine Respektsperson. Er vertrat trotz

bescheidenen Einkommens eine höhere Gesellschaftsschicht, man sah ihn nie anders als korrekt gekleidet; auch wußten wir, daß zwischen ihm und den Eltern Einmütigkeit in der Art der Erziehung bestand, weshalb ihm auch das weitgespannte Recht der Züchtigung zugestanden war, eine Einrichtung, von der er ausgiebig Gebrauch machte. Wir hielten sie für gottgegeben, zumal sie uns nur selten unangemessen hart erschien. Anders allerdings schätzten wir das Vorgehen von Herrn Lehrer Kleyer ein. An sich war gegen ihn nichts einzuwenden. Doch verfiel er in Zorn, so strafte er unbeherrscht und übertrieben, und nahezu immer traf es seine Tochter Frieda, die mit uns in einer Klasse war. Warum er gerade an ihr seinen Zorn ausließ, blieb uns ein Rätsel, denn Frieda war ein ruhiges, im allgemeinen braves Kind.

Die Strafen umfaßten unterschiedliche Härtegrade. Das begann mit der milden oder schon drohend eindringlichen Ermahnung; es folgte das In-der-Ecke- oder Auf-dem-Gang-draußen-Stehenmüssen; das sehr schmerzhafte Knien; dann kam die Ohrfeige, häufig wurde man an den Ohren oder an den Schläfenhaaren gezogen, es gab Schläge mit der Haselnußrute auf die Innenfläche der Hände. Schwere Vergehen wurden durch das Hosenspannen geahndet, bei dem man übers Knie, schlimmer, über den Stuhl gelegt und mit dem Rohrstock verdroschen wurde. Tatzengerte und Rohrstock waren immer parat, die Gerte auf dem Katheder, der Rohrstock in einer Schrankecke. Das alles war jedoch nicht so schlimm, wie es sich anhört, denn die Summe verteilte sich über die vielen Stunden von Woche, Monat und Jahr, und wir fügten uns im ganzen

einem Gesetz, das der Ordnung diente und für den Ausgleich zwischen unerlaubtem Vergnügen und Sühne sorgte. Bitter entrüstet waren wir, wenn ein Unschuldiger bestraft wurde, weil der Schuldige den Ermittlungen entgangen war.
Als ich später in die Jakoberschule ging, bezog ich im vierten Volksschuljahr Prügel aus der höchsten Stufe der Strafenhierarchie; ein markantes Beispiel für das gerechte Walten.
Unserem Lehrer lag die Singstunde besonders am Herzen. Er begleitete den Gesang der Klasse auf der Violine und dirigierte. Einmal, als wir das Lied ›Wer hat dich, du schöner Wald‹ sangen, kam ihm die Idee, mich als Hilfsdirigenten mit drei anderen Sängern in die an das Klassenzimmer angrenzende Garderobe zu schikken, um uns den Refrain, der jeder Strophe folgte, ›Lebewohl, du schöner Wald‹ leise, gewissermaßen als Echo, singen zu lassen. Ich begab mich also mit den Dreien in die Garderobe, schloß die Tür und lauerte auf das Stichwort, das Ende der ersten Strophe. Es erklang, das Echo hätte einsetzen müssen. Aber mich ritt der Teufel, ich gab ein Zeichen zu schweigen. Schon kam der Lehrer mit der Geige in der Hand herangestürmt, schlug mir mit dem Geigenbogen über den Kopf und befahl: »Jetzt nochmal, aber wenn . . .« Er ließ keinen Zweifel daran, was sich dann ereignen würde. Die Garderobentüre schloß sich hinter ihm. Wir hörten die erste Strophe noch einmal, unser Stichwort fiel. Und wieder war der Zwang da, der gierig lauschenden Klasse das Echo zu verweigern, – kein Echo. Dieses Mal tobte er ohne Violine herein, packte mich und zerrte mich in den Klassenraum, wo atemlose

Stille herrschte. Er schleppte mich vors Katheder, griff nach dem Stock, legte mich übers Knie: Hosenspanner.

Zu Hause erfuhr man nichts. Mein Vater hätte wahrscheinlich das Ganze gebilligt, sowohl den ersten Teil, über den er geschmunzelt, vielleicht sogar gelacht hätte, als auch den zweiten. Mama würde mich weinend umarmt haben, als wehrloses Opfer brutaler Gewalt, und hätte es unverzeihlich gefunden, für den harmlosen Einfall ohne Verständnis zu sein.

Kurzum, in Fragen der Erziehung herrschte im allgemeinen zwischen Lehrer und Eltern Einverständnis. Ja, es kam vor, daß ein Vater ungehalten war, wenn er glaubte, der Lehrer unternehme nicht genug. Einmal kam doch wirklich ein Vater, dem sein Sohn zu Hause einen Streich gespielt hatte, zur Schule und verlangte vom Lehrer, daß er ihm, dem Vater, durch schärferes Anfassen des Buben wirksamer beistehe. Der deutsche Volksschullehrer stand im Ruf einmaliger Tüchtigkeit in der Schaffung des Fundaments, auf dem Bildung und Kultur einer Nation zu weltweiter Anerkennung gedeihen konnten. Allerdings lag ihm daran, Auslese zu betreiben und die Begabten zu fördern.

In der Barfüßerschule gehörten die Buben und Mädchen meist einfachen Kreisen an. Frieda Kleyer, die Lehrerstochter, zog ich den anderen Mädchen vor. Sonst spielten Mädchen keine Rolle, wir Buben fanden sie albern und fade.

Es mag sein, daß ich, nicht durch Überheblichkeit, vielleicht aber des gepflegteren Äußeren wegen, von den anderen abstach. Jedenfalls, einmal sprang mich ein Mitschüler mit wildem Haß an und bereitete mir einen nie ganz überwundenen Schock. Der Bub hieß Abt. Er war einer der Ärmsten, ein kleiner, gedrungener Kerl, kräftig, mit knochigem Schädel und auffallend häßlichem Gesicht, der mich aus schmalen Augen böse anblitzte. Aufgeweckt, hochintelligent, umgab ihn eine eigentümliche streitsüchtige Unzufriedenheit. Er kam ohne Anlaß mit geballter Faust auf mich zu, deckte mich mit scheußlichen Schimpfworten ein und spuckte mich an. Meine Reaktion war nichts als Unverständnis und Angst. Er hat mich später in Ruhe gelassen und ist, als ich in eine andere Schule kam, für immer aus meinem Gesichtsfeld verschwunden.

Die Kleidung spielte also keine unerhebliche Rolle. Im Winter trugen wir eine von der Großmutter gestrickte dicke Wollmütze oder die Pelzmütze; zu anderen Zeiten ein Käppchen mit rund umlaufendem, hohem Steg. Unter der Jacke, die man auch Kittel nannte, einen bis zum Hals reichenden Sweater. Wurden die Hosen kurz, bis zum Knie getragen, mit Strümpfen, die ein gut verborgenes Strumpfband festhielt, sah man fesch und sportlich aus. War die Hose länger und endete unterhalb der Knie, so entstand leicht der beschämende Eindruck, sie sei vom älteren Bruder geerbt.

Die Schuhe waren schwarze Schnürstiefel, zu denen der Schuhmacher das Maß genommen hatte, eine Prozedur, bei der wir uns, zumal der Schuster dazu ins Haus kam, recht erwachsen fühlten. Im Sommer trugen wir Sandalen aus dem Schuhgeschäft. Wenn es kalt war oder regnete, hängte man eine, eigentümlicherweise ›Regenkragen‹ genannte, dicke und dennoch weiche und leicht fallende Pelerine um, hinten mit einer Kapuze und vorne mit zwei Schlitzen zum Durchstecken der Hände; Handschuhe waren, außer im tiefen Winter, unbeliebt.

Von der Barfüßerschule war es nicht weit zu den Häusern, in denen Eugen und ich auf die Welt gekommen waren. Trat man hinter der Metzg in das enge Altstadtviertel am Vorderen und Mittleren Lech, so gelangte man bald zu einer Häuserzeile, an deren Nordseite ein Kanal vorbeifloß. Um das Innere der Häuser zu erreichen, mußte man Brücken und Holzdielen überschreiten. Das Haus Auf dem Rain Nr. 7, meines Bruders Geburtshaus, ließ uns kalt, es sah sehr alt, trübselig und ärmlich aus, im Erdgeschoß arbeitete lärmend eine Feilenhauerei. Geradezu pompös nahm sich dagegen das unweit am Mittleren Lech gelegene Eckhaus aus, mein Geburtshaus. Die hohe giebelige Vorderseite wies zum Stadtbad hinüber. Im Erdgeschoß lag der Bäckerladen des Herrn Lippenberger, an der östlichen Längswand war in die Mauer eine Steinplatte eingelassen, die den Namen des Hauses ›Zu den 7 Kindeln‹ erklärte; das aus der Römerzeit stammende Relief stellte Kinder dar. In den vorbeifließenden Lecharm sollen einmal sieben Kinder einer römischen Familie gestürzt und eines ertrunken sein.
Für uns hatte es mit dem Haus, als wir längst in die Bleichstraße umgezogen waren, eine besondere Bewandtnis. Zum einen wohnte im obersten Stockwerk der mit Papa befreundete Juwelier Schlicker mit Frau und zwei Söhnen. Otto, der ältere, ungefähr so alt wie ich, besaß eine Spielzeugkanone, mit der man auf ziem-

liche Entfernung mit Bleikugeln schießen konnte. Der Spaß war am größten, wenn es regnete und die Leute Schirme trugen, die dankbare Ziele boten. Von ganz oben an der Westseite des Hauses, wo man den Übergang vom ›Graben‹ zum ›Mauerbad‹ überblickte, zielten wir. Leider dauerte das Vergnügen nicht lange. Irgendein Übelwollender hatte uns entdeckt und, noch dazu über die Polizei, unsere Väter veranlaßt, der Artillerie, auf ungute Weise, Einhalt zu gebieten.

Dagegen war der Bäckerladen des Herrn Lippenberger viele Jahre hindurch ein Quell der Freude. Hier erlaubte man sich nach dem Besuch des Stadtbads ein Maurerlaibchen, ein ovales, braunes, mit Kümmel reich bestreutes, knuspriges Brötchen, dessen Wohlgeschmack uns die hohe Ausgabe von 5 Pfennig – über lange Zeit betrug unser Taschengeld für den ganzen Monat 1 Mark – tragbar erscheinen ließ.

Im Stadtbad, dessen Schwimmhalle wir jede Woche mindestens einmal besuchten, umsorgte uns der Bademeister Hartmut, der uns aus der warmen Dusche vertrieb, wenn wir sie nach kurzem oder längerem Aufenthalt im Bassin immer wieder aufsuchten. Mit fast militärischem Gehabe übte Herr Hartmut sein Amt streng, doch über das Feldwebelhafte hinaus mit großzügiger Freundlichkeit aus. Er lehrte uns das Schwimmen.

Mein Bruder hatte bei ihm schon früher den Schwimmkurs absolviert und war ein sehr guter Schwimmer. Als er es für an der Zeit hielt, daß auch ich nicht mehr herumplätschern sollte, warfen er und zwei seiner Freunde mich kurzerhand übers Seil ins tiefe Wasser. Zu seinem und der anderen größtem Vergnügen machte ich vor lauter Angst die ungeschicktesten Be-

wegungen und erreichte auch mit dem instinktiv entdeckten ›Hundeschwumm‹ die rettende Stange. Herr Hartmut machte in den folgenden Wochen aus dem von ihm mit Hohn bedachten ›Hundeschwumm‹ ein stilgerechtes Brust-, Rücken- und Seitenschwimmen.
Nur 10 Pfennig kostete der Eintritt für uns Knaben, weil wir uns oben aus- und anzogen, in dem Raum, der keine Umkleidekabinen hatte, nur Gestelle mit Kleiderhaken und Bänke.
Am Stadtbad und dem Bäckerladen Lippenberger vorbei trabten wir nach den ›7 Kindeln‹ den Unteren Graben entlang. Wir hatten links von uns das in eine Senke eingebettete, langsam fließende Gewässer, darüber die steil ansteigende Böschung, an der oben die Stadtmauer entlanglief.
An Wintertagen geschah es nicht selten, daß morgens, wenn wir von daheim kamen, auf dem vereisten Kopfsteinpflaster die schweren Pferde der Lastfuhrwerke stürzten. Die Fuhrleute stiegen von den Wagen, standen vorne neben den gestürzten Pferden und schlugen unter Schimpfen und Fluchen mit ihren Peitschen auf die Tiere ein. Mit funkenstiebenden Hufen glitten sie auf den glatten Steinen immer wieder aus. Sie taten mit weit aufgerissenen Augen verzweifelt ihr Bestes, um wieder auf die Beine zu kommen. Doch dauerte es oft lange, bis sie endlich mit einem ungeheuren Ruck hochkamen, zitternd, mit Schaum vor dem Maul.
Unser Weg führte an der Westfront des Stadtkrankenhauses entlang, das sich hinter einem ummauerten Vorhof nur wenig verbarg. Zu anderen Dunkelheiten, die in unser Leben die Ahnung von unverschuldetem Leid und Unglück brachten, zähle ich den Morgen, an dem

ich sah, wie eine einspännige Droschke das Krankenhaus verließ. Innen saß eine Frau, die schreiend aus dem Wagen wollte und sich mit allen Kräften gegen die Krankenschwester wehrte, eine Nonne mit weißer Haube, die die Kranke festhielt. Die Droschke fuhr eilends davon, wohl dem Bahnhof zu. In Kaufbeuren war damals die große Landesirrenanstalt.
An die Ecke des ersten, auf die Krankenhausmauer folgenden Hauses, dem Graben zugekehrt, war die lebensgroße Skulptur des ›Steinernen Mannes‹ angemauert. Es hieß, daß er ein Bäckermeister gewesen sei, der im Dreißigjährigen Krieg, als die freie Reichsstadt von den Schweden belagert war, von einem Turm der Stadtmauer herab dem Feind einen Laib Brot gezeigt und ihm damit zu verstehen gegeben habe, daß die Stadt noch auf lange Zeit mit Lebensmitteln versorgt sei. Der Feind zog ab, doch war dem braven Mann bei seiner Tat der rechte Arm abgeschossen worden. Die Skulptur stellte den in groben Umrissen gemeißelten Körper eines rundlichen Mannes dar mit einer schief auf dem Kopf sitzenden Mütze und einem Harnisch, der den unteren Teil der Gestalt schützte. Ohne rechten Arm lehnte er sich an die Mauer, ja er schien wie verwachsen mit ihr. Sein Gesicht trug den Ausdruck grimmiger Gewissenhaftigkeit, die von dem Wagnis, mit dem er Tausenden Mitbürgern das Leben rettete, trotz des Opfers, das es von ihm gefordert hatte, nichts hermachte. Es berührte uns immer wieder.
Ungefähr der Einmündung der Frühlingsstraße gegenüber erhob sich die Schwedenstiege. Man überschritt die Brücke über den Graben und stieg die vielen hohen Steinstufen zur Stadtmauer hinauf. Die Stiege war im

Dreißigjährigen Krieg als Verbindung der in der Stadt liegenden Schwedentruppe mit den Truppen außerhalb der Stadt errichtet worden. Auf kurzem, aber nicht unbeschwerlichem Weg erreichte man den oberen Teil der Stadt. Wir benutzten die Schwedenstiege oft, sei es, daß wir in die Gegend des Domes oder, rechter Hand an den Gebäuden des Benediktinerklosters St. Stephan und dann linker Hand am Gefängnis vorbei, zur Frauentorstraße wollten, denn von ihr aus kam man in die Karmelitergasse, in der wir ab und zu das Hygienische Bad und jahrelang regelmäßig die Städtische Musikschule besuchten.

Eugen lernte Violinspielen, hielt dies aber nicht lange durch. Mir gab fast fünf Jahre lang der Musiklehrer Seitz Unterricht im Klavierspielen. Er war ein Mann in mittleren Jahren, den eine leichte Sprachhemmung plagte. Er spielte virtuos Klavier und war ein vorzüglicher Lehrer. Nicht nur gutmütig, auch gütig, fand er mich talentiert, doch nicht zu Größerem begabt. Wenn ich nicht ausreichend oder gar nicht geübt hatte, schalt er nicht, sondern füllte die Stunde aus, indem er Stücke spielte, die uns beiden Freude machten und meinen Sinn für klassische Musik von Grund auf formten. So lernte ich nicht große Technik, aber doch so viel, daß ich ohne Noten improvisieren und phantasieren konnte.

Im Sommer eines jeden Jahres fand im Börsensaal ein Konzert der Städtischen Musikschule statt. Vor dem mit Verwandten und Freunden besetzten Saal lieferten Schüler und Schülerinnen verschiedener Fortschrittsstufen Beweise ihres Könnens. Mir war Gelegenheit

geboten, dem duldsamen Lehrer meine Dankbarkeit zu zeigen, indem ich ihm keine Unehre machte.
Auf dem Podium saß, wenn man an der Reihe war, der Lehrer neben seinem Schüler vor dem Flügel und blätterte die Noten um. War alles gutgegangen, kam aus dem Hintergrund der Direktor der Musikschule, der temperamentvolle Professor Weber, mit großen Gesten angesegelt und drückte dem Aufatmenden unter starkem Beifall der Zuhörer die Hand. Er war ritterlich genug, auch dann zu kommen, wenn man Pech gehabt hatte, aber bei schwachen Leistungen ließ er sich nicht sehen.
Bog man, der Schwedenstiege gegenüber, vom Unteren Graben nach rechts ab, so begann hier die Frühlingsstraße. Sie begrenzte das sich nach Norden erstrekkende Klauckeviertel, während auf der Südseite ein mit mächtigen Kastanienbäumen bestandener Fußweg die Straße begleitete. Er führte am Stadtgraben entlang, einem breiten, langsam fließenden, von Schwänen besiedelten Gewässer. Der Stadtgraben und die in lockeren Abständen mit Ruhebänken ausgestattete Allee folgten der Straße in östlicher Richtung, umfingen in weitem Bogen den Oblatterwall, eine alte, in die Stadtmauer eingefügte Bastion. Überhaupt bildete die Stadtmauer, jetzt südwärts führend, das sich im Wasser des Grabens malerisch spiegelnde Gegenüber zu Fahrstraße und Allee.
Dort, wo die Straße zu dem schlanken Bogen ansetzte, zweigte nach links die sich leicht senkende Bleichstraße ab. An ihrer oberen Ecke, mit der Giebelseite zur Frühlingsstraße, stand das Haus, in dem wir wohnten. Vom Fenster aus bot sich dem Blick, über Straße und

Die Bleichstraße mit den vier ›Stiftungshäusern‹.
Vorder- und Rückansicht

Bleichstraße 2

Allee hinweg, die stille Fläche des Stadtgrabens und jenseits von ihr der massige Turm des Oblatterwalls, zu dessen Füßen im Sommer Ruderboote vermietet wurden und manchmal, in klaren Nächten, junges Volk zu Fahrten mit Lampions und Gesang einstieg.

Die Bleichstraße schloß das Klauckeviertel gegen Osten ab. Da im Mittelalter die Leineweber ihre Tücher in den Lechkanälen spülten und sie danach auf den Wiesen zum Bleichen ausbreiteten, hieß dieser Teil des Viertels ›die Bleich‹.

Bildete das Klauckeviertel mit der vom Stadtbach durchströmten Klauckewiese unsere weitere Heimat, so war die Heimat selbst das Haus Bleichstraße 2, das erste von vier gleichen zweistöckigen Gebäuden, den ›Stiftungshäusern‹, kurz ›die Stiftung‹ oder aber auch ›Kolonie‹ genannt. Zu Ehren von Georg Haindl, ihrem verstorbenen Gemahl, dem Besitzer der Papierfabrik Haindl, hatte Frau Elise Haindl die Häuser im Jahre 1880 errichten lassen. Sie wollte »unbescholtenen und ohne Schuld unbemittelten Augsburgern, in erster Linie verdienten Arbeitern und Angestellten der eigenen Fabrik, gegen geringes Entgelt gesunde Wohnungen schaffen«.

Die vier Häuser waren nicht besonders schön, obwohl die Fassaden klassizistische Stilelemente trugen. Jemand bemängelte, daß den sich in gleichen Abständen aneinanderreihenden grauen Häusern jede individuelle Note fehle. Aber wir vermißten sie nicht, weil wir die Menschen kannten, die hier lebten, die Familien, die sich in vielen Eigentümlichkeiten voneinander unterschieden. Die Haltung, die uns entgegengebracht wurde, war freundlich und so, wie sie den Söhnen des Verwalters der Stiftung gegenüber angebracht erschien. Denn unserem Vater war dieses Amt anvertraut. Zu jedem Monatsende brachten sie ihre Miete, die sich auf etwa vier Mark belief. Der Vater besorgte auch die Zuweisung von verbilligtem Heizmaterial, Holz und Kohlen, und von Nahrungsmitteln, wie Kartoffeln. Dabei und bei den Maßnahmen zur Instandhaltung der Häuser, der Wohnungen und der Höfe halfen ihm Herr Dietz, der mit seiner Familie im dritten, und Herr Pschierer, der im vierten Haus der Kolonie wohnte.

Der Vater übte diese Verwaltungstätigkeit nebenamtlich aus mit großem, dem Sinn der Stiftung angemessenen Ernst, und es mag gerade dies gewesen sein, daß ihm von allen Bewohnern der Siedlung fast devote Reverenz erwiesen wurde.

Der lange, schmale Hof, der sich hinter den vier Häusern der Stiftung erstreckte und sie miteinander verband, grenzte nach Norden, sich zu einer Wiese erweiternd, an das Franziskanerinnenkloster St. Anna. Über der Kirche erhob sich ein kleiner Glockenstuhl, in dem man mehrmals des Tags das hell tönende Gebetsglöcklein munter schwingen sah. Nach Osten zu trennte ein Holzzaun, mit einer Hecke dahinter, den Hof vom Gemüsegarten des Klosters. Sehr viel später (1943), im Ausland, sieht mein Bruder die Klosterfrauen vor sich, wie sie *»in ihren dicken, bis zum Boden reichenden schwarzen Röcken arbeiten; manchmal hoben sie erschöpft die Gesichter für einige Sekunden, eingebunden mit den steifen weißen Hauben, schweißglänzend«*.

In unseren Hof gelangte man von der Bleichstraße aus durch nicht ungefällige Eisengittertüren. Sie unterbrachen die sich straßenseitig von Haus zu Haus erstrekkende, niedere Mauer mit einem etwa mannshohen eisernen Zaun. Durch die Türen betrat man einen schmalen, in der Mitte zwischen den Häusern verlaufenden Kiesweg, zu dessen Seiten sich ein kleines, zum nächsten Haus reichendes Gärtchen mit Zierpflanzen, Gemüse- und Obstbeeten befand. Im Hof selbst führte von Haus zu Haus ein Weg an den niederen, schütteren Hecken, die die Gärtchen eingrenzten, vorbei. Er wurde sorgfältig geharkt, in gleicher Weise wie der daneben verlaufende Fahrweg, der den Hof seiner ganzen Länge nach durchzog. Das zweiflügelige Tor der Fahrstraße war ein Teil des Zaunes, der der Frühlingsstraße zu an die Giebelseite unseres Wohnhauses angrenzte und unmittelbar am Haus eine kleine Eingangstür hatte. Das große Tor wurde geöffnet, wenn in einem der Häuser jemand gestorben war. Dann hielt der mit zwei Pferden bespannte schwarze Leichenwagen seinen Einzug. Auf dem Bock saß der Kutscher mit schwarzem Zylinder, neben ihm ein Begleiter, der beim Tragen des Sarges half. Die Bewohner der Siedlung standen vor den Häusern, die Männer mit der Mütze in der Hand, die Frauen mit schwarzen Kopftüchern, sich verbeugend und bekreuzigend, wenn der Wagen den Toten aus der Kolonie hinaustrug. Eugen widmete der Erinnerung an den Hof das Gedicht *›Augsburg‹*.

Ein Frühjahrsabend in der Vorstadt.
Die vier Häuser der Kolonie
Sehen weiß aus in der Dämmerung.
Die Arbeiter sitzen noch
Vor den dunklen Tischen im Hof.
Sie sprechen von der gelben Gefahr.
Ein paar kleine Mädchen holen Bier
Obwohl das Messingläuten der Ursulinerinnen schon herum ist.
In Hemdärmeln lehnen sich ihre Väter aus den Kreuzstöcken.
Die Nachbarn hüllen die Pfirsichbäume an der Häuserwand
In weiße Tüchlein wegen des Nachtfrosts.

An den bekiesten Fahrweg schlossen, dem Klostergarten zu, mit Flieder- und Holderbüschen bestandene Wiesen an. In der Mitte, von den Häusern etwas abgerückt, diente ein kleines, giebliges Haus den Bewohnern der Häuser als Waschküche. Seitlich davon stand ein Pumpbrunnen. Der von den Häusern her nicht einsehbare Raum hinter der Waschküche war unser beliebtester Spielplatz.
Den mit Einfahrtstor und kleiner Tür beginnenden Zaun begleiteten zum Klostergarten hin dicht stehende Büsche. Gleich über den Fahrweg weg stand ein Holztisch mit zwei Bänken, weiter hinten ließ Vater ein Sommerhäuschen bauen, das die Mutter in sonnenwarmen Stunden gerne aufsuchte. Hinten, in geringem Abstand vom Klosterzaun, stand wieder ein Tisch mit zwei Bänken. Im Herbst, wenn das Laub der Kastanienbäume den Boden bedeckte, kehrten wir es mit

dem Rechen zusammen und machten aus Tisch und Bänken eine Laubhütte für Indianerspiele. Zwischen den zwei ersten Häusern zog sich vom Klosterzaun bis zum Fahrweg vor den Häusern ein schmaler Hain von Holunderbüschen. Eugen schrieb: *»Die Arbeiterfrauen der Kolonie schnitten im Frühjahr die Zweiglein mit den Blüten, tunkten sie in Pfannen mit Milchteig und buken Holderküchlein.«*

Auf der Wiese erhoben sich unserem Haus gegenüber drei große Kastanienbäume. Alle drei strotzten im April von weißen Blütenkerzen und spendeten im Herbst braunglänzende, aus grünen Schalen springende Kastanien.

Jeder der drei Bäume hatte seine eigene Art. Der dem Haus am nächsten stehende war mit Früchten am sparsamsten, auch setzten die Äste so hoch am Baum an, daß er sich zum Klettern wenig eignete. Der hintere war zum Hinaufsteigen günstiger und lieferte reichlich Kastanien, aber sie waren nicht so schön wie die des dritten Baumes. Seine Früchte, nicht so zahlreich wie die gewöhnlicher Kastanienbäume, leuchteten, von tiefschwarzen, samtenen Strähnen weich gemasert, in dunklem, ölig glänzendem Braun. Das weiße Futter ihrer Schalen war so dick, als bedürften sie besonderen Schutzes. Und dieser Baum ließ sich zudem leicht erklimmen. Man erreichte ohne Mühe die untersten Äste, konnte bequem an den sich darbietenden Ästen nach oben steigen, in eine Gabelung hinein, die einen angenehm schaukelnden Sitz bot.

Vom Pfad des Hofes aus betrat man den Eingang der Häuser. Hinter der Türschwelle war ein kleiner, mit Linoleum ausgelegter Flur, den rechts und links die

Aborte der beiden Erdgeschoßwohnungen abschlossen. Links führte die Treppe zum Erdgeschoß, rechts war die Kellertür. Den Aufgang zu den zwei Wohnungen im ersten Stock unterbrach in mittlerer Höhe, auch zwischen dem ersten und dem zweiten Stock, eine Wende mit wiederum zwei Aborten. Ganz oben erstreckte sich über die gesamte Hauslänge der Dachboden, der zum Aufhängen der Wäsche diente und auch die Kammer des Dienstmädchens barg.
Vom Eingangsflur stieg man durch die Tür rechts die Treppe hinab in den Keller, der für jede Wohnpartei einen Raum für Holz und Kohlen, Getränke, Kartoffeln und Gemüse vorsah. Es waren Lattenverschläge, in die Licht durch die schmalen, ebenerdigen Fenster fiel. Die Kellerkühle war wichtig, weil es in den Wohnungen keine Speisekammern und in den Küchen keine Kühlschränke gab.
Die Etagen teilten sich in allen vier Häusern in gleicher Weise auf. Vom Treppenhaus aus lag auf jedem Stockwerk rechts und links eine Wohnung, die einen kleinen Garderobenvorraum, eine Küche, ein größeres und zwei kleinere Zimmer umfaßte.

Unsere Wohnung nahm das ganze erste Stockwerk ein, wir bewohnten also zwei der Wohnungen. Daher verfügten wir auch im Erdgeschoß über zwei Aborte, einen rechts für die Familie, den linken für das Dienstmädchen. Der Komfort war schlicht, in unserem Fall doch insoweit fortschrittlich, als sich unter dem derben Deckel eine Emailschale befand. Sie war unten von dem großen Fallrohr durch eine Klappe abgeschlossen, die mit einem Griff von oben betätigt wurde. Gegenüber

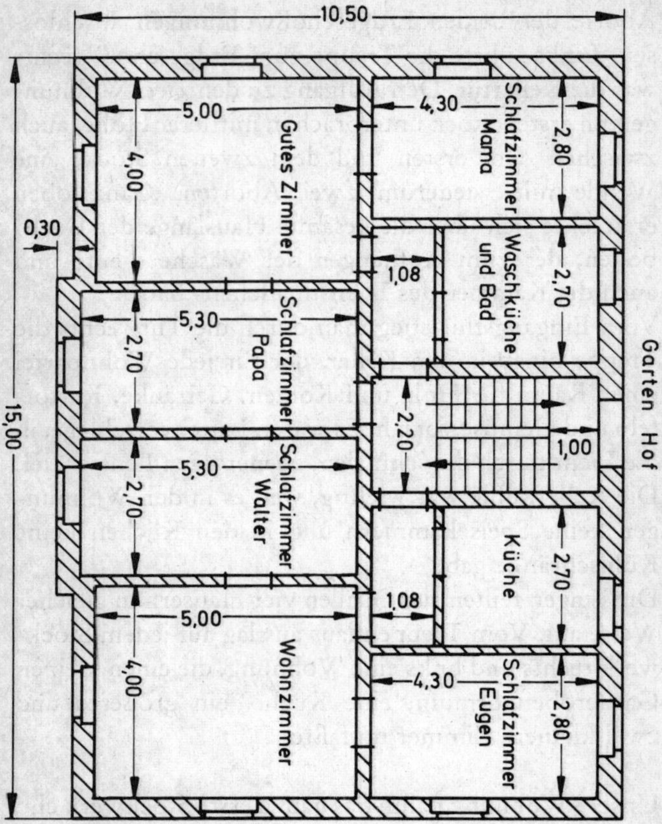

Wohnung Brecht

Augsburg Bleichstraße 2 1. Stock

fehlte diese Einrichtung. An der Wand hingen an einem Haken Blätter von Zeitungspapier, auch stand eine hohe, mit Wasser gefüllte Kanne bereit. Da man anderes nicht kannte, war nichts daran auszusetzen, doch bei Krankheit, großer Kälte und nachts scheute man den Gang die Treppe hinab.

Betrat man, nachdem man die Türglocke gezogen hatte, die Wohnung, so befand man sich zunächst in einem ziemlich dunklen kleinen Vorraum mit Kleiderbügeln für Mäntel und Regenkrägen und Ständern für Stöcke und Schirme. Links lag die Küche mit Herd, Ausguß, Tisch, Geschirrschrank und einem Fenster mit Blick auf den Oblatterwall.

Durch die Tür rechts betrat man das Wohnzimmer. Es bekam sein Licht von der Bleichstraße und der Frühlingsstraße und enthielt einen großen grünen Kachelofen, vor dem bei Kälte in einer Kiste Heizmaterial bereitlag. In der Mitte des Zimmers hing über dem viereckigen Eßtisch die Lampe. Zuerst war es Petroleum, dann Leuchtgas, später die elektrische Kohlenfadenbirne, die das Licht spendeten. An der Wand, der Frühlingsstraße zu, stand das Klavier, daneben der Lehnstuhl, in dem Papa nach dem Mittagessen ruhte. Es folgte das mit Porzellangeschirr, Bestecken und Tischwäsche gefüllte Buffet. Die Seite zur Bleichstraße nahm ein niederes, etwa schwellenhohes Podest, der ›Antritt‹, ein, der in den Jahren ihrer Gesundheit der geliebte Regierungssitz Mamas war. Hier saß sie im leichten Lehnsessel, vor sich die Nähmaschine, neben sich das Fenster, durch das sie auf das Leben der Umgebung hinaussah. An der anderen Wand, dem Buffet gegenüber, stand das Sofa, auf dem sie nach dem

Walter und Eugen Brecht, 1904

Abendessen oft mit uns saß. Sie hatte die Gabe des Erzählens und Erklärens; mit leiser, fast zärtlich flüsternder Stimme machte sie lebendig, was wir an biblischen Geschichten aus der Schule heimbrachten.
Rechts neben der Wohnzimmertür lag später, als das Kinderzimmer nur mehr Eugen gehörte, mein Zimmer; es folgte das gleich große Schlafzimmer von Papa; und von hier aus betrat man das ›Gute Zimmer‹, das nur festlichen Gelegenheiten, wie den Konfirmationen und Weihnachtsabenden, vorbehalten war. Mama gehörte etwa von 1910 an das nächste, das die Nordostecke einschließende Zimmer. Vom ›Guten Zimmer‹ in den kleinen Vorraum tretend, kam man zur Waschküche, die später das Badezimmer wurde; anfangs wurde es mit einem Holz- und Kohleofen, dann mit einem Gasofen geheizt.
Im Kinderzimmer standen unsere Betten. Beide Längsfronten des Gitterbettes waren in ihrer oberen Hälfte umklappbar. In die Zeit, als dann auch ich soweit war und den Korb mit dem Gitterbett vertauscht hatte, gehört meine am weitesten zurückreichende Kindheitserinnerung. Ich mag noch nicht zwei Jahre alt gewesen sein, da finde ich mich in dem Bett liegen, erschrocken, weil von der Milchflasche, die man mir in die Hände gegeben hatte, der Gummisauger abgeglitten war und warme Milch auf meine Brust floß. Wahrscheinlich brüllte ich, denn jemand beugte sich über mich, um alles wieder in Ordnung zu bringen.
Eugen war ein nervöses Kind. Er konnte nur einschlafen, wenn auf dem Nachttisch ein Nachtlichtchen brannte. In ein zur Hälfte mit Wasser gefülltes Trinkglas, auf dem eine Schicht von Leinöl schwamm, war

ein von einem Scheibchen festgehaltener Docht getaucht, der angezündet wurde; eine Einrichtung von geringer Leuchtkraft, die aber doch vieles, was im Dunkeln drohte, verscheuchte.
Einmal, als ich noch sehr klein war und im Bettchen schlief, kam Papa dazu, wie Eugen die kurze Kohlenschaufel, die im Wohnzimmer vor dem Kachelofen lag, ergriff und zum Schlag ausholte, um eine Fliege, die mir auf meiner Wange saß, zu töten. Jedesmal, wenn Papa uns später die Geschichte erzählte, saß ihm der Schrecken wieder im Gesicht.
Als Eugen vier Jahre alt war, bekam er ein Erwachsenenbett; mein Gitterbett stand dahinter. Im Alter von fünf Jahren ging er in den Kindergarten. Ein Bub, der mit ihm den Barfüßer-Kindergarten besuchte, äußerte später, daß Eugen auffallend gescheit gewesen sei und ein ausgezeichnetes Gedächtnis gehabt habe, so daß er die Geschichten, die das Kinderfräulein vorlas, wortgetreu nacherzählen konnte. Ein Jahr später ging er in die Volksschule. Der Altersunterschied, der zwischen uns bestand – und wer erinnerte sich nicht daran, wie altersfremd sich schon die Schüler von nur zwei aufeinanderfolgenden Klassen vorkommen –, ließ ihn damals schon andere Freunde wählen, als die, die ich mir gewann.
So war es auch, als er seine eigene Stube besaß. In Eugens Zimmer erinnerte nur noch der von Papa in der Schrankecke bereitgestellte Meerrohrstock an das gemeinsame Kinderzimmer. Doch es ist nie vorgekommen, daß Eugen damit gezüchtigt worden wäre.
In seinem Zimmer, in dem er sehr viel las, verbrachte er auch viele Nachmittage mit seinen Kameraden beim

Soldatenspielen. Georg Pfanzelt und Otto Müllereisert kommandierten die feindlichen Armeen. Von dem, was er selber einmal darüber schrieb, kann ich aus eigener Erinnerung nur das Folgende übernehmen:

Jeder verfügte über eine Zinnsoldatenarmee von 10 bis 15 Divisionen, 40 Mann stark und Artillerie. Die Dörfer waren mit Pappestückchen aufgebaut, die Flüsse markiert mit Zweigen. An strategisch wichtigen Punkten hatten wir Festungen mit kleinen Erdwällen und Bastionen aus Zigarrenkistenbrettern. ... Es gab strenge Regeln, etwa daß jeder Zinnsoldat nur um seine eigene Länge bewegt werden durfte. Nur so konnten vorteilhafte Umgehungen ausgeführt werden und wohldurchdachte Pläne sich lohnen, aber die Regeln wurden ständig durchbrochen; dann mußten die Feldherren selber sich erheben und, über ihre Schlachtreihen steigend, einander mit Fäusten zur Ordnung rufen. Die Geschütze waren kleine Bleikanonen, mit denen man Pulverkracker abschießen konnte ... Sämtliche Geschütze an einem Frontabschnitt wurden von beiden Seiten zugleich abgeschossen, so daß geschickte Massierung das Gefecht entscheiden konnte. Sank nämlich die Anzahl der noch stehenden Soldaten auf die Hälfte der gegnerischen ab, wurden sie als Gefangene einkassiert.

Eugen war der Feldherr, der immer gewann. Es ging laut zu, wenn einer der beiden anderen Strategen glaubte, entscheidende Vorteile erkämpft zu haben. Am Abend, wenn Ruhe über dem Schlachtfeld herrschte, war das Zimmer mit Pulverqualm erfüllt. Im

Sommer wählten die Generale den hinteren Teil unserer Wiese als Ort des Schlachtenaustrags; doch war ich zu jung, um zugelassen zu werden.
Das Herzstück des häuslichen Lebens bildete das Wohnzimmer. Das Klavier war angeschafft worden, als Eugen begann, Klavierunterricht zu nehmen; lange aber dauerte es nicht. Kaum länger widmete er sich dem Geigenspiel. Er übte meist in seinem Zimmer; doch wenn er das Gekrächze des Strichs nicht mehr ertragen konnte, warf er das Instrument aufs Bett. Als ich dann mit dem Klavierspiel soweit war, daß ich einen Liedergesang begleiten konnte, bereitete es Papa Vergnügen, mit seiner schönen Tenorstimme Lieder wie ›Das Meer erglänzte weit hinaus‹ oder ›Die Uhr‹ und andere Balladen zu singen. Mama sang nur, wenn wir Kinder mit ihr allein waren. Mit leiser, aber sicherer Stimme stimmte sie ihr Lieblingslied ›So nimm denn meine Hände‹ an. Ab und zu kam abends nach dem Essen Papas Liedertafelfreund Herr Ingenieur Theodor Helm. Er brachte seine Laute mit. Wir lauschten seiner gedämpften, immer etwas heiseren, oft nur flüsternden Stimme. Er sang seltene, uns bis dahin unbekannte Lieder und begleitete sich mit bewundernswertem Lautenspiel. Eines der Lieder, das ich später vertonte, hieß

S'war einst ein alter König in seiner Burg
am Meer,
Der trank bei Tag nicht wenig, bei Nacht aber
noch viel mehr.
Je nun, s'war halt ein alter König
Und konnte nichts anders mehr tun.

Und dieser alte König, der liebt die Mädchen
sehr.
Er küßt bei Tag nicht wenig, bei Nacht aber
noch viel mehr.
Je nun, s'war halt ein alter König
Und konnte nichts anders mehr tun.

Und dieser alte König verlor sein ganzes Geld.
Da schimpfte er nicht wenig, verflucht' die
ganze Welt.
Je nun, s'war halt ein alter König
Und konnte nichts anders mehr tun.

Da trinkt der alte König den letzten Becher
Wein
Mit seinem letzten Mädchen, sprang er ins Meer
hinein.
Je nun, s'war halt ein alter König
Und konnte nichts anders mehr tun.

Ein anderes, ein Tanzlied, begann mit ›Ansoletto sang komm mia Isabella‹; ein venezianisches – es hatte eine sehr hübsche Melodie – mit ›Fahr mich hinüber, schöner Schiffer‹.
Herr Helm und seine Lautenlieder regten uns an, Gitarrespielen zu lernen, und zwar so, daß wir fremde und eigene Texte vertonten und weit besser wiedergeben konnten als nur mit dem rohen, die Gitarre beleidigenden Schramm-Schramm.
Zu den Liedern, die ich mit eigener Melodie gerne sang, gehörten das aus dem 16. Jahrhundert stammende ›Le roi a fait battre tambour‹ und die Ballade ›Jane Grey‹

LE ROI A FAIT BATTRE TAMBOUR

Le Roi a fait battre tambour,
Pour voir toutes ses dames
Et la première qu'il a vue
Lui a ravi son âme.

»Marquis, dis-moi, la connais-tu?
Qui est cette jolie dame?«
Le marquis lui a répondu:
»Sire Roi, c'est ma femme.«

»Marquis, tu es plus heureux que moi,
D'avoir femme si belle.
Si tu voulais me l'accorder,
Je me chargerais d'elle.«

»Sire, si vous n'étiez pas le Roi,
J'en tirerais vengeance!
Mais puisque vous êtes le Roi –
Á votre obéissance.«

»Marquis, ne te fâche donc pas,
Tu auras ta récompense.
Je te ferai dans mes armées
Beau Maréchal de France.«

»Adieu m'amie, adieu mon cœur,
Adieu mon espérance!
Puisqu'il faut servir le Roi,
Séparons-nous d'ensemble.«

La Reine a fait faire un bouquet
De belles fleurs de lys –
Et la senteur de ce bouquet
A fait mourir la Marquise.

JANE GREY

Sie führten ihn durch den grauen Hof,
Daß ihm sein Spruch gescheh!
Am Fenster stand sein junges Gemahl,
Die schöne Königin Grey

Sie bog ihr Köpflein zum Fenster hinaus
Ihr Hals erglänzte wie Schnee.
Er hob die Fesseln klirrend auf,
Und grüßte sein Weib Jane Grey

Und als man den Toten vorübertrug,
Sie stand, damit sie ihn seh'
Drauf ging sie freudig denselben Gang,
Die junge Königin Grey

Der Henker, als ihm ihr Antlitz schien,
Er weinte laut auf vor Weh.
Dann eilte nach in die Ewigkeit
Dem Gatten die Königin Grey

Viele junge Damen starben schon,
Vom Hochland bis zur See;
Doch keine war schöner und keuscher noch
Als Dudleys Weib Jane Grey

Und wenn der Wind in den Blättern spielt,
Und er spielt in Blumen und Klee,
Dann flüstert's noch vom frühen Tod
Der jungen Königin Grey

Gerne sang ich auch das von L. v. Wolzogen gedichtete

HANDWERKSBURSCHENLIED

Schönstes Kind aus Sachsen, Schlesien, Preußen
Hör, die Lieb ist eine Narretei!
Doch sie wird so lange noch bestehen,
Bis der Gockel legt sein erstes Ei.

In dem Lehnstuhl, der rechts neben dem Klavier vor dem Fenster zur Frühlingsstraße stand, saß Papa nach dem Mittagessen und rauchte seine Zigarre. Wenn er es noch nicht beim Frühstück getan hatte, las er die ›Augsburger Neuesten Nachrichten‹ und die regionale ›München-Augsburger Abendzeitung‹, dann schlief er eine halbe Stunde, bekam eine Tasse Kaffee und ging wieder ins Geschäft.

Während er ruhte, mußte es in der Wohnung still sein. Nur noch die Stubenfliegen machten Lärm. Ohne die Fliegen aber wäre es weit schwieriger gewesen, den Laubfrosch zu versorgen. Auch er verbrachte seine Tage im Wohnzimmer. Er saß auf einem Leiterchen im Froschglas, einem viereckigen Glashaus, ungefähr 10 cm im Geviert und 20 cm hoch, mit einem spitz zulaufenden Giebeldach, das wie der Sockel des Glases grün gefärbt war. Durch ein kleines Loch im Dach, das man durch Drehen eines Paßstückchens öffnen konnte, wurden die Fliegen eingelassen. Wir mußten das Froschglas in wöchentlich wechselndem Dienst reinigen, mit Wasser und frischem Moos versehen und die Fliegen fangen. Eugen, in dieser Kunstfertigkeit geschickt, war leider nicht verläßlich, er hatte Wichtigeres zu tun. Die Schwarze Marie fiel aus, hatte sie doch das volle Senfglas, auf dem eine Fliege saß, ohne die Fliege erwischt und hinuntergeworfen. Mama lehnte für ihre Person den Fliegenfang ab. Nicht selten sorgte man gleich für ein paar Tage vor und bot dem Frosch so viele Fliegen auf einmal an, daß er schließlich mit starkem Herzklopfen die weitere Nahrung verweigerte. Während der Frosch und sein Leben in die Obhut von uns Buben gestellt war, war der Kanarienvogel allein Papas Sache.

Mama verhielt sich Tieren gegenüber reserviert. Vor Spinnen und Mäusen hatte sie Angst. Dabei war es so, daß sich Tiere, vor allem Hunde, zu ihr hingezogen fühlten. Wenn sie im Garten im Liegestuhl lag, konnte es vorkommen, daß sich ihr ein streunender Hund näherte und seinen Kopf auf ihren Schoß legte.

Mehr Unruhe als der Kanarienvogel, die Fliegen und der Frosch verursachten die Menschen. Zur Winterszeit machte schon morgens das Mädchen Lärm, wenn es den Ofen ausräumte, Feuer anzündete und die Asche forttrug. Gegen 7 Uhr kam Herr Hollmann, der Friseur, der Vater im Wohnzimmer rasierte. Wenn er fertig war, nahm das flinke, magere Männchen das weiße Handtuch von Papas Hals, legte es zusammen, reinigte das Rasiermesser und barg es samt Seife und Streichleder in seiner Tasche. Er verabschiedete sich,

indem er sich verbeugte und »G'schamster Diener, Herr Brokrist« sagte. Das hieß »Gehorsamster Diener, Herr Prokurist«.
Zum Frühstück gab es Zichorienkaffee mit frisch gebackenen Semmeln. Papa aß sie mit Butter, wir trocken oder mit ›Gsälz‹, einer von Mama zubereiteten Zwetschgenmarmelade. Papa verzehrte auch mit Behagen ein weichgekochtes Ei. Mama frühstückte meistens im Bett. Bei uns Buben ging es immer holterdiepolter, man kam nicht gerne zu spät zur Schule, die um 8 Uhr begann.
Wenn auch nicht immer laut, so ging es doch lebhaft zu beim Mittagessen, das fertig sein mußte, wenn Papa vom Geschäft kam. Mama sprach das Tischgebet. Wir Kinder hörten mit gefalteten Händen zu. Eugen saß links von Mama, ich rechts. Papa, an der anderen Längsseite des weißgedeckten Tisches, schnitt das Fleisch und teilte es aus, während Mama uns mit Gemüse und Kartoffeln versah. Einen Nachtisch gab es unter der Woche nicht.
Papa hatte neben dem Teller ein graues Steinkrüglein mit Weißwein stehen, den er in einem kleinen Faß aus seiner Schwarzwaldheimat bezog. Er füllte sein Weinglas und hatte die Gewohnheit, seiner Suppe einen Löffel Wein hinzuzufügen. Der Wein lagerte im Keller. Einmal entwendeten Eugen und ich den Kellerschlüssel, gingen hinunter und machten eine Weinprobe. Dazu legte sich zunächst Eugen rücklings auf den Boden. Auf die Ellenbogen gestützt, brachte er seinen Mund nahe an den Zapfhahn des Weinfäßchens, den ich als Mundschenk bediente. Nach einer Weile tauschten wir. Jetzt lag ich auf dem Rücken, und er bediente

den Hahn. Ihm machte das Spaß, er sagte »Mund auf« und »Mund zu«, und ich gehorchte, weil die Pausen zwischen »Mund zu« und »Mund auf« zu kurz waren, um weg zu können. Eugen hörte schließlich auf und ging fort. An diesem Abend wurde lange nach mir gesucht, bis man mich tiefschlafend in unwürdigem Zustand im Keller fand. Mama hatte sich über mein Ausbleiben so aufgeregt, daß jede Strafe ausblieb, zumal Papa über die ganze Sache lachte.

Die Mahlzeiten interessierten uns Kinder nicht. Wir sättigten uns. Samstags gab es manchmal Irish Stew, einen Eintopf, den wir genausowenig mochten wie an anderen Samstagen das ausgekochte, zähe Rindfleisch, zu dem es meist unbeliebtes Wirsinggemüse und Kartoffeln gab.

Böse Unruhe entstand, wenn Eugen mit der Gabel im Sauerkraut auf seinem Teller herumstocherte und sich weigerte aufzuessen. Papa ermahnte: »Was auf dem Teller liegt, wird gegessen.« Wenn das nichts nutzte, gab es Ärger und Papa klatschte eine weitere Portion Kraut auf Eugens Teller. Mama rief sowohl Eugen als auch Papa zum Guten auf, doch manchmal endete die Szene mit einem Donnerwetter, in dem es auch eine Ohrfeige setzte und Eugen wild erbost das Zimmer verließ.

Einmal im Jahr kam der Mann mit dem großen Hobelbrett, um im Keller die angelieferten Krautköpfe kleinzuhobeln. Das Kraut wurde in einer Schüssel gesalzen, ins große Krautfaß gelegt und von dem Mann mit einem schweren Holzstampfer lagenweise eingestampft. Die oberste Schicht deckte man mit einem weißen Tuch ab, worauf ein kurzes, mit einem schweren Stein belastetes Brett gelegt wurde. War die Gärung weit genug fortgeschritten, ging bei Bedarf das Mädchen in den Keller, nahm Stein, Brett und Tuch ab, entfernte die oberste Lage des Krautes, entnahm eine Portion für die Küche, wusch Tuch, Brettchen und Stein und versetzte alles wieder in den früheren Zustand.

Nicht nur wegen verweigertem Sauerkraut gab es Auftritte, die von Papa und Eugen mit gleicher Heftigkeit bestritten wurden. Bei Papa überwog die Stimmstärke, bei Eugen Trotz und Hohn, der besonders brisant wirkte. Anlaß konnte sein, daß sich Papa aus grundsätzlichen Erwägungen die Despektierlichkeiten verbat, die sich der Sohn seinen Lehrern gegenüber erlaubt hatte und die ihm, dem Vater, zur Kenntnis gebracht worden waren. Nicht selten war es Eugen, der den Streit provozierte. Viele Jahre später erinnert er sich in seinem Tagebuch: Papa hing an allem, was im Gärtchen neben dem Haus ein bei dem rauhen Augsburger Klima kümmerliches Dasein fristete. Darunter war auch ein Apfelbaum, der zum erstenmal Früchte trug. Zwei Äpfel waren gestohlen worden. Eugen verteidigte den Dieb: *»Was Bäume machen, gehört niemand.«* Papa verurteilte solche Ansichten. Er verlangte, daß sich Urteile auf Reife und nachgewiesene Leistung zu stützen hätten; ein Thema, an dem sich oft die Gemüter erhitzten. Eugen vertrat mit messerscharfer Rhetorik die Interessen der Armen, Verratenen und Unterdrückten und äußerte zunehmend politische Meinungen, die, vor dem Hintergrund des ins Scheitern geratenen Weltkriegs, den Auffassungen des streng national und kompromißlos denkenden Vaters schmerzlich zuwiderliefen. Es kam zu Ausbrüchen, bei denen Papa forderte,

Eugen solle, solange er noch die Beine unter diesen Tisch strecke, statt zersetzende Reden zu führen, Anerkennenswertes für sich und die Allgemeinheit tun.

Das alles hatte nichts mit Papas Einstellung zu Eugens späterer literarischer Arbeit zu tun. Papa bekam aber dann manches zu hören, als Eugens Gedichte erschienen, als man vom Widerpart zu reden begann, den er sich gegen die Anschauungen leistete, die im Deutschunterricht des Gymnasiums von seinen Lehrern vertreten wurden, und als man die ungezügelten Theaterkritiken des Achtzehnjährigen zu lesen bekam. Dies zwang Vater eine nach außen hin verbindliche Haltung auf, verursachte jedoch Ungemütlichkeiten bei Tisch. Immer aber verteidigte Papa seinen Sohn in der Öffentlichkeit, auch wenn er dessen Fähigkeiten herunterspielte und von ihm, gewissermaßen entschuldigend, als von seinem ›Dichterling‹ sprach.

Allmonatlich rechnete am Samstagabend nach dem Essen Papa mit Mama die Haushaltsausgaben durch. Sie hatte ein Notizbuch vor sich und las die einzelnen Beträge vor. Da waren die Ausgaben für Essen und Trinken vermerkt, das Geld für das Dienstmädchen, für kleinere Dinge wie Trambahn und Briefmarken. Alles war genau mit Datum aufgeschrieben, der letzte Posten hieß ›Verschiedenes‹. Als Kaufmann war Papa der Begriff ›Verschiedenes‹ natürlich geläufig. Aber er erwartete, daß der ohne Nennung von Einzelheiten verausgabte Betrag gegenüber allem anderen geringfügig war. Das war er nicht. Man suchte Klarheit in das Dunkel zu bringen, Fragen auf Fragen, zögernde, immer ängstlichere Antworten, die zu nichts führten.

Hier kam es vor, daß Papa mit Macht auf den Tisch schlug und Mama in Tränen ausbrach.
Es wurde noch mit dem Pfennig gerechnet; die Einkommen waren bescheiden[1], wie überhaupt das Wohlstandsniveau noch keine größere Anhebung erfahren hatte und sich in der Zeit von 1900 bis zum Beginn des 1. Weltkrieges nur wenig hob. Man kam aber mit dem Geld aus, weil man es mit verhältnismäßig geringen und stabilen Preisen für die Lebenshaltung zu tun hatte[2]. In Bayern kosteten 1910 1 Liter Milch 20 Pfennig, 1 Semmel 3 Pfennig, 1 Pfund Schwarzbrot 18, 1 Pfund Fleisch 90 bis 96, 1 Pfund Butter 127 bis 144 Pfennig. Für 28 Eier bezahlte man bei der Eierfrau 1 Mark, für 1 Zentner Kartoffeln 4 Mark.
Daß die Mutter, wenn sie das Butterbrot strich, das Messerblatt senkrecht stellte und das ihr überschüssig Erscheinende abkratzte, geschah nicht aus Geiz und nicht mit Vergnügen. Es war auf das ungünstige Verhältnis des Einkommens zu der an sich billigen Lebenshaltung zurückzuführen.
Zum Mittagessen trank Papa ein Glas Wein, zum Abendessen einen halben Liter Bier. Manchmal wurde die Schwarze Marie geschickt, meistens holten wir Buben, immer zu zweit, das Bier, entweder von der Gastwirtschaft ›Zum Eisernen Kreuz‹ in der Brückenstraße oder im ›Sonnenhof‹ in der Klauckestraße. Zu zweit mußten wir gehen, weil es unterwegs oft Kämpfe

1 Das durchschnittliche Jahreseinkommen je Kopf der Bevölkerung betrug 1905 im Deutschen Reich 584 Mark. Zwar stieg es in der Zeit von 1900 bis 1913 um 26%, da aber das Geld einer Entwertung unterlag, erhöhte sich das Wohlstandsniveau nur um 10%.
2 Der Preisindex für Ernährung stieg von 1900 bis 1913 um 22%, also weniger als die Steigerung des durchschnittlichen Einkommens.

gab, bei denen wir, allein und mit vollem Krug, von den Angreifern wehrlos angetroffen worden wären.
Als Gefäß für das Bier diente entweder ein offenes Bierglas mit gläsernem Henkel oder ein mit dem Brechtwappen versehener irdener Krug, der einen kräftigen, hellen Zinndeckel trug. Ein sogenannter Maßkrug, der einen Liter Bier faßte und von den Handwerkern, vor allem den Maurern, bevorzugt wurde, war verpönt, obwohl man wußte, daß das Bier, daraus getrunken, besonders gut schmeckte. Bier in Flaschen gab es nicht, wie es auch ausschließlich dunkles Bier war, das man bei uns trank. Das Bierglas faßte einen halben Liter. Der Viertelliter, wie ihn die Hausfrau gern zum Vesperbrot trank – auch die Bezeichnung Brotzeit klang zu vulgär –, hieß Schoppen. Er kostete 5 Pfennig. Man schätzte eine stabile Schaumkrone und trank das Bier nicht so kalt wie heute, obwohl die Brauereien und Gasthöfe in ihren Kellern einen Vorrat an Eisstangen hielten, die im Winter aus den Eisdecken von Weihern und langsam fließenden Wasserläufen gewonnen und als vierkantige Stangen ausgesägt wurden. Augsburger Bier hatte einen vorzüglichen Ruf. Die Kenner fanden es dem Münchner Bier überlegen. Bekannte Brauereien waren ›Zur Goldenen Gans‹, der ›Hasenbräu‹, ›Riegele‹, die Brauerei ›Stötter‹ in der Jakobervorstadt und viele andere.
Da das Bier frisch aus dem Faß am besten war, hielten sich die Männer gerne in den Wirtschaften auf. Auch Papa ging abends häufig aus und sprach mit seinen Freunden dem Bier zu, sei es in der ›Liedertafel‹ und danach im Café ›Kernstock‹ oder beim Kegeln.
An solchen Abenden saß Mama dann mit uns beiden

auf dem Sofa, fragte nach der Schule, erzählte Geschichten oder las vor, wobei sie Gedichten den Vorzug gab. Sie besaß ein kleines Album mit farbigem Umschlag, in das sie Gedichte, die ihr besonders gefielen, mit ihrer klaren Schrift eintrug.

Zwei solcher Abende waren mit einer besonderen Begebenheit verbunden. Da Papa öfter für ein paar Tage verreiste, war uns einmal seine schon mehrtägige Abwesenheit nicht aufgefallen. Mama hatte den einen Arm auf Eugens, den anderen auf meine Schultern gelegt und teilte uns in besänftigender, gleichwohl bewegter Stimme mit, daß Papa gestern in München operiert worden sei. Es sei alles gut verlaufen, man könne hoffen, daß die Magenschmerzen, die Papa so lange geplagt hätten, nun behoben seien. Papa hatte nie geklagt, dennoch hatten wir dann und wann gemerkt, daß ihm nicht wohl war. Jetzt griff ein scharfer Schreck nach uns, das Wort ›Operation‹ war nicht weit weg vom Tod. Nach ein paar Tagen nahm uns Mama nach München mit, wir durften Papa in der Klinik von Geheimrat Krecke, der ihn von Magengeschwüren befreit hatte, besuchen.

Zu diesen Erinnerungen gehören andere: Vater vertrug damals nur ein bestimmtes Brot, es war das Armenschwarzbrot, das das Kapuzinerkloster in der Sebastianstraße jeden Dienstag zwischen drei und fünf Uhr nachmittags an Bedürftige kostenlos ausgab. So standen abwechselnd Eugen und ich in der Schlange der Bettler, die an dem Fensterchen vorbeizog; ein bärtiger Kapuzinermönch legte in jede sich ihm entgegenstrekkende Hand eine dicke Schnitte oder, wie wir es nannten, einen Ränkel des Roggenbrotes. In diesem mit den

Bettlern geteilten Augenblick der Erwartung eines Almosens wurde uns die Welt des Wohlstands, in die wir uns schicksalhaft gestellt sahen, klar. Der Kapuziner schaute uns prüfend, ja kopfschüttelnd an, aber er verweigerte uns die Gabe nicht, für die wir allerdings die vom Vater mit auf den Weg gegebenen 10 Pfennig schüchtern auf das Schiebefensterbrettchen legten.
Erfahren hatte von dem wohltätigen Brot der Mönche die Schwarze Marie. Die Frau des Schutzmannes Pschierer aus Haus 8 der Bleichstraße hatte ihr erzählt, daß die Polizei einen diebischen Landstreicher arretiert habe, der in der Haft dringend um die Beschaffung des Kapuzinerbrotes bat, weil nur damit seine unerträglichen Magenschmerzen gelindert würden.
Als es bei Papa zur Operation kam, wählte er ein jüdisches Krankenhaus. Es war klein, aber höchst komfortabel, und was Papa, wie wir später hörten, geradezu begeisterte, waren die Schwestern, die so ganz anders waren als die Diakonissinnen und katholischen Schwestern anderer Kliniken – sie verbreiteten durch ihre jugendliche Weltlichkeit eine fröhliche Atmosphäre, die die Patienten aufmunterte. Kamen die Schwestern in Abendkleidung vom Theater zurück, so schauten sie schnell noch mal rein und erzählten. Sie brachten Lebensfrische ins Krankenzimmer, das auf einmal keines mehr war.
Als ich ein anderes Mal allein mit Mama auf dem Sofa saß, seufzte sie leicht, und als ich zu ihr aufsah, gewahrte ich, daß ihr Gesicht plötzlich blaß war und sie mit zur Lehne geneigtem Kopf zu meinem Entsetzen die Pupillen so nach oben verdrehte, daß ich nur mehr das fahle Weiß der Augäpfel wahrnahm. Vielleicht war

es mein jammerndes Geschrei, das sie nach wenigen Minuten wieder ins Bewußtsein zurückrief. Sie konnte sich an nichts erinnern und tat alles, um mich zu beruhigen. Ich wußte nicht, daß ich ein erstes Zeichen für das Leiden erlebt hatte, dem sie nun entgegengehen würde.

Es war die Zeit vor Weihnachten, die Schwarze Marie saß zwischen Mamas Sessel und Nähmaschine, mit dem Rücken zum Fenster, auf dem ›Antritt‹, ich saß neben ihr. Zwischen den weit gespreizten Knien hielt sie auf dem umgebundenen Schurz eine große Tonschüssel, in der sie mit einem Kochlöffel Teig rührte. Ich durfte ab und zu den Finger hineinstecken und ablecken. Im Zimmer war es warm, draußen lag tiefer Schnee. An der Ecke des Hauses gegenüber brannte eine Gaslaterne. In ihrem Licht wirbelten Schneeflocken, es gab ihrem Tanz einen sanften Glanz.
Der Zubereitung des Weihnachtsgebäcks wurde viel Mühe gewidmet. Die Wohnung duftete wochenlang nach Buttergebackenem, nach Zimt, Anis und Vanille. Das Backen verlief so, daß man Eier, Butter und Zukker eine Stunde lang rührte. Dann wurden Mehl und, je nach Rezept, geriebene Mandeln, Hasel- oder Walnüsse, auch Gewürze wie Vanille oder Zimt hinzugefügt. Manchmal setzte man dem Teig zum Treiben Mittel wie Hirschhornsalz zu. War der Teig auf dem Brett mit den Händen so lange geknetet, daß er ausgerollt werden konnte, wurde er mit dem Nudelholz gleichmäßig ausgewalzt, in flache Kuchen geschnitten oder mit Blechförmchen unterschiedlichster Art ausge-

stochen. Auf ein Kuchenblech gelegt, versah man das Gebäck mit einer Glasur aus Eiweiß und buntem Zukker und schob es für zehn bis fünfzehn Minuten in den Backofen. Danach nahm man die ›Leckerle‹ mit einem Messer vom Blech und hob sie später in einem gut zugedeckten Topf an unzugänglichem Ort bis zum Fest auf.

Um die Vorfreude auf das Fest zu steigern, hielt Papa alle Vorbereitungen geheim. Der Christbaum war im Keller versteckt, der Zugang zum Guten Zimmer, dem Zimmer der Bescherung, war schon mindestens eine Woche vorher strikt untersagt. Marie schaffte den Christbaum bei Nacht heimlich über die Treppe herauf, und da man vom Treppenhaus durch den rechten, eigentlich nie benutzten Wohnungseingang in das Weihnachtszimmer gelangen konnte, ließen sich auch die Geschenke heimlich hereinbringen. Es war Mamas Sache, sie einzupacken, mit seidenen Bändchen zu versehen und auf weißgedeckten, mit Tannenzweigen geschmückten Tischchen auszubreiten. Obwohl man im vorderen Teil der Wohnung nichts von den Arbeiten im Bescherzimmer merkte, kam es doch vor, daß Geräusche nach vorne drangen, z. B. wenn Papa überraschend unchristliche Rufe ausstieß, weil er sich, wie Mama später verriet, beim Einpassen des Christbaumes in das goldverzierte, gußeiserne Fußgestell auf die Hand gehauen hatte. Er richtete überhaupt das meiste selbst her. Er schmückte den Baum, wobei ihm allerdings Mama aus den vielen Schachteln, die das Jahr über aufgehoben wurden, die Kerzen reichte, die silbernen und bunten Glaskugeln und das schönste Stück des Christbaumes, den Engel, der auf die Spitze des zimmerhohen Baumes gesteckt wurde. Das alles ging unter Geheimhaltung vor sich. Erst als wir älter waren, wichen die so wohlgemeinten Regeln einer toleranteren Handhabung, die es erlaubte, daß wir Mama beim Schmücken des Baumes halfen.

Am Weihnachtsabend mußte man festlich angezogen sein. Das damit verbundene Unbehagen ließ die Stunden fiebrigen Wartens besonders lang erscheinen. Wir hielten uns im Wohnzimmer auf, die Türen, die über mein und Papas Schlafzimmer zum Guten Zimmer führten, waren zu, bis endlich aus dem Weihnachtszimmer das Glöckchen hell ertönte und Mama, die sich in den letzten Minuten zu uns gesellt hatte, mit uns ins Bescherzimmer trat.

An der Schwelle verharrten wir. Außer den vielen Kerzen am Christbaum brannte kein Licht, aber hinter dem Kerzenschein trat das Dunkel der schmuckglitzernden Edeltanne, die, unten breit ausladend, sich nach oben, dem Engel zu, schütter verengte, zauberisch hervor. An zwei oder drei Zweigen des Baumes brannten Wunderkerzen, die leuchtende Sternchen zischend versprühten. Dazu war das Zimmer ungewöhnlich warm und von einem feierlichen Duft nach Wachskerzen, Tannennadeln, Blumen, Gebäck, Äpfeln und Apfelsinen erfüllt.

Schon bevor man das Zimmer betreten hatte, klang aus der Spieldose, die jetzt ihren jährlichen Auftritt hatte, das Weihnachtslied ›Stille Nacht, heilige Nacht‹. Papa bediente das Gerät. Nach einer Weile, in der wir schweigend standen und schauten, stellte er es ab, Mama nahm im Sessel Platz und las, die Bibel in den Händen, die Heilige Legende der Christnacht vor.

Dann mußten wir, Eugen zuerst, etwas aufsagen, das wir auswendig gelernt hatten. War das glücklich vorüber, stellte Papa, der seinen schwarzen Anzug und einen hohen weißen, steifen Kragen mit seidener Krawatte trug, die Spieldose wieder an. Sie spielte jetzt ein Lied nach dem anderen und nur durch Aufziehen unterbrochen die Weihnachtslieder ›Oh, du fröhliche‹ und ›Oh Tannenbaum‹.

Jedes Mal eine gleich zarte Freude machte uns die kleine Bethlehemkrippe, die auf einem mit Tuch bedeckten Stuhl stand in einer vorne offenen Holzkiste. In dem nur spärlich erhellten Inneren verschwammen die Gestalten von Menschen und Tieren fast im Dunkel. Doch einer der Hirten beugte sich voll Demut mit so frommer Gebärde über das Kindchen, daß wir immer wieder ergriffen waren. Für uns war er es, der in der schlichten Szene den feierlichen Schein der Heiligen Nacht zum Leuchten brachte.

Und jetzt zeigte uns Mama, die ihr schwarzes Seidenkleid trug, wo unsere Geschenke lagen. Endlich durften wir näher treten, wobei man uns ansah, daß dies jetzt der wichtigste Teil des Heiligen Abends war. Was die Erwachsenen taten, kümmerte uns nicht. Mama führte die Schwarze Marie an ihren Tisch. Sie hatte bescheiden im Hintergrund gestanden, die Hände gefaltet, auf dem Gesicht den Ausdruck kindlicher Hingebung an diese Stunde der Familie, die Augen voller Rührung. Sie trug die weiße, steif gestärkte Sonntagsschürze, und ihr schwarzes Haar war mit einem hohen Kamm aufgesteckt, den ihr Mama einmal geschenkt hatte.

Papa und Mama beschenkten sich jetzt gegenseitig;

doch unser Blick suchte festzustellen, wie groß, an der Gesamtheit unserer Geschenke, der Anteil an Unnützem war. Denn Nützliches, wie Schuhe, Sweater, Wäschestücke, Hosenträger, gar Handschuhe und dergleichen, stand nicht hoch im Kurs, es gehörte in unseren Augen nicht zu Weihnachten, dem Fest der Freude. Weihnachtlichen Adel besaßen nur Dinge, die im werktäglichen Sinn unnütz waren. Zeigten sich Weihnachtswünsche erfüllt, so schlug das Herz höher und alles war gut.

Unter den erfreulichen Geschenken, die für uns Brüder gemeinsam bereitstanden, nahm, jedes Jahr von neuem begrüßt, einen ansehnlichen Platz der Kaufladen ein. Er führte hauptsächlich Lebensmittel, dabei neben weniger begehrten Dingen wie Mehl, Pfeffer und Salz, Brötchen usw. auch Delikatessen. Weder Mandeln, Haselnüsse, Bonbons, Schokoladeplätzchen und Zukker fehlten, auch nicht Waage und Gewichte. Doch schon bevor sich ein Handel entwickeln konnte, kam es zu dem, was man im Geschäftsleben den Offenbarungseid genannt hätte. Auf undurchsichtige Weise leerten sich die Fächer in verblüffend kurzer Zeit. Auch störte, daß sich die beiden Kaufleute gegenseitig die Schuld am Verschwinden gerade der gängigsten Waren gaben und dabei selbst vor Tätlichkeiten nicht zurückschreckten. Mama sprang zwar immer wieder ein, doch ließ sich der Bankrott nicht vermeiden. Aber selbst mit leeren Fächern stellte der Kaufladen weit über die Weihnachtstage hinaus ein gern gesehenes Stück im Weihnachtszimmer dar.

Über mehrere Weihnachten verteilte Wünsche richteten sich auf eine Einrichtung für Laubsägearbeiten, später eine Eisenbahn, ich hatte eine Kolbendampfmaschine mit spiritusgeheiztem Dampfkessel im Auge, auch elegante Schlittschuhe, einen Steinbaukasten, ferner einen Werkzeugkasten und, heiß begehrt, aber vielleicht zu hoch gegriffen, ein Dreirad. Eugens früheste Weihnachtswünsche waren Puppen, später, über manche Jahre hin, Zinnsoldaten mit kleinen Bleikanonen und Krackern, dann Bücher, Bücher und Bücher, die, natürlich auch zu meinem Vergnügen, mit Karl May begannen.

Während wir mit unseren Geschenken beschäftigt waren, hatte Papa in der Spieldose, weil es der Weihnachtslieder genug war, andere Platten aufgelegt. Er liebte muntere Stücke, die der hochpolierte Nußholzkasten mit besonderer Verve erklingen ließ. Wir hörten den ›Torgauer Marsch‹, die ›Zarienne Mazurka‹, den ›Zapfenstreich‹ und andere. Eugen bevorzugte ›La Paloma‹, ich die Melodie des Liedchens ›Spinn, spinn, meine liebe Tochter‹.

Die Kerzen brannten langsam herunter, wir durften sie, wenn es soweit war, ausblasen. Der mit Leuchtgas gespeiste Lüster wurde angezündet. In der Helle, in der jetzt das Zimmer lag, begann sich jeder von uns beiden für die Geschenke des anderen zu interessieren. Jeder hatte auf seinem Gabentisch einen großen Teller mit Gebäck, Orangen, Datteln, Feigen und Haselnüssen stehen. Bei dem Gebäck gab es, meist in der Überzahl, solches, aus dem wir uns nicht viel machten, z. B. steinharte Anisplätzchen und Leckerle, die viel Zitronat oder Orangeat enthielten. Hoch begehrt dagegen war Buttergebackenes; zart mürbe Plätzchen in S-Form gespritzt und mit knirschendem Zucker reichlich bestreut

hießen ›Eßle‹. Ihnen standen Zimtsterne und Makronen nicht viel nach. Daß wir beide den gleichen Geschmack hatten, fügte sich nicht glücklich. Eugen machte von dem Recht des Älteren ziemlich rücksichtslos Gebrauch und bemächtigte sich mancher der feinen Stücke meines Tellers, wobei es mir nichts nützte, daß ich sie, als Abwehrmaßnahme, wie ich ihm versicherte, abgeschleckt hatte.
Mit dem Übergriff, für dessen Folgen er vielleicht nichts konnte, entweihte er für mich den Christabend, an dem ich das Dreirad bekam und staunend, es kaum fassend, dastand. Kaum daß ich wagte, mit der Glocke am Lenkrad zu klingeln. Anders Eugen. Er trennte sich von seinem Gabentisch, kam, setzte sich auf den mit Samt überzogenen Sattel des Rades und fing zu fahren an. Da das Weihnachtszimmer nicht genügend Raum bot, fuhr er auf die Tür zu Papas Schlafzimmer los, betätigte auch die Fahrradglocke, doch beim Überqueren der Schwelle brach das Rad auseinander. Das Mitgefühl aller war für mich kein Trost. Die Schwarze Marie, die das Dreirad zwei Tage vorher vom Keller heimlich über die Treppe heraufgetragen hatte, konnte sich nicht fassen. Tränen liefen ihr wie mir übers Gesicht. Ich bekam aus dem großen Delikateßkorb, den Papa als Weihnachtsgeschenk von der Papierfabrik erhalten hatte, eine Dose Ölsardinen und eine Mandarine und durfte den Schmuck anschauen, eine Brosche mit einem Edelstein, mit der Papa die Mama beschenkt hatte. Aber das machte die Sache nicht mehr gut.
Später am Weihnachtsabend gingen wir über die verschneite Straße hinüber zu den Großeltern Brezing. Auch Onkel und Tante Reitter waren mit den beiden

Vettern Fritz und Richard gekommen. An einem Christbäumchen brannten die Kerzen, die Geschenke wurden ausgetauscht. Großpapa war etwas weniger unwirsch als sonst, Großmama, wie immer, die warmherzige Güte selbst. Im Gespräch verbrachte man ein Stündchen, dann machten sich Familie Reitter und wir wieder auf und gingen durch die kalte Nacht über knirschenden Schnee nach Hause.
Die Schwarze Marie, die zu den Großeltern Brezing, den Eltern von Mama, nicht mitgegangen war, hatte daheim das Geschirr gespült und aufgeräumt.

Bevor Marie zu uns gekommen war, hatte uns Fanny versorgt, ein kleines, flinkes Persönchen, gescheit, freundlich; doch bei aller Unscheinbarkeit machte sie deutlich, daß es für sie zwei Welten gab, die ihre und die des Hauses, in dem sie Dienst tat.
Unscheinbar war auch Marie, die etwa 1905 auf Fanny folgte. Wie jene war sie durch die Marienanstalt, ein kleines Franziskaner Frauenkloster, in der Riedlerstraße hinter dem Oblatterwall gelegen, an Mama vermittelt worden. Hausfrauen, die sich nach einem Dienstmädchen umtaten, waren gut beraten, wenn sie ihre Mädchen von der Marienanstalt holten. Das Kloster nahm Bauernmädchen, die vom Land in die Stadt wollten, vorübergehend unter seinen Schutz. Die Oberin wußte, was man wollte, und verstand es, in der rechten Weise sowohl für die Mädchen zu sorgen, als auch dem zu entsprechen, was sich die auftraggebenden Damen vorstellten.
Als Marie zu uns kam, war sie ungefähr 22 Jahre alt.

Die Schwarze Marie
Marie Miller aus Krumbach in Schwaben, um 1906

Untersetzt, kräftig, nicht sehr gescheit, auch nicht flink, trug sie einfache, grobe Kleidung und schwere Schuhe, die ihr keinen schwebenden Gang verliehen. Ihr Gesicht war weder schön noch häßlich, es war nicht einmal hübsch. Aber Kinder finden nur selten das Gesicht eines Nahestehenden schön oder häßlich. Sie sehen, was ihnen aus dem Gesicht entgegenblickt, und das war bei Marie eine niemals von Launen getrübte Güte. Ihre Hände waren derb, sie hatte dunkelbraune Augen und starkes schwarzes Haar; darum auch nannten wir sie Schwarze Marie.
Ihre Kammer war oben im Dachboden. Ihr Platz war im wesentlichen die Küche. Aus dem Wasserhahn, dem einzigen der ganzen Wohnung, floß nur kaltes Wasser. Jeder Tropfen warmen Wassers mußte auf dem Kochherd gewonnen werden, der mit Holz und Kohlen beheizt wurde und keine Einrichtung hatte, um auf die Hitze bequem Einfluß zu nehmen. Da weder von Spülschrank noch von Kühlschrank die Rede sein konnte, mußte die Milch, gleich nachdem sie der Milchmann morgens gebracht hatte, gekocht werden. Weil es für Marie nebenher mancherlei zu tun gab, lief die Milch bisweilen über. Der penetrante Geruch angebrannter Milch drang in die Wohnung, wie man auch nicht selten schon im Stiegenhaus roch, daß es Gemüsesuppe, Sauerkraut oder Fisch zum Mittagessen gab. Wir gingen gerne in die enge Küche mit den vielen Töpfen und standen der Schwarzen Marie, sie vielleicht ein bißchen hänselnd und am Arm zwickend, im Wege.
Vieles war für Marie außerhalb der Küche zu tun. Im Winter mußte der Kachelofen im Wohnzimmer, in dem das Feuer am Morgen längst erloschen war, ausge-

räumt und mit Spreißelholz, Holzscheiten und Briketts versehen werden. Das Spreißelholz, ohne das das Feuer nicht gut in Gang kam, wurde untertags im Keller aus Scheitholz hergerichtet, das Marie mit dem Beil auf dem Hackklotz zerkleinerte. Alles Heizmaterial mußte über die Treppe hinauf, die Asche hinunter zur Kehrrichttonne getragen werden, die vor der Haustür stand und jede Woche von den Kehrrichtmännern, die mit dem Fuhrwerk kamen, geleert wurde.

Dem ging das Richten ihrer Kammer voraus. Später kam das Inordnungbringen der Schlafzimmer in der Wohnung. Dazu gehörte das Ausschütten der Wasserkrüge und Lavoirs von den Waschkommoden, das Reinigen und Nachfüllen, denn Waschbecken waren in keinem Zimmer vorhanden. Hinzu kam das Ausleeren der Nachthäfen, einfache Emailgeschirre für uns Kinder, schwere Porzellantöpfe für die Eltern. Nicht wenig Arbeit bereiteten das Putzen der Wohnung und des Treppenhauses, das Waschen und das Aufhängen der Wäsche oben unterm Dach, auch das Bügeln.

Natürlich wurde dem Mädchen Hilfe zuteil. Die Brötchen zum Frühstück brachte der Bäckerjunge, die Milch kam täglich ins Haus. Nicht immer, doch manchmal wurden Brot, Fleisch und Wurst angeliefert; das Gemüse holte sie dreimal in der Woche vom Markt. Zwar kam die Waschfrau alle vierzehn Tage, die Büglerin ein paar Tage später, die Flickfrau alle vier Wochen. Die Schneiderin half in unregelmäßigen Abständen, doch Marie half allen, besonders der Waschfrau und der Büglerin, und allen mußte sie mit Frühstück, Mittagessen und vormittäglicher wie nachmittäglicher Vesper aufwarten. Zusammen mit Mama oblag es ihr

auch, mit den Leuten zurechtzukommen, die sich von der Straße aus meldeten, wie der Lumpensammler, der Scherenschleifer, der Schirmflicker, manche Zigeuner, vor denen sie Angst hatte, und natürlich die Bettler, die ein Almosen, zur Mittagszeit Brot oder übriggebliebene Suppe, erhielten und, auf der Treppe sitzend oder stehend, verzehrten.
Das ewige Putzen. Da lag Marie auf den Knien und hatte den grauen Wassereimer aus verzinktem Eisenblech neben sich stehen. Die Böden erhielten einen Schwupp mit Schmierseife versehenen Wassers. Putzlumpen, Wurzelbürste oder Schrubber traten in Aktion, mit reinem Wasser wurde nachgewischt. Fast jeden Tag erhielten die Holzstufen des Treppenaufganges die gleiche Behandlung. Die Teppiche klopfte sie im Freien auf der Teppichstange, die, schräg stehend, was die Arbeit erschwerte, vom Boden als Halt zur Mitte des Torflügels reichte.
Wenn sie es an dieser Stange nicht mit Teppichen, sondern mit dem Ausbürsten von Vaters Anzügen zu tun hatte, wurde sie für uns Buben eine Zeitlang zu einer Einkommensquelle. Vater hatte die Gewohnheit, abends beim Kegeln Kleingeld in der Westentasche bereit zu halten. Was er nicht ausgegeben hatte, fiel jetzt zu Boden, wurde von Marie aufgelesen und uns zugesteckt. Vater kam aber bald dahinter.
Im Winter legte sie die Teppiche auf den Schnee und klopfte sie aus. Das Weiß des Schnees wich dann auf rechteckiger Fläche der Schmutzfarbe des Staubs. Dazu kam das Abstauben der Möbel. Zum Schlimmsten artete alles beim Stöbern, dem jährlichen Wohnungsputz, aus, der auch alle Vorhänge erfaßte, die in

den Hof getragen werden mußten. Zu den geringeren Mühseligkeiten zählte das Putzen des Silberzeugs, endlos aber gestaltete sich das Stopfen der Woll- und Baumwollstrümpfe. Es bedeutete einen quälend großen Anteil an Maries Arbeit für uns Kinder.

Was sie darüber hinaus für uns tat, begann morgens mit dem Anziehen. Da war unter dem Hemd ein Leibchen, das hinten zugeknöpft wurde und vorne an beiden Seiten Knöpfe zum Festmachen des Unterhöschens hatte. Die Hosen, entweder Pumphosen, die unter dem Knie an einem Bund zugeknöpft wurden, oder die bis zu den Knien reichenden offenen Hosen, waren beim kleinen, dem Röckchen entwachsenen Buben an der Bluse angeknöpft. Vorne hatten die Hosen einen Schlitz mit Knöpfen, hinten den Hosenladen, eine Klappe, die man mit zwei Knöpfen auf- oder zumachen konnte.

Bei den schwarzen Schnürstiefeln wurden zunächst Schnürsenkel durch Ösen gefädelt, weiter oben fand sich beiderseits eine Reihe von kleinen Haken, um die, abwechselnd von rechts nach links, die Schnüre geführt werden mußten. Eugen lehrte mich das Kunststück, das Ende beider Bändel nebeneinander in der Hand zu halten und mit dieser einen Hand die parallel gehaltenen Bändel gleichzeitig um die Häkchen nach oben zu führen. Auch habe ich vor Augen, wie mir Mama, ich mochte 5 oder 6 Jahre alt gewesen sein, sanft und geduldig zeigte, wie man die Schuhsenkel zu einer Schleife bindet. Von da ab mußte ich das selber machen, bis dahin hatte es Mama getan.

Kinderkrankheiten gab es viele, von Ausschlägen angefangen, über Mumps, Halsentzündung, Keuchhusten. Mit oft hartnäckigen Wiederholungen brachten Eugen

und ich die meisten dieser Krankheiten hinter uns, von Scharlach und Diphtherie blieben wir verschont, überhaupt war alles nicht zu schwer, wir konnten daheim bleiben, Mama und Marie betreuten uns.
Marie war auch da, wenn es nächtliche Ängste zu bestehen galt, wenn uns Gewitter erschreckten, bei denen Marie noch mehr Furcht hatte als wir und betend bei uns saß. Sie war voll Verständnis dafür, wenn uns in der Einsamkeit des Dunkels bange war. Mama und sie sorgten dafür, daß auf Eugens Nachttisch das Öllichtlein brannte, und nicht die kleinste von Maries Aufgaben bestand in der Bereithaltung und Säuberung überhaupt aller Beleuchtungsgeräte. Da waren die Stearinkerzen in ihren Haltern, die Petroleumlampen, die gefüllt, mit zurechtgeschnittenen Dochten und mit von jeglichem Ruß befreiten Glaszylindern versehen sein mußten. Sie wußte, wo die Zündhölzer vor uns Kindern sicher aufbewahrt waren, und Zündhölzer brauchten die Erwachsenen in großer Menge. Ob das Kerzenlicht das Schlafzimmer, den Gang über die Treppe zum Abort und auch diesen beleuchten sollte, ob die Lampen, früher Petroleum, später Gas, anzuzünden waren, ob der nachts heimkommende Hausherr sich mit dem Schloß der Haustür oder der Tür zur Wohnung zurechtfinden wollte – man brauchte Streichhölzer, Taschenfeuerzeuge gab es nicht. Schwefelhölzchen, die man in offener Packung kaufte, konnten an allen möglichen, nicht eigens präparierten Flächen, an der Schuhsohle, an der Hauswand angezündet werden. Sie brannten, nicht wenig stinkend, mit zuerst bläulicher kleiner, dann hellerer Flamme. Bald jedoch wurden die teureren Schwedenhölzer, die man

in Schachteln mit eigener Reibfläche bekam, bevorzugt.

So waren es viele kleine und nicht wenige große Dinge, die an Maries Schaffenskraft Anforderungen stellten.

Marie hatte unter der Woche selten, regelmäßig nur am Sonntag Ausgang. Etwas Ruhe fand sie, wenn das Eßgeschirr abgespült war. Nach dem Abendessen saß Marie am Küchentisch und stopfte Strümpfe. Wir hielten uns gern bei ihr auf. An warmen Sommerabenden lehnte sie sich ab und zu zum Fenster hinaus. Sie beobachtete die Bank, die drüben über der Straße in der Kastanienallee stand, vor dem nachtschwarzen Graben, den Turm des Oblatterwalls als Hintergrund. Meistens saß dort auf der Bank ein Mädchen mit seinem Soldaten.

War Krankheit im Haus, arbeitete Marie – wie man heute sagt – rund um die Uhr. Ihr Monatslohn betrug 12 Mark. Dazu kamen das Essen, ferner Geschenke zu den Feiertagen des Jahres und Zugaben zu Wäsche und Kleidung. Das war damals das Übliche, aber freilich war es so gut wie nichts, vor allem, wenn man bedenkt, daß sie das treue, völlig verläßliche, dazu wunderbar verschwiegene Bindeglied zwischen uns und den Eltern war.

Einmal kam ich von der Schule am Jakobertor heim, nachmittags. In der letzten Schulstunde hatte ich in die Hosen gemacht. Der Weg von der Schule, den Stadtgraben entlang nach Hause, war unerträglich lang. Marie nahm mich auf die Seite und erledigte, was es zu erledigen gab. Die Eltern haben nichts erfahren, auch sonst niemand.

Ein anderes Mal stand sie in der Küche und bügelte

frischgewaschene Taschentücher. Sie ging rasch ins Wohnzimmer, und als sie zurückkam, fehlte die Hälfte vom Stapel der gebügelten Tücher. Sie ahnte etwas, eilte über die Treppe hinunter zum Abort und sah, wie Eugen den erst wenige Tage alten technischen Fortschritt mit der Spülklappe erprobte. Er ging so vor, daß er jedesmal eines der blütenweißen Taschentücher nahm, es entfaltete, dann bei geschlossener Klappe in den Abtritt warf, die Klappe öffnete und so lange aus dem Wasserkrug nachspülte, bis es ins Dunkel des Fallrohres gelangt war. Viel zu retten war nicht mehr.

Die Schwarze Marie, ungelehrt, auch nicht sehr gelehrig, war mit all ihrer Kraft und Hingabe an das Leben der Familie für deren Wohlergehen ein nicht versiegendes Element. So arm sie auch war, die Familie unterließ nichts, sie zu würdigen und zu achten. Sie lebte zwischen den Eltern und den Kindern, war immer nur Hilfe und Kamerad.

Spielte sich im ersten Stock das häusliche Leben der Familie ab, so wohnten im Hochparterre rechts die Schwestern Eberl, links Frau Dreißiger mit ihren zwei Töchtern und oben im zweiten Stock, also über uns, Fräulein Grande.

Frau Sophie Eberl war Näherin. Wir sahen sie nie anders als entweder vor der Nähmaschine in einer Zimmerecke sitzen oder in der Mitte des Sofas, umgeben von weiblichen Kleidungsstücken, die auf den Stühlen und Tischen in verwirrender Vielfalt ausgebreitet waren. Frau Sophie war untersetzt, etwas füllig, hatte dunkles Haar von unbestimmbarer Farbe; ihr fleischiges Gesicht mit der über die Nase vorgerutschten Brille besaß stets den Ausdruck besorgter Emsigkeit. Sie sprach wenig, doch wenn sie das Gesicht anhob und uns über die Brille weg ansah, lächelte sie. Wie alt mochte sie sein? Vielleicht zwischen fünfzig und sechzig, Kinder haben kein Auge für das Alter der Erwachsenen, außer diese sind sehr alt. Frau Sophie Eberl hatte einen Sohn. Der war um die dreißig Jahre alt, verheiratet und wohnte als Angestellter der Papierfabrik mit seiner Frau und dem Bübchen Karl im vierten der Stiftungshäuser. Wir besuchten ihn oft in seiner Wohnung, einzeln oder zu zweit, er war uns ein guter Freund. Er spielte Mandoline und mit Eugen Schach, ein Mann, kaum von mittlerer Größe, mit etwas verwachsenem Rücken, meistens ernst, zu seiner Frau ein bißchen von oben herab, zum Sohn, den wir Karlchen hießen, von eigentümlich bewundernder Zärtlichkeit, zu uns aufgeschlossen und im Gespräch lebhaft. Vater schätzte ihn als gewissenhaften, fähigen Angestellten. Wir hatten von ihm den Eindruck eines zwar klugen und fleißigen, vom Leben aber stiefmütterlich behandelten Menschen, der alle Träume und Hoffnungen in die Zukunft seines Söhnchens verlegte.

Den Haushalt der Eberls im Erdgeschoß unseres Hauses versah Sophies Schwester Anna. Ihr begegneten wir häufig, da sie vielerlei Besorgungen zu machen und die von Frau Sophie fertiggestellten Kleidungsstücke zu den Kunden zu bringen hatte. Merkwürdig war, daß Mama nie bei Frau Sophie arbeiten ließ. Sie sprach nie abfällig über deren Können, aber es mag sein, daß sie es vielleicht vermeiden wollte, einmal eine Kritik äußern

zu müssen, kurz, man war nett zueinander, aber man kam ohne einander aus.
Fräulein Anna war eine kleine, blonde, flinke Person, nicht ansehnlich und nie guter Laune. Ihr schmales Gesicht hatte eine Sorgenfalte zwischen den Brauen, und wenn sie mit den Leuten sprach, tat sie das kurz angebunden, so als hätte sie Ärger und wolle Zorniges, Anklagendes nicht über die Lippen kommen lassen. Zu uns war sie nie mürrisch, und doch prägte sich uns das Bild einer zwar geschäftigen und nützlichen, aber auch verhärmten Frau ein, der die Welt nicht wohlgesonnen war.
Mit den Eberls auf demselben Flur wohnten die Dreißigers. Sie waren so still, daß man sie kaum wahrnahm. Die Mutter, groß, gut aussehend, mit langsamen, ruhigen Bewegungen, war bei aller Freundlichkeit zurückhaltend. Wie die ältere, berufstätige Tochter sahen wir sie nur selten. Dagegen war Johanna, die jüngere Tochter, ein nettes, braves Mädchen, etwa gleichen Alters wie wir. Auch Johanna ging zur Schule und interessierte sich für unsere Indianerspiele. Da der Häuptling des Stammes, Eugen, ihre Gelehrigkeit und Bereitwilligkeit zu schätzen wußte, war sie, lange Zeit, das einzige weibliche Wesen, das der Stamm aufnahm. Sie wurde, wie es einer Squaw zukam, zu Dienstleistungen ausgiebig herangezogen.
Im Herbst, wenn das Laub von den Kastanienbäumen gefallen war, mußte sie es auflesen, auch außerhalb unseres Hofes, an Stellen, die den Männern des Stammes zu unbequem und vielleicht zudem durch feindliche Stämme bedroht erschienen. Sie trug es in einem Sack zum Wigwam, dem Gartentisch hinter der kleinen

Wiese. Das waren viele Gänge, zu denen außerdem die Mitarbeit am Bau des Wigwams hinzukam. Es galt, die Räume unter den zwei, den Gartentisch flankierenden Bänken mit Laub vollzustopfen, von den Bänken zur Tischplatte hinauf Ruten und Holzstecken eng aneinanderzulegen und alles dick mit Laub zu bedecken, so daß im Innern der Laubwände unter dem Dach des Tisches ein dunkler Raum entstand, der nur durch eine enge Öffnung, vorne, durch die Tischbeine hindurch, bekrochen werden konnte. Auch der Raum war mit einer Lage trockener Blätter ausgestattet, so daß sich Indianer hier wohlfühlen konnten.

Johannas Hilfeleistungen, noch mehr aber ihre Teilnahme an den Sitzungen des Stammes im dunklen Wigwam, erregten das Mißfallen von Fräulein Grande.

Fräulein Grande, die in der Dachwohnung über uns lebte, war einsam, ohne Anhang. Mit bescheidensten Mitteln fristete sie das Dasein einer alten, kaum noch beschäftigten Schneiderin, jedoch nicht einer einfachen Schneiderin, wie es unten, im Hochparterre, Frau Sophie Eberl war, sondern einer ehemaligen Damenschneiderin, und damenhaft war auch, wie sie sich trug. Dadurch unterschied sie sich von fast allen Bewohnern der Siedlung. Alt, uns uralt erscheinend, wandelte ihre hagere aufrechte Gestalt in einem nur ihr gehörenden geistigen Raum, in einer Art selbstgewähltem Exil, stolz, die andern unverhohlen mißbilligend.

Wir Kinder hatten kein Gefühl für die Bitterkeit eines enttäuschten Lebens, doch wenn sie vorüberschritt, wehte uns ein kühler Hauch an. Sie ging nicht, sie schritt, und sie schritt wachsam und spähend. Ereignete

sich in ihrer Nähe Unpassendes, so rümpfte sie die Nase in einer Weise, die nicht übersehen werden konnte. Fräulein Grande fühlte dort Verantwortung, wo andere sie vermissen ließen. Sie fühlte Verantwortung für Johanna Dreißiger, die sich als Indianersquaw in den Laubhüttenwigwam begab.
Meine Erinnerung an Fräulein Grande ist gleichwohl von bewegter, fast schmerzhaft empfundener Zuneigung getragen, weil die alte Dame später, wie man hören wird, durch ein hauptsächlich von mir verschuldetes Ereignis zutiefst beschämt wurde.
In meiner Kinderzeit stieg ich oft die Treppe zu ihr hinauf und ging in den kleinen Räumen, vor allem in der nach dem Hof zu gelegenen Küche, ein und aus. Natürlich war alles sehr einfach, aber daß sie arm war, wurde mir, so wie sie die Armut hinnahm, nicht bewußt. Ihre Wohnung war eben anders als unsere, und wahrscheinlich fand ich sie gerade deshalb reizvoll. Fräulein Grande verstand es, einen unvergleichlich guten, mit sahniger Milch angerührten Reisbrei zu kochen, mit zart gedünsteten, goldgelben, süßen, im Munde zergehenden Zwiebeln. Mama strengte sich an, den Reisbrei genauso zu kochen, wie ihn Fräulein Grande mit Meisterschaft zubereitete, verhandelte stundenlang mit ihr; es war erfolglos, es gelang ihr nicht. Tatsache ist, daß ich nie mehr im Leben einen süßen Reisbrei bekam, wie er mir von Fräulein Grande in einem Emailtöpfchen auf dem mit bläulicher Flamme brennenden Spirituskocher zubereitet worden ist. Alle, denen ich davon erzählte, lachten mich aus. Es sei Unsinn, süßen Reisbrei mit Zwiebeln gebe es nicht.

Die schon angekündigte Begebenheit mußte gerade Fräulein Grande, die allem Gewöhnlichen zutiefst abgeneigt war, grausam treffen:
Mit den Aborten in unseren Häusern hatte es eine eigene Bewandtnis. Es wurde bereits gesagt, daß in jedem Treppenaufgang der Stiftungshäuser drei stille Kammern rechts und drei links übereinander lagen. Zwischen den Stockwerken waren sie leicht erreichbar; der Schlüssel steckte im Schloß. Unten, vor dem Haus, fand sich zu beiden Seiten neben der Haustür eine mit dicken Brettern abgedeckte Grube, mit auswechselbarem Faß, das unter dem jeweiligen Ablaufrohr stand. Jeden Monat einmal fuhr in der Bleichstraße ein von Pferden gezogener Brückenwagen vor und hielt, der Reihe nach, vor den Häusern. Das Gefährt hatte leere Fässer geladen, die gegen die vollen ausgetauscht wurden. Den Transport der Fässer bewältigten stämmige Männer, die Abortmänner, die mit dem Wagen kamen und wieder mit ihm verschwanden. Mit dunklen Lederschürzen gingen sie an ihre Arbeit, luden die leeren Fässer ab, stellten sie vor dem Haus bereit, hoben die Deckbretter der zwei Gruben ab und stapelten sie an der Seite auf. Dann stiegen sie in die Grubentiefe, der eine rechts, der andere links. Sie schlossen mit runden Deckeln und Spannhaken die Öffnungen der gefüllten Fässer, eine Maßnahme, die außer fachmännischem Können Beherrschung verlangte. War es soweit, verließ der eine seine Grube und begab sich hinüber zum andern, denn nun galt es, in dessen Grube das schwere, volle Faß unter dem Fallrohr wegzuziehen und aus der Grube zu hieven. Von jetzt ab konnte aber auf zweierlei Weise verfahren werden: entweder wurde eines der

bereitstehenden leeren Fässer in die Grube gesenkt und der Anschluß an das Fallrohr vollzogen, oder die beiden Männer begaben sich in die zweite Grube und entfernten auch hier das beladene Faß. Doch wie immer sie es auch machten – über all dem verging Zeit und darauf fußte mein und meiner Freunde Plan.

Wir hatten ihm große Vorbereitung gewidmet und alles bis ins kleinste geübt. Der mit einer Trillerpfeife ausgerüstete Tonangebende saß oben im nahestehenden Kastanienbaum, durch zwei Starenkobel gedeckt, aber mit freiem Ausblick in die Ferne und vor allem in die Tiefe. Als der Brückenwagen mit den Abortmännern vor dem Haus angelangt war, ertönte aus dem Baum mit einem Pfiff das erste Signal. Darauf stiegen sechs Mitglieder des Clans, die sich seit etwa einer Stunde oben, auf dem Trockenboden des Hauses, verborgen gehalten hatten, über die Treppen hinunter und verteilten sich auf die Abtritte, die sie von innen verriegelten. So waren die Posten besetzt, als einer der Abortmänner im Treppenhaus von Wohnung zu Wohnung ging, läutete und barsch mitteilte, es müsse vorübergehend von jedem Gebrauch der Abtritte abgesehen werden. Er ging die Stiege wieder hinunter und begann mit seinem Kollegen das Werk. Vom Baum kam der zweite Pfiff, der den Klobesetzern die jetzt anbrechende höchste Alarmstufe meldete. Das dritte Signal, das die Operation eröffnete, durfte erst gegeben werden, wenn in beiden Gruben die Deckel der vollen Fässer fest verschlossen waren. Das Signal erscholl, die Sitzenden begannen Vorzügliches zu leisten. Es war jedem freigestellt, ob er durch große oder kleine Anstrengungen zum Gelingen beitragen wollte.

Der Erfolg blieb nicht aus. Zuerst wurden die Männer im Lederschurz nur stutzig. Dann brachen sie in entsetzliches Fluchen aus. Und dann taten sie Falsches. Jeder riß mit wildem Ruck sein Faß von dem fleißig arbeitenden Abflußrohr weg. Sie hätten das nie und nimmer tun sollen. Denn nun blieb ihnen nichts anderes übrig, als das leere Faß aufs schleunigste an die Stelle des weggezogenen unter das Fallrohr zu bringen. Aber wie? Sie schrien sich unter heiserem Fluchen gegenseitig um Hilfe an, denn ein Mann allein vermochte nicht das schwere Faß aus der Grube zu heben und Platz für das bereitstehende leere zu schaffen. Und jede Sekunde war kostbar, weil inzwischen oben Ablösung erfolgt war. Doch beide Männer begingen einen weiteren kapitalen Fehler. Denn jeder verließ seine Grube und rief gellende Drohungen zum Haus hinauf, das sich jedoch schweigend verhielt, da sich die Prozedur selbst zu normalen Zeiten keiner Beliebtheit erfreute. Auch war von den Mietparteien das Einmalige des heutigen Tags noch nicht begriffen worden.
Einer der Männer rannte jetzt ins Haus und trommelte wild an die Aborte. Er riß an den Türglocken der Wohnungen und machte klar, daß Verabscheuungswürdiges vor sich gehe. Aber er erreichte nichts, man lehnte seine Botschaft ab. Inzwischen rief ihn der andere laut klagend zur Grube zurück. Es half nichts, die Fässer mußten raus. Sie hoben sie heraus, zuerst das eine, dann das andere. Es war unbeschreiblich, allein schon der Anblick.
Jetzt gab die Trillerpfeife auf dem Kastanienbaum das letzte Signal, es bedeutete ›sauve qui peut‹. Doch waltete ein glücklicher Stern über allem. Die meisten Pas-

sagiere hatten bereits ihre Kajüten verlassen und waren über das Treppenhaus hinauf in den Speicher gelangt, wo sie von der Schwarzen Marie, die verängstigt, aber guten Herzens war, in ihrer Kammer versteckt wurden. Nur einer geriet unten vorübergehend in Gefangenschaft. Man konnte ihm aber nichts anhaben, denn der kleine Niederhofer Toni hatte sich im fiebrigen Eifer einen veritablen Durchfall zugezogen. Die Achtung vor der Notdurft des Leibes verbot es, den Kranken zu maßregeln, obwohl es befremdend wirkte, daß er nicht daheim, ein Haus weiter unten, sondern ausgerechnet hier, wo er so sehr zum Unheil beitrug, von dem Ungemach befallen worden war.

Über den Abzug der Abortmänner, der von bittersten, lauthals vorgebrachten Beschwerdeankündigungen begleitet war, sei geschwiegen, zunächst auch über das Nachspiel, das noch am selben Abend von Maßgebenden an den Hauptübeltätern zelebriert wurde.

Von den Bewohnern des nächsten Stiftungshauses, Bleichstraße 4, tauchen die Familien Rammelmeyer und Niederhofer aus der Tiefe der Jahre auf. Der alte Rammelmeyer und seine Frau hatten das Dachgeschoß inne. Unter ihnen wohnte ihre Tochter, Frau Niederhofer mit ihrem Sohn Anton.

Anton, etwas jünger, auch kleiner als ich und mein Freund Karl Dietz, war gerne mit uns zusammen, weil er nie die Hoffnung aufgab, in den Indianerstamm aufgenommen zu werden. Der Häuptling hielt aber lange mit dem Jawort zurück, weil Toni nicht nur zu jung, sondern ein bißchen dümmlich war. Doch seine Anhänglichkeit und seine Erwartung waren so groß, daß Karl und ich bereit waren, ihn zu diesem und jenem Dienst heranzuziehen, bei dem die Bescheidenheit seiner Geistesgaben nicht nur kein Hindernis, sondern sogar ein Vorteil war.

Tonis Gesicht war von Sommersprossen übersät. Einer unserer Pläne, deutlich von karitativer Gesinnung geprägt, war es, zur Entfernung der Sommersprossen die Kastanienkur zu erproben. Das war nicht Tonis Wunsch, ja es bedurfte des Drängens von uns Kundigen, die, tiefer in die Zusammenhänge blickend, keine Mühe scheuten, den Kranken von der Notwendigkeit des Vorhabens zu überzeugen. Wir machten ihn vor allem auf die Gefahren aufmerksam, die sich an das Auftreten von Sommersprossen knüpfen und schon vielen Menschen das Leben gekostet hätten.

Nun ist allerdings die Kur mit Kastanienseife für den Patienten unangenehm. Kastanienseife wird zubereitet, indem man die grünen Fruchtknoten von Roßkastanien in eine Flasche füllt. Die Arznei kann daher nur so etwa Mitte Juli, also zu Beginn der sommerlichen Schulferien angesetzt werden. Man gießt Wasser in die Flasche und schüttelt. Es entsteht ein glasiger Schaum von klebriger Beschaffenheit, der schon nach kurzem Stehen stechend riecht. Daß wir diesem Schaum eine heilende Wirkung bei Sommersprossen zuschrieben, war reine Intuition.

Wir hatten also den kleinen Toni soweit, Karl hielt ihn, und ich goß ihm den Inhalt der Flasche über den Kopf. Dabei unterlief uns das Mißgeschick, daß wir die grünen stacheligen Kastanienknötchen nicht zuvor aus der Arznei entfernt hatten. Sie verfilzten sich mit dem

Haar, förderten aber, als kräftig gerieben wurde, die Schaumbildung. Doch gerade als wir dabei waren, mithin noch zu einem frühen Zeitpunkt der Prozedur, mußten wir unsere Tätigkeit jählings einstellen. Obwohl wir die Stille hinter der Waschküche zum Schauplatz der Operation gemacht hatten, mischte sich unversehens Herr Dietz ein. Ohne uns beide, Karl und mich, zunächst auch nur eines Blickes zu würdigen, was allein schon Schlimmes erwarten ließ, ergriff er den heulenden Toni, führte ihn zum Brunnen neben der Waschküche und spülte mit großen Gaben kalten Wassers die Medizin von Tonis Kopf. Dieser sah noch nach Tagen aus, als hätte man Teig darauf gerührt, einen Kuchen damit gebacken und ihn dann abgerissen, wohingegen seine Sommersprossen in nichts an Fülle eingebüßt hatten.

Da Frau Niederhofer, Tonis Mutter, berufstätig war, stand Toni fast den ganzen Tag über in der Obhut seiner Großeltern. Sie wohnten oben im Haus und konnten sich daher um seine Spiele im Hof und Garten, bei denen er jedoch von seinen Freunden betreut wurde, nicht viel kümmern.

Der Großvater Rammelmeyer war ein Original. Er arbeitete sein ganzes Leben lang in der Papierfabrik als einfacher Handwerker. Erst in viel späteren Jahren hörten Eugen und ich von drei Episoden, die man sich aus des alten Rammelmeyers Ruhestandszeit erzählte, in der er immer noch dann und wann Dienstleistungen verrichtete.

Er war von zäher Natur und, wie es hieß, nie krank gewesen. In einer kalten Winternacht sprang er für einen erkrankten Schichtarbeiter ein und verhinderte mit einer eisernen Stange, daß sich die Rechenanlage vor der Turbinenkammer des Fabrikkanals mit Eisstücken zusetzte. Der Bretterboden aber, auf dem er sich bewegte, war spiegelblankes Eis, Rammelmeyer glitt aus, stürzte ins Wasser und konnte sich nur dadurch vor dem Ertrinken retten, daß er sich an den eisernen Stäben des Rechens festhielt. Es war Nacht, doch man hörte sein Rufen und fand ihn im eisigen Wasser. Man brachte ihn heim und tat alles Nötige für ihn – mit Erfolg: abends um zehn Uhr desselben Tages erschien der alte Rammelmeyer wieder zum Schichtdienst an der Wasserturbine des Werkkanals.

Einige Zeit, nachdem der Erste Weltkrieg zu Ende war, wurde die glückliche Rückkehr der zwei jungen Firmenchefs der Papierfabrik, die als Offiziere des 4. Chevaulegers-Regiments an der Front gestanden hatten, in einer Art Betriebsfeststunde gefeiert. Die Belegschaft stand hinterm Fabrikeingang, vorne die Angestellten, und ganz vorne, als einer der Vertreter der Arbeiterschaft, stand der alte Rammelmeyer mit ein paar Blumen in der Hand. Die beiden Offiziere erschienen hoch zu Roß, die Musikkapelle der Fabrik spielte, und ziemlich zu Beginn der Begrüßungsreden trat der alte Rammelmeyer vor, streckte die Blumen den Reitern entgegen und sprach die Worte: »Also mir freu'n uns, daß Sie wieder g'sund da sin', aber mir sin' ja auch amal vom Krieg heimkommen, anno 71, aber mir ham'n g'wonnen!«

Eine andere Geschichte vom alten Rammelmeyer hängt mit der Gastwirtschaft ›Zur Goldenen Gans‹ in der Karolinenstraße zusammen. In seinen Ruhestandsjahren war er dort ein oft gesehener Gast. Er trank sein Bier, viel Bier, und nach einer Weile, wenn auch nicht immer, sank er auf der Bank zusammen und glitt unter den Tisch. Das wirkte vor allem auf Fremde erschreckend, es entstand Aufregung, man rief einen Krankenwagen. Als sich das innerhalb nicht zu langer Frist zum vierten Male ereignete, weigerten sich die Sanitäter zu kommen. Der Alte war bei den Heimtransporten, spätestens als man ihn auslud, vom Bierschlaf erwacht und hatte die Krankenträger auf das Unflätigste mit Vorwürfen belegt, er habe sie nicht gerufen und von Kranksein sei keine Rede. Unter häufigem Zitieren des bekannten Goethewortes verbat er sich die Einmischung in seine Angelegenheiten und verlangte ein für allemal, in Ruhe gelassen zu werden.

Im dritten Haus wohnte im Hochparterre links das Ehepaar Grimm, von dem nur zu melden ist, daß beide ansehnliche, freundliche Leute waren, kinderlos und daher für uns Buben ohne sonderliche Bedeutung. Auf demselben Stockwerk, rechts, lebte die Familie Dietz. Hier war es anders. Sie spielte für uns eine besondere Rolle.

Herr Dietz war, als er noch über seine volle Gesundheit verfügt hatte, Arbeiter in der Papierfabrik gewesen. Jetzt führte er den Haushalt; die angegriffene Leber und das Herzleiden, das ihn schon früh befallen hatte, zwangen ihn zu einer ruhigen Lebensweise, zu der er aber wohl auch von Haus aus neigte. In die Fabrik ging jetzt seine Frau, ein unscheinbares, stilles Weiblein, das nichts von sich hermachte, aber im Ruf emsigen Fleißes und großer Gewissenhaftigkeit stand. So betreute denn Herr Dietz die Kinder, Karl, meinen Altersgenossen und besten Freund, und Lina, die ein

Jahr ältere Tochter, die sich, wie man hören wird, durch eine bemerkenswerte Tat Eingang in den von Eugen geführten Indianerstamm zu schaffen versuchte. Herr Dietz versorgte aber die zwei Kinder nicht ohne die Hilfe seiner Frau, die sich, wie uns erst nach Jahren klar wurde, scheu und in jagender Arbeit verzehrte.

Herr Dietz ging, wie schon erwähnt, unserem Vater bei dessen Haus- und Hofverwaltungsgeschäften zur Hand, aber er stand ihm auch erzieherisch bei, nicht als bestellte Kraft, es ergab sich ganz von selbst, Herr Dietz war bereit und Vater nicht dagegen, ja unser Vater konnte eigentlich nur dankbar sein, denn was Herr Dietz für uns Buben tat und wie er es tat, war aller Ehren wert.

Herr Dietz steht vor mir, deutlich, aber doch in dem samtenen Licht, das alles Äußere konturenlos zu einem fast schmerzenden Gesamtbild der Person verdichtet, so daß es mir Mühe bereitet, sein Bild zu zeichnen. Eigentlich war alles an ihm rund, der Kopf, der dicke Bauch, die massigen Arme und Beine. Sein Alter, nur schwer schätzbar, betrug vielleicht 40 Jahre. Von mittlerem Wuchs, trug er immer etwas zu weite Kleider, so daß er trotz seiner Fülle nicht prall und strotzend, sondern nur behäbig aussah. Er hatte dunkles Haar. Ein gleichfalls dunkler, kräftiger Schnurrbart, nicht sonderlich gepflegt, und buschige Augenbrauen gaben dem runden Gesicht den Ausdruck nicht der Strenge, sondern einfach der Zuverlässigkeit. Das war es, Zuverlässigkeit, ein gutes zuverlässiges Männergesicht, von fahlem Ton beschattet, wie das Leberkranken eigen ist. Herr Dietz mußte sich schonen, und das tat er auch. Sein Gang war langsam, alles Hastige lag ihm fern, was auch gar nicht zu seinem Wesen gepaßt hätte, in dem sich Bedächtigkeit und Neigung zur Bequemlichkeit mischten. Dennoch hatte er die Gabe, bei aller Behäbigkeit, wie aus dem Boden gewachsen zur Stelle zu sein, wann und wo wir es am wenigsten vermuteten. Er konnte blitzschnell zugreifen und dabei doch gelassen sein.

Dabei fällt mir etwas ein, was mich in meinem Glauben an Abgründe bestärkte: Am Mittelfinger seiner rechten Hand, neben dem abgegriffenen, goldenen Ehereif des Ringfingers, saß wie eingewachsen ein Totenkopfring, in blassem Silber getrieben ein schmaler Totenschädel, darunter, gekreuzt, zwei Knochen. Diesen Ring ließ uns Herr Dietz nur selten sehen.

Herr Dietz brachte mich schon früh dazu, über den Begriff ›Gerechtigkeit‹ nachzudenken, natürlich nicht in klaren Überlegungen, eher in dunklen Ahnungen, die immer neu durch das eindringliche, aber geheimnisvolle Wirken des Herrn Dietz gespeist wurden. Vielleicht muß jedes Wirken geheimnisvoll sein, damit es eindringlich wird.

Herr Dietz hatte für uns Buben etwas von einem Gott. Er übte Gerechtigkeit nach einem System, das man nur als Ganzes erkennen konnte, im einzelnen entzog es sich jedem Kalkül. Der Schrift, mit der er seine Urteile auf unsere Hinterquartiere schrieb, haftete oft die Undeutlichkeit von Hieroglyphen an, doch sie besaß Größe. Einem Gott zu zürnen, weil man seine Strafe nicht versteht, ist die Torheit der Erwachsenen. Wir Kinder achteten Herrn Dietz, weil seine Gerechtigkeit zwar undurchschaubar, in ihrem Kern aber überzeugend war. Gemeint sind die körperlichen Strafen, die zwar hoch angesetzt waren, meist aber unter dem Ausmaß des Vergnügens lagen, das uns die Missetat bereitet hatte.

Seinen gediegenen Charakter bewies Herr Dietz, als die Sache mit den Abortmännern geschah. Er wußte, daß auch ihm als Mann des ungebildeten Volkes Fräulein Grande nicht grün war. Gleichwohl hatte er Verständnis für das Gefühl unvorstellbarer Kränkung, die das alte Fräulein empfunden haben mußte, als in ihrem Hause so Schändliches vor sich gegangen war. Da ließ sich zwar nichts mehr gutmachen, aber Herr Dietz sah einen Weg, ihrem Stolz genüge zu tun und Balsam auf die Wunde zu geben.

Wir, die Initiatoren des Ereignisses, hatten keine Schwierigkeiten gehabt, unbemerkt vom unmittelbaren Schauplatz zu verschwinden, Herrn Dietz zu entkommen aber war unmöglich. Ihn leitete der Instinkt. Erst Stunden später, als wir schon glaubten, daß im sanften Abendlicht bei reiner Luft alles verglüht sei, ergriff Herr Dietz seinen Sohn Karl und mich und führte uns hinter die Waschküche, wohin er Fräulein Grande zuvor eingeladen hatte. Sie kam. Eine lebendige, wilde Anklage, stand sie an die Waschküchenwand gelehnt und wohnte der Prozedur bei. Herr Dietz verzichtete auf jede Schonung seiner Gesundheit. Mit erstaunlicher Ausdauer faßte er abwechselnd immer wieder einen von uns beiden und vollstreckte keuchend das harte Urteil, das er sich jedoch spielend abgerungen hatte. Danach schritt Fräulein Grande erhobenen Hauptes in ihr geschändetes Haus zurück.

Doch für Herrn Dietz und uns war der Tag noch nicht zu Ende. Er führte uns in seine Wohnung und sperrte uns in das hintere Zimmer ein. Uns war gar nicht wohl in der Erwartung von Ungewissem. Es herrschte Dunkelheit, als er uns holte. Er ging mit uns in die elterliche Wohnung zu meinem Vater, der, vom Büro heimgekehrt, im Lehnstuhl ausruhte und auf das Abendessen wartete. Herr Dietz erstattete Bericht. Am Ende verwies er darauf, daß er jeden von uns beiden sechsmal durchgehauen habe. Doch sechs ist keine heilige Zahl, erst sieben. Vater hatte die Oberaufsicht über die Häuser und trug für die Ordnung in der Kolonie die Verantwortung. Er war jetzt nur psychisch abgespannt. Im Kinderzimmer langte er in die Schrankecke, griff sich den Rohrstock und verdrosch uns, zuerst mich, dann Karl. Herr Dietz stand, sein Käppchen in der Hand, dabei. Seine Miene drückte Billigung, ja Hochachtung aus. Dann zog er mit seinem Karl ab.

Die Fähigkeit des Herrn Dietz, plötzlich aus dem Nichts zu erscheinen, war auch unseren medizinischen Anstrengungen, Tonis Sommersprossenplage zu beheben, schlecht bekommen. Mich hatte jenes Empfinden befallen, das sich einstellt, wenn man sich von hinten scharf beobachtet fühlt. Doch das dauerte nicht lange, und schon wurde ich im Genick gepackt; das gleiche widerfuhr Karl, und unsere Köpfe wurden heftig aneinandergestoßen. Herr Dietz war da. Karl und ich verloren das Gesicht. Das mitzuerleben bedeutete für Toni einen Trost von unvergleichlicher Stärke.

Es waren vor allem die Spiele im Freien, bei denen Herr Dietz seine Hand, nicht immer nur schützend, sondern mitunter deftig dreinschlagend, über uns hielt. Diese

Spiele außerhalb des Hauses füllten den größten Teil unserer Freizeit. In meist angenehmer, ja oft lustvoller Weise bewahrten sie uns nicht nur vor Langeweile, sie gaben uns auch ein Gefühl für den Ablauf der Zeit ein. Alte Menschen äußern oft, daß ihnen die Zeit so rasch vergehe; von jüngeren hört man das selten. Beim Blick zurück auf die Spiele der Kindheit und beim Gedanken an die Frage, weshalb sich im Laufe des Lebens das Urteil über die Zeit und ihre Geschwindigkeit wandelt, wird mir etwas zugleich Eigentümliches und sehr Einfaches deutlich.
Das Bewußtsein des jungen Menschen nimmt unbelastet und frisch alles, auch Geringes, auf. Es empfängt zahllose Eindrücke und verzeichnet sie mühelos und begierig in geheimen Kammern. Das geschieht, um einmal der Welt gewachsen zu sein. Später ist es nicht mehr das Neue, es sind die Gewohnheiten, die den Alltag prägen. Das Gewohnte liefert keine Anstöße, keine Eindrücke, nicht einmal oberflächliche. Da die Länge der Zeit aber nur über die Anzahl der neuen Wahrnehmungen bewußt wird, wird der eintönig gewordene Tag kurz, das Jahr, arm an wahrgenommenen Ereignissen, ist schnell vergangen.
Im Hintergrund der Spiele, die unsere Freizeit belebten, stand die freundliche Hilfe des Vaters.
Innerhalb seiner vier Wände zog der Vater die Spiele mit nur einem Partner denen mit mehreren Spielern vor. Daß er Ruhe um sich brauchte, entsprach seiner Neigung, sich streng zu konzentrieren. Als Eugen älter war, spielte er oft mit ihm Schach. Eugen als guter Schachspieler hatte mitgeholfen, einen Schülerschachclub zu gründen und eine kleine Schachzeitung ins

Leben zu rufen, als deren Herausgeber er in der kurzen Zeit ihres Bestehens wirkte. Vater wählte sich ihn und andere Partner auch bei den Brettspielen Halma und Mühle. Trotz seiner Beherrschtheit besaß Vater aber nicht viel Geduld, auch war er ein Verlierer von mittleren Graden, im Unterschied zu seinem Sohn Eugen, dem denkbar schlechtesten Verlierer überhaupt. Flink, den anderen meist weit überlegen, galt Eugen bei den Geschicklichkeitsspielen von vornherein als der Sieger. Glücksspiele, bei denen ihm sein Verstand nicht viel nützte, lagen ihm nicht. Auf Spiele, die er möglicherweise verlor, leistete er ohne Bedauern Verzicht.

So gewann er dem simplen Würfelspiel keinen Reiz ab, bei dem man der Reihe nach aus einem braunen Lederbecher entweder einen oder fünf Elfenbeinwürfel auf den Tisch schüttete. Sieger war, wer die größte Summe an schwarzen Punkten erreichte. Auch am Kartenspielen beteiligte er sich nur, wenn es sich um kein Glücksspiel handelte. Als solches galt der ›Schwarze Peter‹. Ebenso hatte er am ›Froschhüpfen‹ keinen Spaß: Ein bebilderter Klappkarton, flach auf dem Tisch liegend, zeigte eine in durchnumerierte Rechtecke geteilte, farbig gehaltene Fläche, auf der kleine und große Leitern eingezeichnet waren, von denen einige mehr oder minder steil nach oben, andere aber nach unten zeigten. Jeder Spieler hatte einen runden Stein, seinen Frosch, den er von der Ecke links unten aus hüpfen ließ. Die Größe des Sprungs hing von der Zahl der Punkte ab, die von seinem Würfel abgelesen wurde. Die Spieler lösten sich im Würfeln ab und rückten ihren Frosch, je nach Punktzahl, vor. Sieger war, wer trotz der Gefahren, die das Fröschlein durch die nach unten weisenden

Leitern zu bestehen hatte, vom Glück begünstigt, als Erster das Ziel ganz oben erreichte.
Während auch Domino von Eugen unbeachtet blieb, nahm er gerne an Kartenspielen teil, z. B. auch am ›Sechsundsechzig‹, bei denen es auf Geschicklichkeit ankam. Es war vor allem das ›Flohhüpfen‹, das außer Freunden auch ihn an den Tisch brachte. Ab und zu spielte sogar Mama mit, nie jedoch Papa, dem es zu leicht und zu nichtssagend war.
In einer runden, blonden, etwa acht Zentimeter hohen polierten Holzdose lagen unter einem adrett eingepaßten Deckel die ›Flöhe‹ aufbewahrt, aus Celluloid gefertigte pfennigrunde und etwa pfennigdicke Plättchen, glatt, hochglänzend, am Rande aber ganz dünn. Jeder Satz umfaßte zwölf Plättchen, hatte eine eigene lebhafte Farbe und zudem einen ›Knipser‹, so groß wie ein Zwei-Mark-Stück, sonst aber von der gleichen angenehmen Beschaffenheit wie die ›Flöhe‹. Man leerte den Inhalt der Dose auf den Tisch und teilte jedem Spieler seinen Satz Flöhe samt Knipser zu. Vor Spielbeginn ordneten die Spieler ihre Plättchen in einer oder zwei Reihen so vor sich an, daß sie gegnerischen Angriffen möglichst nicht sofort zum Opfer fielen. Das Los entschied, wessen Floh als erster hüpfend kämpfen durfte. Die Spieler hielten den großen Knipser zwischen Zeigefinger und Daumen fest, und der erste drückte mit dem Knipserrand auf den Rand eines seiner kleinen Plättchen, eines soldatenhaften Flohs. Der tat einen Sprung, und wenn er richtig gezielt war, traf er den Soldaten einer der gegnerischen Mächte. Der Spieler durfte ihn gefangennehmen, sein Floh einen weiteren Sprung tun. Hatte er nicht getroffen, so mußte er lie-

genbleiben und der nächste Flohbesitzer, die Folge ging von rechts nach links, kam an die Reihe. Sieger wurde, wer durch die meisten Gefangenen die Gegenseite am stärksten geschwächt und dabei noch mindestens einen kampffähigen Floh behalten hatte.
Die Preise, die die Sieger bei diesen Spielen einstrichen, verführten nicht zu übertriebenem Ehrgeiz, waren aber lecker. Sehr beliebt war eine angemessene Zahl von Schokoladeplätzchen, die, mit winzigen bunten Zukkerkörnchen bestreut, von Mama verwaltet wurden.

Eugens Haltung zu den Spielen im Freien war nicht viel anders als zu Hause. Auch hier bereitete ihm ein Spiel, sobald sich seine Geschicklichkeit als unschlagbar erwiesen hatte, nur mehr Langeweile, der er sich entzog.
Die Spiele im Freien richteten sich nach den Jahreszeiten. Hatte der Winter freundlichem Wetter Platz gemacht, so daß uns Wärme und trockene, von Schnee und Schmutz befreite Wege und Bürgersteige aus dem Hause lockten, holte man die dünnen Holzreifen hervor und trieb sie mit einem Stöckchen in flottem Trab so um die Hausecken, daß man sicher sein konnte, Passanten zu erschrecken. Noch mehr Raum brauchte man für das Spiel mit dem Kreisel. Er war aus Holz, lag jedoch in den unterschiedlichsten Ausführungen vor, klein oder groß, ein- oder mehrfarbig, nur glatt oder hochpoliert, und war ein Tauschobjekt, das, je nach Schönheit und Laufverhalten oder beidem, temperamentvolle Verhandlungen erlaubte. Es kam aber auch auf die Schnur an. Mit dem einen Ende an einer kurzen, leichten Peitsche befestigt, wurde das andere Ende um

den mit seiner Spitze auf den Boden zu setzenden Kreisel gewunden. Man holte mit dem Arm aus, spannte damit die Leine und versetzte den Kreisel in eine lebhafte Drehung, die ihm bei genügender Schnelligkeit senkrechtes Stehen und damit die nötige Balance sicherte. Der Kreisel war jetzt frei, und frei war die Schnur, mit der er die Schläge erhielt, die ihn hinderten, an Drehbewegung einzubüßen. Gleichzeitig wurde er vorwärts getrieben, bis er, nachdem er vielleicht einen ansehnlichen Weg zurückgelegt hatte, von der Peitsche nicht mehr richtig getroffen wurde und, sich langsamer drehend, schließlich taumelnd umfiel.

Von ganz anderer Art war das Spiel, bei dem man auf dem asphaltierten Bürgersteig mit Kreide Linien zog, die in einer ziemlich großen Fläche aneinandergereihte Quadrate markierten. Man mußte auf einem Bein von Viereck zu Viereck hüpfen und dabei mit dem Fuß einen Stein entsprechend verschieben. Wer das nicht durchhielt oder den Stein nicht richtig verschob, schied aus.

Noch näher am Boden ging das ›Gluggern‹ vor sich. Die Glugger, anderswo Murmeln genannt, waren kleine Kugeln aus Ton oder Glas. Die einfachsten, zugleich kleinsten, etwa von der Größe einer dicken Haselnuß, bildeten die Spielbasis. Mit ihnen wurden die Spiele bestritten; die anderen, größeren, meist aus Glas mit inwendigen Farbadern, galten als wertvoll im Tauschhandel, ein Luxusangebot, das sich aus Geburtstagsgeschenken von Tante und Onkel herleitete.

Es gab im wesentlichen zwei Spielarten. Bei der einen scharrte man im Erdboden eine Mulde von geringer Tiefe aus. Im Abstand von etwa zwei Metern versuchte

der Spieler, der sich niederkniete oder in die Hocke ging, mit einem Glugger in diese Mulde zu treffen. Gelang es ihm, so gehörten ihm alle Glugger, die bis dahin das Ziel verfehlt hatten. Die andere Art bevorzugte den Rinnstein. Ein großer Glugger war das Ziel. Wurde der getroffen, ging er als Beute an den erfolgreichen Gluggerer. Auch hier durfte man den Glugger eines anderen Spielers nehmen, der, von einem unzureichenden Wurf auf dem Zielweg liegengeblieben, vom eigenen Glugger getroffen worden war. Beide Varianten erfreuten sich großer Beliebtheit, weil sie den Spielern gute Möglichkeiten schenkten, Händel anzufangen und zu raufen.
Nicht nur Mädchen spielten ›Seilhüpfen‹. Dabei wurde ein leichtes Seil, das in zwei schön gedrehten Handgriffen endete, entweder von einem Spieler beidhändig oder von zwei Spielern je einhändig gehalten und rundum geschwungen. Das konnte langsam oder schnell geschehen und entsprechend rasch mußte emporhüpfen, wer zwischen den Seilenden stand, um das Seil bei jedem Schwung unter den Füßen durchzulassen. Erstaunlicherweise hatte Eugen für das Seilhüpfen eine gewisse Schwäche. Er beteiligte sich aber nicht, wenn ein längeres Seil von zwei Spielern geschwungen wurde.
Sobald es die Witterung erlaubte, fing auch das Rollschuhlaufen an. Die Läufer eilten, anfangs noch langsam und ein bißchen unsicher, bald aber mit dem lauten Schnurrgeräusch der Rollen die Bürgersteige und die Straßen entlang, immer lieber geradeaus als in Kurven, deren Beherrschung gehobene Anforderungen stellte.

Auch Stelzenläufer ließen sich sehen. Man wunderte sich immer wieder, daß es, wenn man den krückenähnlichen Gang einmal beherrschte, kaum eine Rolle spielte, ob man auf hohen oder noch höheren Stelzen herumstakte.

Ein berühmter Autor hat einmal gesagt, daß er seinem Vater jene Erfahrungen mit Tieren zu verdanken habe, ohne die seine Kindheit es nicht wert gewesen wäre, gelebt zu werden. Genauso waren auch wir unserem Vater zu Dank verpflichtet, denn, erfüllt von großer, wenn auch durch die Verhältnisse nicht auszulebender Tierliebe, hat er uns in mancherlei Weise an Tiere herangeführt. Nicht gerade an die Maikäfer, die uns sozusagen von selbst und mit seiner Billigung in jährlicher Wiederkehr zu geliebten Freunden wurden.

Je nach dem Wetter und vor allem dann, wenn es sich um ein Maikäferjahr handelte, das in vierjährigem Turnus ein Massenerscheinen verhieß, begann gegen Ende April der Handel mit Maikäfern zu florieren, meist unter der Schulbank mit Zündholzschachteln als Gelaß für die Tiere.

Jeder von uns besaß über die ganze Zeit hinweg einen oder mehrere Maikäfer. Man studierte mit zärtlichem, mitunter auch robustem Entzücken stets von neuem sein Aussehen und sein Gehabe. Es kam darauf an, ein schönes, möglichst lebhaftes Exemplar zu haben, auf dessen Leistungen bei stehendem oder fliegendem Start man sich verlassen konnte.

Es gab zwei Arten von Maikäfern. Bei beiden setzten sich an den Seiten des Hinterleibs dreieckige, weiße Flecken von den braunen, harten und doch zarten Flügeldecken ab. Bei den einen war das von der Mittelbrust getragene, dreieckige und keilförmige Halsschild schwarz, bei den anderen, viel kräftigeren, rotbraun. Die Schwarzen standen, ihres selteneren Vorkommens wegen, höher im Kurs. Auch gab es Buben, die behaupteten, daß die schwarzen Schildchen beim Zerkauen besser und mehr nach Haselnüssen schmeckten als die braunen. Männchen und Weibchen konnten wir bei beiden Sorten gut unterscheiden. Bei den Männchen war das Fühlerbündelchen groß und bestand aus sieben Blättchen, bei den Weibchen wies es nur sechs Blättchen auf und war kleiner.

Der ›fliegende Start‹ fand meistens im Freien statt. Man nahm den Käfer aus der Schachtel und hauchte ihn, falls er noch schläfrig war, in der hohlen Handfläche an. Wenn er sich dann rührte, wurde er in die Höhe geworfen, wo er, vielleicht zuerst noch benommen, ein bißchen abfiel, sich im Fall aber aufraffte und den schweren Körper mit schwirrendem Brummen in die Höhe und der Bläue des Himmels, dem Grün eines Kastanienbaumes oder im Abendlicht der nächsten Straßenlaterne entgegenhob.

Ganz anders beim ›stehenden Start‹. Er wurde meist in geschlossenen Räumen gewählt, weil hier die Aussicht bestand, den Käfer wiederzubekommen. Beliebter Ausgangspunkt war der vordere Teil der Schulbank und die Stille des Unterrichts. Vorsichtig griff man sich das Kerlchen aus der Schachtel und nahm es in die Hand, die unauffällig geschlossen gehalten wurde, bis man das Krabbeln der sechs Beine spürte. Was jetzt kam, verlangte hohe Aufmerksamkeit. Die Unauffälligkeit noch steigernd öffnete man die Hand. Oft dauerte es gefährlich lange, bis das Tier die Freiheit begriff,

da half manchmal auch ein leichtes Schieben und Kraulen mit dem Federhalter nichts. Aber dann fing der Käfer an, eigentümliche Pumpbewegungen zu machen, er schwoll an und wieder ab, doch endlich breitete er die Flügel aus und schnurrte los.
Wir wußten, daß der Käfer die großen, weichen, schön gerippten, grünen Blätter des Kastanienbaumes, noch mehr die kleinen, hellen der Birken liebte und am kühlen Morgen mühelos von den Bäumen geschüttelt werden konnte. Wir klaubten die Tiere vom Boden auf, zweigten die wenigen Exemplare ab, die wir für die Schule brauchten, und brachten die anderen in großen Tüten zur Marienanstalt, wo es Hühner gab, für die die Maikäfer eine Delikatesse waren. Aber nicht lange, und man wies uns ab. Die Eier, besonders die Dotter, schmeckten nach Maikäfer, und diese Geschmacksnuance war nicht begehrt. Noch tagelang sahen wir abends die Käfer in Schwärmen um die Gaslaternen der Straßen fliegen, dann hörte auch das auf, und das Maikäferjahr war vorbei.

Aber auch im Frühling zeigt sich das Wetter nicht immer von der freundlichsten Seite. Da gibt es Tage mit tieffliegenden Wolken und strömendem Regen. Und ganz ohne Zweifel war es dieses Wetter, das an einem bedauerlichen Ereignis die Schuld trug und uns viel Ungemach brachte. Es hatte gegossen, die Sträucher und Bäume trieften vor Nässe, auf der Erde standen Pfützen. An einem solchen Tag hinter der Waschküche ein Feuer zu machen, erschien schwierig, doch vielleicht gerade deshalb reizvoll, zumal bei schlechtem

Wetter die Aufmerksamkeit nachließ, mit der die Großen bei heiterem Himmel uns in unserem Treiben belästigten.

Es stellte sich rasch heraus, daß es auf dem feuchten Boden unbequem sein würde, mit gekreuzten Beinen zu sitzen oder dann und wann zu knien, wie es eben die Wartung eines offenen Feuers erfordert. Wer aber hätte gedacht, daß der Entschluß, unserem Hintern einen trockenen Sitz zu verschaffen, Karl und mich so tief ins Unglück stoßen würde. Dabei fanden wir an unserem Plan nichts Besonderes. Und wir taten auch nichts anderes, als ein Stück Linoleum herbeizuholen, wie es in den Aufgängen unserer Häuser den Eingangsflur bedeckte. Sein vorübergehendes Fehlen schien belanglos, weil in die Hausflure nicht viel Licht drang. Aber da man bei Erwachsenen immer mit Mißverständnissen und einem Mangel an Großzügigkeit rechnen mußte, holten wir das Linoleum unter Vermeidung jeglichen Aufsehens aus einem der vier Häuser, in dem keiner von uns zweien wohnte. Als es im Treppenhaus gerade ruhig war, rollten wir das Stück zusammen und trugen die Rolle, Karl vorne, ich hinten, auf der Schulter zur Waschküche. Wir taten es mit dem verlangsamten Schritt, der jedem den Eindruck eines für Kinderschultern viel zu schweren, mit rührender Emsigkeit ausgeübten Auftrags hätte vermitteln müssen. Herr Dietz war nicht um den Weg.

Die Größe der Rolle zwang uns, aus der Not des Überflusses eine Tugend zu machen. Wir bedeckten den Boden mit dem Linoleum. Das ergab eine saubere, sanft glänzende, völlig trockene Fläche, ohne jede Gefahr, daß Feuchtigkeit vom Boden durchdrang. Sie bot

Platz, nicht nur zum Sitzen, sondern auch, um dem Feuer selbst alle Vorteile einer trockenen Unterlage zu gewähren.
Wir hatten Holz beigeholt und aus Zweigen und schönen Scheiten einen lockeren, gut aussehenden Scheiterhaufen errichtet. Aber aus dem Feuer wollte zunächst nichts werden, das Holz war feucht. Karl und ich beschlossen, ein Kännchen Petroleum zu holen. Erst jetzt bekam die Sache das richtige Gesicht, vor allem auch, weil uns der ölig und schlank aus dem Kannenschnabel strömende ausgezeichnete Brennstoff auf das Herbeischaffen von trockenem Holz zu verzichten erlaubte und uns überhaupt mühelos in den hohen Genuß kommen ließ, den mal zischend flach, mal hochaufschießend und großartig brennendes Feuer bereitete.
Natürlich waren uns einige Bedenken gekommen. Aber Feuer brennt nach oben, die Hitze steigt auf, schlimmstenfalls konnte auf dem Linoleum ein matter Fleck zurückbleiben, wie man ihn oft auf stark begangenem Linoleum sieht. Ich hatte das Zündholz angerieben. Die Flamme war hochgezüngelt, und damit waren die Würfel gefallen. Daß es kein Zurück mehr gab, belebte uns wunderbar.
Doch es sollte nicht lange dauern. Plötzlich spürten wir das eigentümliche Ziehen in Muskeln und Knochen, das dem Erscheinen von Herrn Dietz vorauszugehen pflegte. Und schon hörten wir den eiligen Schritt eines sich keuchend nähernden Mannes. In fülliger Fahrt bog Herr Dietz um die Waschküchenecke. Als sich ihm der Anblick des funkenstiebenden Holzhaufens auf dem Linoleum bot, brach er in Schreien und Fluchen aus. Entsetzlich rasch gab uns seine Erscheinung die läh-

mende Vorstellung einer bisher unbekannten Preissonderklasse der Strafe ein. Flucht kam nicht in Frage.
Herr Dietz beschäftigte sich zunächst nur rhetorisch mit uns. Mit seiner Schaufel, die an der Waschküchenwand gelehnt hatte, warf er Sand auf den Scheiterhaufen. Er trat auf die Feuerstelle, er trampelte darauf herum, ein Beginnen, das sich sofort als unzweckmäßig erwies. Die dünnen Sohlen seiner Sandalen waren der Hitze nicht gewachsen, und weil ihm zudem der heiße Sand auf die ungeschützten Teile seiner Füße fiel, begann er einen wilden Tanz. Trotz des Unheils, das uns bevorstand, überkam mich ein furchtbares, würgendes Lachen. Der dicke Herr Dietz hüpfte von einem Fuß auf den anderen. Mit vor Furcht gesträubten Haaren heulte ich vor Lachen, ich ließ mich hintenüber fallen und strampelte mit den Beinen. Es packte auch Karl. Käseweiß im Gesicht, fing er zu lachen an, das Lachen stieß und rüttelte ihn. Erst mit diesem tobenden Lachen rückten wir in eine gänzlich neue Spitzenklasse der Bestrafung ein.
Herr Dietz begann das Linoleum wegzuziehen. Er wollte Sand, Asche und Feuer abschütteln, doch es gelang ihm nicht, die Fracht war zu schwer. Es schwelte, dampfte und rauchte aus dem Haufen, die Hitze schien jetzt nur noch in der Tiefe, dem Linoleum zu, zu wirken. Aber um dieses war es Herrn Dietz ausschließlich und verzweifelt zu tun, war es doch die Aufgabe des Helfers meines Vaters, in seiner Hausmeisterrolle in allen Häusern der Kolonie für pflegliche Behandlung der dem allgemeinen Gebrauch überantworteten Gegenstände zu sorgen, so auch für den Bodenbelag der Hausflure. Und gerade seinetwegen hatte er Schere-

reien. Die Leute verschütteten Wasser, sie putzten nicht genug, sie traten dem Verschleiß nicht entschlossen genug entgegen. Aber Feuer hatte noch niemand auf dem Linoleum gemacht.

Herr Dietz erteilte uns jetzt einen Befehl, der uns überraschte. Zögernd gehorchten wir, während er den Schauplatz eilig und keuchend verließ, um Wasser zu holen. Was wir zu tun hatten, hatten wir schon immer zum Löschen eines Feuers getan, aber aus eigenem Antrieb, streng privat, ein fast ritueller, stets gründlich vollzogener Akt, der die Macht des Flüssigen über die des Feuers zischend bewies. Wir standen uns, Karl und ich, gegenüber und begossen die Feuerstelle mit zwei dünnen Strahlen, sie bald hierhin, bald dorthin lenkend, unser Vermögen bis zum letzten ausschöpfend. Herr Dietz kam zurück. Er schwang einen Wassereimer über die naß vorbereitete Stätte. Ein letztes Brodeln, dann war alles im Überschwang der Flutwelle ertrunken. Herr Dietz räumte nun mit der Schaufel den Sand, die Asche und die halb verbrannten Holzscheite weg, er räumte das Linoleum frei. Wir hätten es nie für möglich gehalten, daß die Hitze so tief nach unten eingedrungen war. Wir trauten unseren Augen nicht. Wo sich das Feuerchen erhoben hatte, gab es kein Linoleum mehr. Eine etwa kreisrunde Fläche fehlte, sie war von schwarzen, häßlich verkohlten Rändern umgeben.

Herr Dietz stieß unwiederholbare Flüche aus. Er tobte, und das Beängstigende war, daß sein Fluchen von jammernden Klagelauten unterbrochen wurde. Als er die fast leere Petroleumkanne aufnahm, schüttelte ihn von neuem der Zorn, und er warf sie in hohem Bogen an die

Waschküchenwand. Dann erst wandte er sich, nun aber ganz, uns zu. Eigentlich hätte für uns sein Zorn etwas Ergreifendes haben müssen, denn er war mit Trauer durchmischt. Aber wir hatten mit uns selbst genug zu tun, an unsere Fassung wurden hohe Ansprüche gestellt.

Herr Dietz wählte als Ort der Strafe seine Wohnung. Wir gingen vor ihm her, unter dem Zwang des Unaufhaltbaren. Ohne von Coué etwas zu wissen, verfuhren wir inbrünstig nach Coué: Es wird schon nicht so weh tun, es wird fast gar nicht wehtun, ich werde es einfach nicht spüren, es wird schnell vorübergehen, ja, schnell, ach schnell wird es vorübergehen.

Herr Dietz führte uns in die Dietzsche Wohnung im dritten Haus. Doch es ereignete sich noch ein mißlicher Zwischenfall. Frau Rammelmeyer und vier weitere Bewohnerinnen des Hauses, in dem das Linoleum fehlte, standen bereits vor Herrn Dietzens Tür. Sie meldeten den Verlust. Ihrer Aufregung nach machte überhaupt erst das Linoleum, das den Eingangsflur zu bedecken hatte, das Haus bewohnbar. Frau Rammelmeyer gab ausschweifende Ansichten über einen Hausmeister von sich, der sich am hellen Tag einen großen Linoleumläufer unter seinem Hintern wegziehen lasse. Sie benutzte aber wiederholt ein anderes Wort, das man aus dem Mund einer älteren Dame nicht gerne hört. Herr Dietz brachte es über sich, die Frauen wegzuschicken, ohne nähere Erklärungen abzugeben. Als er die Tür seiner Wohnung öffnete, kam sichtlich eine auf ein klares Ziel gerichtete Sammlung über ihn. Im Wohnzimmer langte er hinter den Schrank, und nun machte er sich konzentriert ans Werk. Coué erwies sich als leerer Wahn.

Mit der vorrückenden Jahreszeit erhielten auch die Indianerspiele neuen Auftrieb. Eine beachtliche Förderung erfuhren sie Ende Mai eines Jahres, als Verwandte aus Amerika da waren und als Geschenk ein Indianerzelt mitgebracht hatten. Es wurde auf der Wiese im Garten, zwischen zwei Kastanienbäumen, aufgeschlagen, war weithin sichtbar und verlieh dem Indianerstamm der Stiftungshäuser hohes Ansehen. Der gegnerische Stamm, der seinen Sitz im Hof hinter der Wirtschaft ›Zum Eisernen Kreuz‹ hatte, wurde gelb vor Neid; von latenten kriegerischen Gefühlen getrieben, sollte dies zum Raub des Zeltes führen. Eines Morgens war es, samt den Pflöcken und was sonst dazu gehörte, weg. Gegen Abend stellten wir fest, daß es im Hof des feindlichen Stammes eine neue Heimstätte gefunden hatte. Es im offenen Kampf zurückerobern zu wollen hätte, auch für das schöne, bunte Zelt selbst, ein nicht tragbares Risiko bedeutet. Im Schutz seines Vaters begab sich der Häuptling unseres Stammes, Eugen, hinüber. Die Angelegenheit wurde von den Vätern auf dem Verhandlungsweg bereinigt. Unser Häuptling überwachte das Niederlegen des Zeltes. An der Hand des Vaters, in fast allzu ziviler Haltung, begleitete er dann den vom eigenen Stamm vollzogenen Rücktransport, während das Kriegsgeschrei des Gegners den Beginn neuer, heftiger Kämpfe anmeldete.
Eigentlich währte der Kriegszustand, in dem sich der Stamm der Bleichstraße gegen den der Gastwirtschaft ›Zum Eisernen Kreuz‹ befand, dauernd, weshalb jeder von uns viel Patrouillendienst zu leisten hatte. Als es wieder einmal galt, die Absichten des Feindes oder doch seine Bewegungen und deren Stärken zu erkun-

den, waren Karl und ich auf Schleichpfaden unterwegs. Tief gebückt und eng an die Hauswände der Kanalstraße gedrückt, war es mehr ein Kriechen als ein Gehen, das uns, einer hinter dem andern, in die Nähe des gegnerischen Wigwams führen sollte. Karl schlich vorn – doch, wie immer es gewesen sein mag, ob er an dem Sinn des Unternehmens zu zweifeln begann oder einfach müde wurde – kurz, er hatte genug, er richtete sich auf, aber leider gerade unter einem Briefkasten, und zwar so, daß er mit dem Kopf gegen die eine der zwei Eisenschienen stieß, in die der Postbote beim Leeren des Kastens seinen Briefsack schob. Karl war verletzt, er hatte ein Loch im Kopf. Zum Glück war Herr Dietz zu Hause, als ich ihm den heftig blutenden Karl brachte. Und wieder einmal bewies Herr Dietz seine Qualitäten. Ohne ein Wort der Frage nahm er seinen Sohn in Behandlung, untersuchte, schnitt das Haar um die Wunde weg, säuberte sie mit viel Wasser und legte einen Achtung gebietenden Verband an. Dann gab er jedem von uns beiden eine Tasse guten Kaffee – alles, ohne ein Wort der Frage.

Nicht alle Spiele waren kriegerischer Art. Harmlos und ohne anhaltenden Reiz war das Versteckspielen, bei dem sich einer mit den Händen die Augen zuhalten und so lange stillstehen mußte, bis er auf zwölf gezählt hatte. In dieser Zeit suchten sich die anderen hinter einer Hausecke oder sonstwo ein Versteck. Wer zuerst gefunden wurde, kam jetzt dran und mußte die anderen ausfindig machen.

Schon etwas anders sah es mit dem Ballspiel aus. Obwohl als Geschenk für die Kinder große Gummibälle beliebt waren, wandten wir uns dem Fußball, mit voller

Hingabe aber dem Handball oder dem Schlagball zu; Spiele, die auch die Schulhöfe mit begeistertem Geschrei erfüllten. Unsere Spielregeln waren einfach: Zwei Parteien spielten gegeneinander. Die eine besaß den Ball. Einer ihrer Spieler trieb ihn durch den Schlag eines Holzes in die Richtung des Gegners, gleichzeitig rannte er auf ein Ziel zu. Die andere Partei suchte den Ball zu erwischen und den Läufer damit zu treffen. Gelang dies, schied er abgeschlagen aus. Erreichte er dagegen das Ziel, so mußte der gegnerische Spieler, der den Ball nicht bekommen oder den Wurf verfehlt hatte, das Spielfeld verlassen.
Mehr privater Natur war das den Erwachsenen mißfällige, von ihnen als anrüchig gerügte ›Messerspitzeln‹. Drei, vier Buben standen um ein am Boden liegendes Holzbrett. Jeder hatte sein Taschenmesser gezogen und die Klinge aufgeklappt. Man setzte das Messer mit der Klingenspitze auf den Daumen oder die Kuppe des Mittelfingers, balancierte es und warf es dann in die Luft, und zwar, je nach Geschicklichkeit so, daß es mit der Spitze in das Brett eindrang und wippend steckenblieb. Für einen gelungenen Wurf erhielt der Gewinner einen festgelegten Preis in Gluggern ausbezahlt. Der verfehlte Wurf kostete den Spieler den gleichen Einsatz, der dann der allgemeinen Kasse zufloß. Es durften keine Streitigkeiten ausbrechen, weil alle Spieler mit offenen Taschenmessern herumstanden. Eugen machte sich aus dem Messerspitzeln nichts.

Bei diesem Treiben im Freien konnte es leicht vorkommen, daß man aufzuhören vergaß und nicht rechtzeitig zum Essen heimkam. Nicht selten ertönte dann der

Pfiff des Vaters vom elterlichen Haus her. Wir haben diesen Pfiff nie vergessen. Auch wenn wir ihn später nur noch selten und zuletzt nie mehr hörten, ist er uns doch in den Ohren geblieben, als akustisches Signal, das aus dem viellaunigen Wetter der Mittage oder dem versponnenen Licht einfallender Dämmerungen ertönte. Deutlicher als vieles andere kennzeichnete der Pfiff die Haltung des Vaters zu uns und unserem Jungsein.

Der Pfiff war kurz, prägnant, gut zu hören, seiner leicht melodischen Färbung wegen nicht unangenehm. Als Appell voll unmißverständlicher, ja scharfer Aufforderung, fehlte ihm nichts von einem Befehl; wenngleich nicht frei von despotischer Wachsamkeit, drückte er Besorgnis aus, ja Wohlwollen und Einsicht in den fesselnden Zauber des Spiels.

Der Pfiff sei hier in der Notensprache festgehalten.

Er stimmte in Rhythmus und Tonlage ganz mit dem ›Nun vergiß . . .‹ der ersten Figaro-Arie überein. Manchmal rief uns der Pfiff, wenn wir uns mit Pfeil und Bogen weit hinten im Hof aufhielten. Die Bogen fertigte Herr Dietz aus Weidenstöcken, die Pfeile machten wir selbst. Aus den Lechauen holten wir Binsen, die wir am unteren Ende einschnitten, um dort die Schnur des Bogens einzulegen. Als Pfeilspitzen dienten Stücke, die aus Holunderzweigen, etwa halbfingerlang, geschnitten wurden. Wir entfernten das Mark und steckten sie mit der Höhlung auf das obere Endstück der Binsen. Jedes Jahr mußte die Kunstfertigkeit des Bogenschießens neu erworben werden. Wir schossen auf Baumstämme, herabreichende Zweige, auf Katzen und Hunde und besonders gern auf den Freund, der sich mit dem Deckel der Abfalltonne schützte und anzeigte, wenn der Pfeil den Deckel oder ihn selbst getroffen hatte.

Reizvoll war das Schießen mit Heurekagewehren, deren Geschosse dünne Holzbolzen waren, vorne mit einem kreisrunden Gummitellerchen, das sich an der Zielscheibe festsog. Das Schießen mit dem echten Luftgewehr bot weit mehr Vergnügen. Die Munition bestand aus Bleikügelchen oder kleinen Stahlpfeilen, die scharfe Spitzen besaßen. Wieder waren es beringte Scheiben, auf die geschossen wurde, es konnten aber auch delikatere Ziele sein, z. B. Äpfel, Spatzen oder Tauben.

Eugen war auch dabei, wenn wir uns an Sonntagnachmittagen im leeren Fabrikhof einfanden, auf die hohen Berge von lagernden Altpapiersäcken kletterten und Kämpfe austrugen, um den anderen hinunterzuwerfen. Es war ein angenehmes, weiches Auffallen. Auch Fritz und Richard, unsere Vettern, nahmen teil, mit ihnen zogen wir dann abends in die im Fabrikbereich gelegene Reittersche Wohnung und bürsteten den Sonntagsanzug von den braunen Jutefasern frei, die von den Säcken hängengeblieben waren.

An manchen Sonntagnachmittagen veranstaltete Eugen mit seinen Freunden auf der Wiese zwischen Klostergarten und Kastanienbaum jene Kriegsspiele mit Bleisoldaten, die im Winter in der Wohnung stattfanden. Es galten dieselben Regeln, die man im Pulverdunst des

Zimmers einhielt, hier aber boten sich größere Bewegungsfreiheit und den Feldherren ganz andere Möglichkeiten strategischen und taktischen Handelns. Ganze Armeen wurden durch das Gras über fünfzehn Meter lange Strecken vorgeschoben. Es gab Flüsse, deren Überschreitung das Mitführen von Pontonmaterial verlangte, das aus Kieseln bestand. Getroffene Pontons zog man aus dem Gefecht. Die Dörfer dienten als gute Deckungen; waren sie besetzt, wurden sie angezündet. Mit nur kleinen Eßpausen krochen die Generäle bis zum Abend auf dem Grasboden herum. Eugen schreibt, daß mancher Feldzug acht Tage gedauert habe.

Auf derselben Wiese ereigneten sich auch andere Dinge. Ich erlebte hier meinen zweiten Rausch, diesmal einen Freiluftrausch. Unser Haus war von einem Gerüst umgeben, auf dem drei Maurer den Putz erneuerten. Einer von ihnen hieß Peter. Wir kannten ihn, weil er immer kam, wenn an den Stiftungshäusern etwas zu richten war. Als es 12 Uhr läutete und die drei Männer sich auf der Wiese niederließen, um ihr mitgebrachtes Essen zu verzehren, baten sie mich und meine Freunde Toni und Karl, zur Gastwirtschaft ›Sonnenhof‹ in der Klauckestraße zu gehen und Bier zu holen. Sie gaben uns drei Krüge und das Geld mit. Wir brachten das Bier, und ehe sie tranken, überprüfte jeder der Männer, ob wir nicht etwas weggetrunken hätten. Da das nicht der Fall war, ließen sie uns großzügig kosten. Wir hatten seit dem Frühstück nichts gegessen, es war Hochsommer und heiß, wir waren durstig und setzten zu langen Zügen an. Dies wurde mit einem heiteren Lob bedacht: »Ah, so isch's rechd, Bueble, drink nur feschd.« Toni und Karl schlichen heim, ich legte mich nahe am Gebüsch auf die Wiese schlafen und wurde erst kurz vor dem Abendessen entdeckt, als die Maurer längst fort waren und mein Ausbleiben bereits Besorgnis geweckt hatte. Anderntags kam Peter, die Kappe in der Hand, zu Mama und erbat Entschuldigung.

Am rechten oberen Ende der Wiese, die zum Haus Bleichstraße 4 gehörte, stand ein langer, von zwei Sitzbänken flankierter Gartentisch. Wir benützten ihn zu einem ziemlich halsbrecherischen Spiel. Man stieg auf den Tisch und nahm, mit beiden Händen eine Bohnenstange weit oben haltend, Anlauf, stemmte die Stange mit ihrem kräftigeren Ende vor dem Absprung auf den Boden und sprang, sich hochziehend, in weitem Bogen in die Wiese hinein. Die Bohnenstangen, die wir unauffällig den Gärtchen neben den Häusern entliehen, waren dünn und elegant, doch ihre Festigkeit hatte Grenzen. Meistens hielten sie, aber nicht selten brachen sie, und zwar immer dann, wenn man, aus dem Absprung heraus, die Scheitelhöhe des Bogens erreicht hatte. Wie ein Klotz fiel man herab und konnte von Glück sagen, wenn man sich nicht am spitzen Stangenende verletzt hatte. Aber diese Ungewißheit war das Erregende.

Mama ängstigte sich, wenn wir das Vom-Tisch-Springen spielten. Einmal erlebte sie bei einem ähnlichen Spiel einen heillosen Schreck. Es mag 1906 gewesen sein, als die Familie die Sommerferien in Oberstaufen verbrachte und im Haus eines Schneiders wohnte, das an einen Bauernhof angebaut war. Man konnte durch eine ebenerdige Tür des Hauses in die Tenne des Bauernhauses eintreten. An einem Regentag vertrieben Eugen, ich und ein paar Bauernbuben uns die Zeit, indem wir vom Heuboden auf den mit Heu bedeckten Erdboden der Tenne hinabsprangen. Mama trat durch die Tür, sah, wie wir in die Tiefe sprangen, und entdeckte drei Heugabeln, die mit den Stielen im Heu staken, die Gabelzinken nach oben gereckt. Die Gabeln standen zwar weit genug weg, die Mama aber, die glaubte, nun mitansehen zu müssen, wie wir geradewegs in die aufragenden Heugabeln sprängen, schrie auf.

Die in Oberstaufen mit den Eltern und dem Bruder verbrachten Tage, vor allem die viele Jahrzehnte später im schwäbisch-bayrischen Oberallgäu Jahr für Jahr verlebten Sommerferien, schufen Heimatgefühle zu dem schönen Land und seinen alemannischen Menschen, Empfindungen, die sich in diesen Jahren noch vertieften. Es mag die Kargheit und Armut der rauhen Voralpen gewesen sein, die in früheren Zeiten dem Charakter des Allgäuer Bauern etwas Hartes, vielleicht sogar Freudloses gaben. Das hat sich auch im später aufgekommenen Wohlstand erhalten, der der früher nicht vorhanden gewesenen Milchwirtschaft und dem sommers wie winters einträglichen Fremdenverkehr zu verdanken war. Schlauheit, zuweilen Hintergründigkeit, nicht selten mit beißender Ironie, sind dem Charakter des Allgäuer Bauern erhalten geblieben.
So erzählen die Allgäuer die Geschichte von dem Bauern, der in die Wohnstube kommt und die Bäuerin weinend auf der Ofenbank sitzen sieht. Er fragt: »Frau, was hosch, warum weinscht?« Die Bäuerin schluchzt: »D'Magd kriagt a Kind.« Der Bauer: »Des isch der ihr Sach'.« Sie: »Aber d'Leit sag'n, sie hätt's von dir.« Er:

»Des isch mei Sach'.« Die Bäuerin: »Wenn des so isch, mecht' i' nimmer leb'n, da geh i' ins Wasser und nimm d'n Hund mit.« Er: »Des isch dei' Sach'. Aber der Hund bleibt do.«

Daheim bot der an den Hof grenzende Klostergarten reiche Spielmöglichkeiten. Tagsüber waren die weißen Hauben der Klosterfrauen über dem Grün der Gemüsefelder zu sehen, doch abends zogen sich die Nonnen zurück. In der Kirche brannte Licht, wir hörten die Chöre. Fromme junge Mädchen, die im Garten halfen und auch im Kloster wohnten, pflegten sich in dieser Stunde auf den Bänken niederzulassen, die an die Hecke des Zaunes gelehnt einen freien Blick über die verdämmernde, sich dann ganz ins Dunkel hüllende Weite des Gartens gewährten. Da saßen sie und sangen die unvergeßlichen Lieder der Dienstboten. Wir glaubten, für Überraschung und Scherz sorgen zu müssen, und schlichen uns, von der Hecke gedeckt, an den Zaun heran. Entweder warfen wir eine Schaufel voll Sand gegen die Hecke oder richteten einen vom Brunnen der Waschküche durch einen Schlauch herangeführten Wasserstrahl so gegen den Himmel, daß er drüben niedersprühte. Es kam auch vor, daß wir Lieder sangen, die aber ungern gehört wurden. Herr Dietz, der bei anderen Gelegenheiten wie aus dem Boden gewachsen zur Stelle war, blieb merkwürdigerweise aus. Es war eines seiner Geheimnisse. Jedenfalls war er unabkömmlich, wenn uns das Kloster beschäftigte.

Nicht nur das. Vater hatte uns vier Hasen geschenkt und eine schöne große Kiste als Stall für sie machen lassen. Sie stand im Garten unter einem der Kastanienbäume. Herr Dietz war beauftragt, dafür zu sorgen,

daß wir den Stall sauberhielten und die Hasen regelmäßig fütterten. Herr Dietz, der weder mit Kopfnüssen noch mit Ohrfeigen sparte, wenn der Stall nicht rein war, konnte in der Nähe des Klostergartens stehen und träumerisch den Blick über das grüne Gefilde schweifen lassen und eine Lücke in Zaun und Hecke übersehen. Diese Lücke war entstanden, als wir zwei Staketen aus dem Zaun gerissen hatten, doch so, daß es ein leichtes war, die herausstehenden Nagelenden wieder in ihre Löcher zu fügen, damit man dem Zaun hernach nichts ansah. Die sich klosterseitig an den Zaun lehnende Hecke gab, nachdem sie mit einer Herrn Dietz gehörenden Gartenschere bearbeitet worden war, den Durchgang vollends frei. Herr Dietz schien, als er so dastand, ganz zu übersehen, daß wir im Klostergarten den Furchen der Gelberübenfelder entlangkrochen und mal da, mal dort den Segen der Erde prüften, um die Proben, die ja nicht verkommen durften, den Hasen zu bringen. Herr Dietz hielt nicht einmal mit einem Fingerzeig zurück. Er konnte bemerken: »Mehr Salat, weniger Kohlrabi.« Einmal pfiff er leise, doch für uns vernehmbar vor sich hin. Zufällig geschah dies, als drüben zwei Klosterfrauen den Weg entlang kamen und wir erwischt worden wären, hätte uns nicht das Pfeifen veranlaßt, uns der Länge nach, eng in die Furche geschmiegt, auf den Bauch zu legen.
Herr Dietz hatte etwas gegen das Kloster. Wir wußten nicht, was, und haben es auch nie erfahren. Aber es begab sich, daß wir Schaden litten, weil er in der Klostergartensache seinem Grundsatz untreu wurde, zu strafen, wenn er glaubte, die höhere Ordnung würde durch jugendlichen Übermut verletzt.

Eines Tages nämlich hatten Karl und ich eine Idee von Tragweite. Wenn Herr Dietz einerseits so streng auf das regelmäßige, nahrhafte Füttern der Hasen achtete, andererseits aber, was das Beibringen des Futters betraf, nicht wie sonst eine dunkel drohende Allgegenwart war, warum sollten dann nicht die Hasen selber im Klostergarten ihr Futter suchen? Abends, als die weißen Hauben verschwunden, auch keine Mädchen auf den Bänken zu sehen waren, ließen wir die vier Hasen durch die Lücke in der Hecke in den Klostergarten ein. Zuerst begriffen sie es nicht, hielten sich eng beisammen, blinzelten und schlackerten mit den Ohren. Erst dann hoppelten sie zu den Kohlköpfen, zerstreuten sich, was die Aufsicht erschwerte, zumal die Nacht vorrückte.
Wir versuchten sie wieder einzufangen, doch unser Herumgekrieche bekam den grünbewedelten Gelberüben, dem Kohlrabi, dem Rotkraut, besonders den zarten Kopfsalatstauden schlecht und hinterließ Spuren. Man kann Stallhasen aus Kohlfeldern nicht zurückrufen. Es nützte auch nichts, daß Herr Dietz, der das Manöver von der Waschküchenwand aus durch die Zaunlücke verfolgte, richtungweisende Rufe ertönen ließ: »Da, sucht doch mal da vorn!«
Der Erfolg des Suchens: drei Hasen, einer fehlte. Doch nicht lange; anderen Tags, vor der Abendandacht, kam die Frau Oberin zu Vater, begleitet von einem Mädchen, das in einer Markttasche den vollgefressenen Hasen trug. Das Mädchen war eines von denen, die bei gutem Wetter nach getaner Arbeit auf den Bänken des Klostergartens saßen, um den Abend zu genießen. Sie scheute sich nicht, mich mit einem erkennenden Blick

böse anzublitzen. Die Frau Oberin dagegen strich mir beim Eintreten in Vaters Zimmer mit der Hand übers Haar, was ich nicht verstehen konnte. Die Verhandlungen dauerten nicht lange. Wie wir später erfuhren, hörte sich Vater, der die Nonne mit der weißen Haube und dem großen, vor der Brust getragenen Kreuz zuvorkommend begrüßt hatte, alles an, verzichtete auf jede Frage, bat im Namen der Stiftung um Entschuldigung, ersuchte um die Nennung des entstandenen Schadens, den er sofort beglich. Dann erklärte er, daß noch am nächsten Tag die Hasen verschwänden. Der Hase Nummer 4 wurde aus der Markttasche des Klosters in eine von uns umgesiedelt und von mir zu seinen drei Brüdern in den Hasenstall gebracht. Außerdem hatte ich den Auftrag, Herrn Dietz zu holen. Die Frau Oberin war inzwischen mit dem Mädchen, das ich mir genau merkte, gegangen.
Vater sprach allein mit Herrn Dietz. Als dieser unser Wohnzimmer verließ, sah er ernst, aber weder zerknirscht noch bockig aus, obwohl es das erste Mal war, daß Vater ihn tadelte. Aber er vergaß nicht, mir, dem eine schmerzhafte Unterhaltung mit dem Vater bevorstand, unter seinem Käppchen hervor einen Seitenblick des Bedauerns und der Ermunterung zuzuwerfen. Eugen war an dieser Sache nicht beteiligt, aber er hatte viel Freude daran.

Das ganze Frühjahr über, vor allem von Ostern ab, war es in der Schule, als ginge man qualvoll langsam durch einen nachtdunklen Tunnel, an dessen fernem Ende erst ein kleiner Punkt hell gleißte. Wenn dann Mitte Juli mit dem Anbruch der Sommerferien das strahlende

Licht endlich erreicht war, bedeutete dies das Eintreten in eine Freiheit von unbegrenzt erscheinender Dauer. Man durfte barfuß laufen. Anfangs ging man äußerst vorsichtig auf den Fußspitzen, weil die Steine und Steinchen des Hofes empfindlich stachen. Noch schlimmer war das Laufen über eine frisch gemähte Wiese mit den harten, scharfen Grasstoppeln. Dann aber, wenn man fühlte, daß die Fußsohlen unempfindlicher wurden, der Lauf sogar vor steinigen Strecken nicht mehr gebremst werden mußte, wenn man im Haus beim Eintreten die Kühle der Linoleumläufer und der Holzstufen des Treppenhauses spürte, stieg die Seligkeit der Ferien von den nackten Füßen auf ins Herz. Das bei armen Kindern als Attribut der Bedürftigkeit selbstverständliche Barfußlaufen war zum Luxus des zwar nicht Reichen, aber reichlich Verwöhnten geworden. Für immer ist dieses wohlige Empfinden geblieben, auch beim Gehen über Bergwiesen, über Waldböden, durch die Sohlen der Wanderschuhe hindurch.

Doch auch die Spiele im Freien reichten nicht immer aus, um die langen Tage auszufüllen. Mama mußte in den großen Ferien, besonders in Regenzeiten, immer wieder Antwort auf die dauernd gestellte Frage geben: »Was sollen wir tun?« Wenn aber gegen Ferienende die Kastanienernte begann, wurden wir wieder munter. Wir hatten nicht die Geduld zu warten, bis die Kastanien von selber von den Bäumen fielen. Auch wäre dann die Auseinandersetzung mit den anderen, denen es auch um das Ernten ging, erschwert worden. Sobald wir sahen, daß das satte, glänzende Braun der reifenden Frucht durch Schlitze in den Schalen lugte, war die Zeit

gekommen, sich mit Steinen, besser mit Holzscheiten, zu versehen und sie hinaufzuwerfen, möglichst so, daß man eines der Kastanienbüschel traf. Ging diese Vorernte außerhalb der Kolonie vor sich, konnte es sein, daß auf der einen Seite wir, auf der anderen Angehörige des feindlichen Stammes den Baum bewarfen. Es wurde hingenommen, wenn ein Stein einen Gegner traf; verpönt jedoch war, mit Steinen oder Holzscheiten direkt auf den Feind zu zielen.
Die Zeit rückte vor, die Kastanien erlebten ihre volle Reife und fielen von selbst herab. Man hörte nachts das Geräusch ihres Falles durch das raschelnde Laub des Baumes und dann den Aufprall auf den Boden. Da lagen sie morgens, zwischen abgesprungenen Schalen. Wer früh genug da war, hatte ein leichtes Einsammeln.
Aber wir hatten ja drei eigene, große Kastanienbäume dicht hinterm Haus, und wir beschleunigten den die letzte Reife anzeigenden freien Fall, indem wir auf die Bäume stiegen und die Zweige schüttelten. Wir scheuten uns nicht, selbst die Schwarze Marie auf die Bäume zu schicken, vor allem auf den Baum rechts neben den Holunderbüschen. Sie tat es nicht ungern, sie kletterte wie eine Katze und besaß genug Kraft, selbst dicke Äste so zum Schwingen zu bringen, daß die Kastanien ins Gras prasselten.
Sie wurden gesammelt, gehortet, bis so viele da waren, daß es sich lohnte, sie in Säcken mit einem kleinen Leiterwagen ins ›Mittlere Kreuz‹ zu einem Geschäft zu bringen, das sie als Winterfutter für Rehe und Hirsche ankaufte. Man zahlte uns für den Zentner eine Mark.

In einem guten Kastanienjahr fuhren wir zwei-, ja dreimal hinauf ins Mittlere Kreuz. Auch Eugen war an dem Handel interessiert. Von ihm kam sogar der Vorschlag, unsere Einkünfte dadurch zu steigern, daß wir an eine lange Stange einen Stoffbeutel banden, der, wie es vom sachten Abnehmen von Äpfeln oder Birnen bekannt ist, als obere Einfassung einen gezackten Blechrand trug. Mit dieser Stange stiegen wir über die steilen Abhänge hinab, die von der Kastanienallee der Frühlingsstraße zum Wasser des Stadtgrabens reichten, und bargen dort unten vom Ufer aus die ins Wasser gefallenen Kastanien. Durch das Wasser, mit dem sie sich vollgesogen hatten, waren sie schwerer geworden. Ein vorzüglicher Einfall, der sich aber nicht lange bewährte, denn unsere Kastanien waren zu schwer. Wir fielen auf, und unsere Lieferungen wurden, wenn die Säcke geleert waren, geprüft. Doch mehr als vier Zentner schafften wir ohne Zuhilfenahme jener Idee in keinem, selbst nicht im besten Kastanienjahr.

Einmal machte unser Indianerstamm, ebenfalls in der Herbstzeit, von sich reden. Lina, der Schwester meines Freundes Karl, war nicht unbekannt geblieben, daß die Johanna Dreißiger wegen ihres Fleißes beim Sammeln von Kastanienlaub für unseren Wigwam in den Stamm aufgenommen worden war. Lina wollte auch aufgenommen werden. Es fanden Beratungen statt. Einige Stimmen sprachen sich gegen mehr als eine Squaw aus. Man kam auf den Gedanken, eine Mutprobe solcher Härte zu verlangen, daß die Verweigerung und damit die Lösung der Frage im Sinne jener Neinsager als sicher gelten konnte.

Am Nordrand der Klauckewiese entlang floß der Stadtbach als Werkskanal der Papierfabrik zu. Drüben, am jenseitigen Ufer, stand ein alter Weidenbaum, er neigte sich schräg über das Wasser. Der Bach war vielleicht sechs Meter breit. Der mit vielen Zweigen besetzte Stamm endete in einer Krone von Weidenzweigen. Sie war gerade so groß, daß man mit einiger Mühe darin stehen konnte; ihre Höhe über dem rasch fließenden Wasser betrug vielleicht zwei Meter. Man konnte zur Plattform hinaufsteigen und über den Bach springen, wir hatten das schon mehrere Male getan. Lina sollte den Sprung vom Baum über den Kanal als Mutprobe wagen. Gegen jedes Erwarten erklärte sie sich bereit.
Die Probe fand statt, als wir eines Nachmittags am Uferrand der Klauckewiese saßen, dem Baum gegenüber, von der Sache sehr angetan. Lina kletterte auf den Baum, stand, sich an den Zweigen festhaltend, auf dem natürlichen Podest und schaute von oben herab auf uns, die wir angeregt auf dem gegenüberliegenden Ufer saßen: dann wandte sie ihren Blick dem Bach zu, stieß einen Schrei aus und sprang.
Der Sprung mißlang. Sie blieb mit ihrem Rock an den Weidenzweigen hängen und stürzte. Nicht gerade kopfüber und kerzengerade, sondern abgewinkelt klatschte sie, übrigens ohne einen Ruf oder Schrei, in den Bach. Wir wußten, daß sie schwimmen konnte. Sie strampelte sich in dem sie rasch forttragenden Wasser zurecht, erreichte mit geschickten Schwimmbewegungen das Ufer an ihrer Seite, wo sie sich am Gestrüpp festhielt, bis ein Arbeiter gelaufen kam und sie herauszog.

Das alles war schlimm genug, das schlimmste aber war, daß wir Indianer nicht etwa schreckerfüllt aufsprangen, der Davontreibenden nachliefen, um sie aus dem Wasser zu holen – nichts davon. Wir saßen hintüber gebeugt, ja wir lagen fast auf dem Rücken, so schrien wir vor Lachen. Der Sturz hatte zu komisch ausgesehen, und dann das großartige Aufplatschen. Es schüttelte uns, wir kamen fast um vor Heiterkeit. Immerhin begleiteten wir das ramponierte, triefende Mädchen nach Hause und hatten sie, um Aufsehen zu vermeiden, in unsere Mitte genommen. Lina war tapfer, sie weinte nicht, zeigte sich aber abweisend, denn einmal hatte sie in den Sekunden ihres verzweifelten Bemühens um Rettung unser brüllendes Gelächter gehört, außerdem stand ihr der Empfang daheim, bei Herrn Dietz, ihrem Vater, bevor.
Anderntags berichtete Bruder Karl, daß Herr Dietz, ohne auch nur eine Frage zu stellen, Lina zuerst, trotz ihrer klatschnassen Kleider, übers Knie gelegt habe. Erst dann durfte sie sich ausziehen und trocknen. Lina hätte, da sie die Probe bestanden hatte, in den Stamm aufgenommen werden müssen. Aber diese Wohltat blieb ihr versagt, denn das Vorkommnis hatte Mißfallen erregt; die Väter der mutigen Indianer hielten es für angebracht, den Stamm aufzulösen.

Drachenfliegen war im Herbst eine große Sache. Mit dem Barfußgehen war es längst vorbei. Man mußte auch schon wärmer angezogen sein, wenn man mit Vater auf die Klauckewiese ging, die in unserer näheren Umgebung der einzige Platz war, der den Drachenbesitzern genug Raum bot. Dabei waren auch Karl, Toni

und andere, manchmal auch Herr Dietz, der wie immer etwas keuchte. Aber er hatte Vater beim Bau des Drachens geholfen und wollte doch sehen, wie der stieg und sich oben bewährte. Herr Dietz hatte das ganze Zeug beigebracht, leichte Stäbe aus Weidenholz und dünne Bambusrohre, festes Papier, Schnüre und Leim; doch den Bau des Drachens besorgte Vater.
Papa legte die Größe des Drachens mit etwa einem Meter Länge fest, bastelte das an der Querstange ungefähr sechzig Zentimeter breite Gerüst und bespannte die Fläche mit leuchtend gelbem Papier, wobei viel Leim auf den Eßzimmertisch floß. Das veranlaßte Mama zu bekümmerten, doch nicht allzu lauten Protesten.
Unsere Aufgabe war die Herstellung des Schweifes. In die lange Schnur wurden in handbreiten Abständen dünne Bündel farbiger Papierstreifen eingeknüpft. Wie die große Quaste aus bunten Papierblättern am Schweifende, dienten sie dazu, durch Form, Gewicht und richtige Anordnung den Flug des Drachens zu stabilisieren.
Natürlich befanden sich auf der Klauckewiese auch andere, um ihre Väter versammelte Gruppen und Einzelpiloten. Ihre meist kleineren und einfacheren Drachen wurden im Flug von ihren Besitzern oft so geschickt dirigiert, daß keineswegs sicher war, ob unser Flieger halten würde, was sein bestechendes Aussehen versprach. Meistens bestätigte zwar unser Drachen das Können seiner Erbauer, doch immer war das nicht so. Statt eines glatten, steilen Aufstiegs konnte es ein launenhaftes Gezottel, ein Ausreißen nach rechts und links geben. Ja, es kam vor, daß sich der Drachen überhaupt nicht erheben wollte, obwohl er doch *unser*

Drachen war, sozusagen ein Teil von uns selbst, ein mit hoher Achtung geliebtes Stück mit geheimnisvollem, unberechenbarem Charakter. War er aber gut aufgelegt, verharrte er in der Höhe, wobei wir nur ein leichtes Ziehen und Rucken in der die Schnur festhaltenden Hand spürten. Dann auf einmal hatte er genug, verlor an Höhe, ließ sich selbst durch ein gegen den Wind gerichtetes Fortziehen durch einen laufenden, damit die Schnur anspannenden Buben nicht besänftigen, schoß nach unten, richtete sich vielleicht noch einmal jäh auf, um dann selbstmörderisch kopfüber in die Senkrechte zu gehen und auf dem Boden aufzukrachen. Vater war vielleicht schon längst heimgegangen, aber Herr Dietz begutachtete das Wrack, das wir, noch dazu von den anderen ausgelacht, blutenden Herzens nach Hause trugen.

In unserer Straße, aber weiter unten, wohnte im zweiten Stock eines schmalen Hauses Frau Ottilie Glotter. Sie war Hebamme. Das stand auf einem weißen Emailschild neben der Haustür. Vielleicht gerade wegen seiner Nüchternheit vermochte dieses Schild den angenehmen Schauder nicht zu zerstreuen, den uns die undeutliche Vorstellung von Frau Glotters Gewerbe verursachte. Wer Frau Glotter nach Anbruch der Dunkelheit benötigte, mußte sich eines Klingelzuges bedienen, der zwischen Haustür und Emailschild mit einem schmiedeeisernen Handknauf begann und oben, in Frau Glotters Wohnung, mit dem Klöppel endete.
An einem vorgerückten Abend hatten Unbekannte einen Schinkenknochen an den Knauf des Klingelzuges gebunden. Dieser Knochen wurde das Ziel herbeieilen-

der Hunde. Das war weniger selbstverständlich, als es klingt, denn wir lebten in einer Stadt, in der abends die Hunde zu Hause gehalten wurden. Doch die Hunde versammelten sich um den Knochen und suchten ihn zu erwischen. Sie sprangen hoch, und schon läutete es bei Frau Glotter. Wer den Knochen packte, hatte ihn jedoch noch lange nicht, denn ihn hielt die Schnur. Der Hund ließ den Knochen wieder los, der Klingelzug schnellte in die Höhe, und bei Frau Glotter läutete es erneut.
Alle Anstrengungen, die wütenden Hunde zu entfernen, waren vergebens. Die Leute im Haus wagten nicht, vor die Haustür zu treten. Sie versuchten es mit Wassergüssen, trafen aber nur unzureichend.
Frau Glotter wurde die Schuld zugeschoben, in jedem anderen Haus sei um diese Zeit Ruhe. Frau Glotter hatte zuerst ein jammerndes Geschrei, dann unter den Anschuldigungen ein schrilles Gelächter ausgestoßen, dann war sie in Tränen ausgebrochen. Sie betete, daß die Schnur, die den Knochen hielt, reißen möge. Aber sie riß nicht. Es läutete ununterbrochen. Endlich kam jemand auf den Gedanken, den Klingelzug von oben her abzureißen. Sofort fiel der Handknauf mit dem Knochen herab, und über einem Tier, das wuchtig auf den Rücken gestürzt war, erhob sich ein letztes tobendes Bellen. Dann wurden die Kämpfer getrennt und von ihren Eigentümern weggezerrt. In der Straße wurde es still.
Andern Tags fixierte Herr Dietz seinen Karl und mich. Mit uns war weiter nichts los, wir saßen unter dem Holunderstrauch unseres Gartens und rauchten an einem Stück Meerrohr. Als Herr Dietz auftauchte,

schauten wir mit jener aufgeschlossenen Ergebenheit zu ihm auf, die man an Kindern so schätzt. Wegen der Meerrohrzigarre war nichts zu befürchten, sie war ein Geschenk von Herrn Dietz, und er hatte uns in ihrem Gebrauch unterwiesen. Am Himmel stand keine Wolke, über dem Garten lag Sonnenschein, alles schien in Ordnung.

Herr Dietz schaute seinen Karl an, dann mich. Wir fragten, ob seiner Meinung nach die Zigarre richtig brenne. Herr Dietz äußerte etwas abwesend, daß sie richtig brenne. Ob er das ›Gesicht‹ schon vorher gehabt hatte oder erst jetzt, weiß ich nicht. Vielleicht hatte er es jetzt zum zweitenmal, denn er fixierte uns abwechselnd. Dann nahm er den einen von uns rechts, den andern links am Rockkragen und führte uns hinter die Waschküche.

Herr Dietz war sich seiner Sache sicher. Er wäre es auch gewesen, wenn nicht dem einen von uns bei der schmerzhaften Beugung über Dietzens Knie ein Stück Bindfaden aus der Hosentasche gekrochen wäre, lang genug, um einen Knochen damit festzubinden.

Es war in den Jahren 1907, 1908 und 1909, daß die Eltern, da Mama damals noch für Reisen kräftig genug war, im Sommer vier Urlaubswochen an der Nordsee, meist auf der Insel Borkum, verbrachten. Durch den Herrn, der in der Papierfabrik den Holzeinkauf versah, hatte Papa einen Förster ausfindig gemacht, der, am Rande der Fürst Fuggerschen Wälder, nur eine kleine Reise von Augsburg entfernt, bereit war, uns zwei Buben für die Dauer der Schulferien aufzunehmen.

Damit stand uns ein Abenteuer bevor, von dem nicht vorauszusagen war, wie es sich vor allem für Eugen, der sich aus Natur nicht viel machte, gestalten werde, zumal er zum erstenmal für längere Zeit vom Kreis seiner Freunde, die ihn in ihrer faszinierten Ergebenheit zu den und jenen Einfällen anzuregen pflegten, getrennt sein würde.
Nach einer Stunde Fahrt mit dem Personenzug erreichte man das westlich von Augsburg gelegene Städtchen Welden, die Endstation der Eisenbahn. Das erste Mal wurden wir vom Förster am Bahnhof erwartet. Später richtete er es so ein, daß uns ein Bauernfuhrwerk abholte. Jetzt aber ging es rucksackbepackt zu Fuß eine gute Stunde noch weiter nach Westen, rechts am Waldrand, links an der offenen Fläche von Wiesen und Feldern entlang, nach dem Dorf Emmersacker, wo auf einer Anhöhe, von der aus man auf die Gehöfte, auf Kirche, Pfarrhaus, Schule und die Brauerei herabsah, das Forsthaus stand.
Förster Knörzinger war so um die 40 Jahre alt, untersetzt, kräftig, doch nicht dick, auf dem Kopf den mit einem Gamsbart geschmückten Jägerhut, Mund, Bakken und Kinn unter einem dunklen Vollbart verborgen. Fast immer rauchte er die halblange Pfeife, deren weißen, mit einem bunten Wappen verzierten Kopf er mit der rechten Hand und dem bequem angewinkelten Arm festhielt. Er trug den schmucken Anzug des Forstbeamten, grau, mit grünen Säumen, die Jacke mit schweren Hirschhornknöpfen besetzt. Seine Schuhe mußten immer blitzblank geputzt sein. Kam schon in der Adrettheit seines Aussehens seine Ordnungsliebe zum Ausdruck, so waren in der Tat die Grundsätze

seines Wesens Gewissenhaftigkeit und, wie wir es bald mit Bewunderung kennenlernten, nie ruhender Fleiß, der jedoch nichts Selbstgefälliges oder Penetrantes hatte, sondern sich von selbst verstand. Dabei war er ein fröhlicher Mann, freundlich und wohlwollend, der gerne sang und der es mochte, wenn auch die andern guter Laune waren. Später einmal wurde ich Zeuge, wie unter einem Ausbruch von Jähzorn für einen Augenblick das ganze äußere Bild von ihm zerfiel.

Das Forsthaus stand oben über dem Dorf. In geringer Entfernung erhob sich ein schmaler Hügel, dessen aus zehn Kiefern bestehende Silhouette für uns eine Art Wahrzeichen war, das auf die Nähe des nun bald erreichten Hauses verwies. Das Forsthaus: giebelig, unten das Wohnzimmer, die große Küche und zwei kleinere Räume, die Schlafzimmer oben. So, wie er, der Förster des Fürsten Fugger, nie im Zweifel ließ, wer der Herr im Haus sei, erfüllte die Försterin das Haus mit ihrer Güte. Sie machte die Küche zum Kern des häuslichen Lebens, zum einen, weil sie dort am sichersten anzutreffen war, wenn man mit Fragen oder mit der Bitte um Hilfe zu ihr wollte, zum zweiten, weil man alle Mahlzeiten am Küchentisch einnahm, und endlich, weil sie eine begnadete Köchin war, bei der alle, auch die einfachsten Gerichte unvergeßlich gut schmeckten, besonders Wildbret, das sie uns in vielerlei Arten der Zubereitung vorsetzte, mit köstlichen Saucen und nicht minder vorzüglichen Nudeln oder Spätzle. Sie hatte eine Menge Gewürze zur Hand, die in sauber etikettierten Gläsern auf einem Wandbrett über dem Herd standen.

Hatte der Förster einen Rehbock geschossen, so hängte er das tote Tier in der Waschküche auf, die über den Vorplatz weg dem Forsthaus gegenüber stand. Er zog mit geschickt geführten Schnitten des scharfen Messers das Fell ab, befaßte sich mit den Innereien und legte das Fleisch in säuberlichen Stücken frei. Dabei sang er mit schallender Stimme gruselige Moritaten, wie

> Heinrich schlief bei seiner Neuvermählten,
> einer reichen Erbin an dem Rhein.
> Giftige Schlangen, die ihn quälten,
> ließen lange ihn nicht schlafen ein . . .

Die Wirkung war beachtlich. Das Gruseln beim Anblick des blutigen Ausweidens und beim Hören der Moritat wurde durch den schmetternden Tenor nicht etwa gebannt, sondern ins Groteske gesteigert.
Kaum war die erste Woche unseres Aufenthalts verstrichen, als der Förster begann, mich das Pfeifenrauchen zu lehren. Ich erhielt nicht etwa eine kleine Pfeife, sondern eine aus seinem Pfeifenbestand, eine halblange, mit großem, bemaltem Porzellankopf, der viel Tabak faßte. Ich mußte die Pfeife richtig stopfen, nicht zu lose, aber auch nicht zu fest; auch das Anzünden wollte gelernt sein, mit dem Mund am Mundstück, der den Rauch aus dem Pfeifenrohr mit genau bemessenen Zügen saugt. Für die ersten Tage genügte es, wenn ich nach dem Anzünden nur ein paar Züge tat und dann die Pfeife wieder weglegte. Allmählich steigerte sich das Quantum, und der Förster ging mit gespieltem Ernst, mit Lob und Tadel, bedächtig um. Nur zu Anfang wurde mir übel, außer dem Stolz aber hatte ich keinen

wirklichen Genuß und legte die Pfeife bald wieder beiseite.

Das größte Vergnügen für mich waren die Hunde. Es gab drei, eine Familie von deutschen Vorstehhunden, Vater, Mutter und ein minderjähriger Sohn. Alle drei hatten braunes, leicht gelocktes, kurzes Haar und einen hellen Fleck auf der Brust. Der Vater hörte auf den ungewöhnlichen Namen Dan. Er war des Försters Jagdhund. Äußerster Gehorsam, aber auch Liebe, die flehentliche Formen annehmen konnte, verbanden ihn mit seinem Herrn, der ihn streng, doch auch lobend behandelte. Dan war ein ernster, stiller Hund. Solange er zu Hause war, ergriff ihn Aufregung nur, wenn er seines Herrn ansichtig wurde; alles andere, außer sein Fressen, interessierte ihn nicht. Sah man ihn in der Hundehütte oder auf dem Hof, hätte man nie vermutet, daß er draußen auf den Ruf oder Pfiff seines Herrn hin mit unglaublicher Geschwindigkeit auf ein ihm gewiesenes Ziel zurasen konnte. Er lebte erst auf, wenn ihn der Förster mitnahm; um die Hündin und den Sohn kümmerte er sich nicht. Auf unsere Spiele mit ihnen warf er ab und zu einen unbeteiligten Blick.

Die Hündin hatte ebenfalls jagdliche Erziehung genossen, wurde aber nur selten auf die Pirsch mitgenommen. Sie hieß Luise, weil man aber *der* Hund sagt, wurde sie Luis, der Luis, gerufen. Er war zutraulich und nahm ausgelassen an unseren Spielen teil. Nur wenn der kleine Lumpi dabei war, zügelte er sich, wurde auch eifersüchtig, wenn wir zu ihm zärtlicher waren, jederzeit verriet auch er in Haltung und Gebaren seine reine Rasse.

Dan und Luis waren von mittlerer Größe. Aber nur

Luis und Lumpi durften zuweilen ins Haus. Draußen teilten sie mit Dan eine geräumige, in einem Zwinger stehende Hundehütte.

Wahrscheinlich trifft zu, daß die Vorstehhunde in der Entwicklung der Jagdhunde die ersten sind – mich berührte das nicht. Für mich war allein wichtig, daß ich, bei trocknem Wetter draußen, bei Regen im Hausflur, mit Luis und Lumpi spielen und mich mit ihnen auf dem Boden wälzen konnte. Lumpi war ein Ausbund an Ausgelassenheit, Zutraulichkeit und Drolligkeit. Das kräftige und dabei doch weiche Haar des dichten Felles, die patschigen Pfoten, mit denen er, auf dem Rücken liegend, die Lefzen vor Wonne hochgezogen, in der Luft herumfuchtelte – das jaulende Gebell, wenn er sich, weil ich aufhörte, ihn zu kraulen, aufsetzte und mich mit zurückgeworfenem Kopf fordernd ansah – die weiche, kalte Schnauze, das nasse Maul mit den starken, scharfen Zähnen, die meine Hand zwar nahmen, aber nur sanft festhielten, außer, er versuchte ein rasches Zubeißen im Übermut –, das alles bereitete mir helles Entzücken. Vielleicht sind es jene Stunden, die mir mein Unverständnis eingeben, wenn ich höre, daß den Tieren die Seele abgesprochen wird. Natürlich meine ich dabei, daß es im Bereich der Seelen, genau wie in dem der Intelligenz, gewaltige Unterschiede gibt.

Der Förster, das Gewehr am Riemen tragend, nahm mich mit in den Wald. Dan ging bei Fuß, bei unseren gemeinsamen Gängen durfte ich ihn an der Leine führen. Der Förster war gutgelaunt, ihm bereitete es Vergnügen, mir Neues zu zeigen. So konnte es vorkommen, daß er, nicht weit vom Haus des Bauern Pfaff, einen Schrotschuß in dessen Taubenschwarm losließ, was mir großen Eindruck machte. Dann, als wir den Wiesenpfad entlang auf den Wald zuschritten, sprach er von den Kleefeldern, aus denen die Bauern frühmorgens, manchmal auch abends, das Frischfutter für das Vieh holten. Es war Mitte Juli, die Getreideernte war voll im Gang. Er rief den senseschwingenden Leuten Grußworte zu, mich lehrte er auf diesen Gängen, die Getreidearten zu unterscheiden. Der Roggen, hier Korn geheißen, war schon fast geschnitten, er legte mir Ähren mit dem fast grannenlosen, kompakten Körper in die Hand. Neben Korn, dem wichtigsten Brotgetreide, gab es den Weizen, der das feine, teurere weiße Mehl liefern würde, jetzt aber noch in wogender Fülle weite Felder bedeckte. Seine Ähren, schlanker, eleganter, doch ebenfalls nur wenig begrannt, wichen stark von der Ähre der Gerste ab, auch von der des Hafers, den man leicht an seiner zarten Fahnenrispe erkennen konnte.

Doch das war es nicht allein. Er machte auf Tiere aufmerksam, zeigte mir Vögel im Flug oder in den Bäumen sitzend, nannte ihre Namen und beschrieb ihre Eigenarten. Den Raubvögeln galt seine Strenge, aber auch sein Respekt; er sprach vom Habicht, Falken, Sperber, ihren steilen Sturzflügen mit dem blitzschnellen mörderischen Zugreifen; er vergaß nicht die in der Nacht auf Beute ausfliegende Eule, konnte sich nicht genugtun, den herrlichen Flug des Bussards zu loben. Von den Singvögeln erwähnte er Stare, Finken, Meisen, Schwalben, Amseln und Drosseln und den Kuckuck, den wir fast stets, mal nahe, mal weiter weg rufen hörten. Drinnen im Wald sahen wir die blauweißen Flügelfedern des Eichelhähers auf dem Boden liegen. Der Förster ahmte verblüffend ähnlich den Ruf der Vögel nach, doch gelang ihm das helle, freudige Zwitschern der Lerche nicht, hoch oben stand sie in schwirrendem Geflatter.

Der Wald gehörte nicht nur zum Forsthaus, auch zu unserem ganzen Leben in Emmersacker. Die eigentliche Begegnung mit ihm erlebte ich, als wir schon länger da waren und mich der Förster eines Nachmittags allein in den Wald schickte. Er meinte: »Nur so, einfach zum Spazierengehen.« Ich blieb nicht lange fort. Als ich zurückkam, fragte er mich: »Na, hasch z'erst pfiffe un dann g'sunge oder um'kehrd?« Er sah mein Erstaunen und sagte lachend: »D'Angschd. Alle haben, wenn's z'erschd allein im Wald sin', Angschd. Warum soll'sch du keine g'habd habn?«

Nun, ich war beklommen in den dunklen Fichtenforst eingetreten und hatte mir, weiter drinnen, durch Rufen, Pfeifen und Singen die Brust frei gemacht. War die von allen Seiten eindringende Angst nicht jenes urtümliche, panische Gefühl des Bedrohtseins? Im Wald hausten ehedem die Geister, er war das Zuhause wilder Tiere, das Versteck von Räubern, der Schlupfwinkel von Verbrechern und dazu der Schauplatz tosend stürzender Bäume, die Menschen erschlugen. Es umgab mich Stille. Gleichwohl vernahm das Ohr Laute, die aus den verschiedensten Richtungen kamen: das Gehämmer des Spechts; von fernher der Ruf des Kukkucks; der Ruf anderer, mir unbekannter Vögel; das Rascheln im Dickicht, wenn ein flüchtendes Wild aufhuschte; der Wind, dessen sachtes Sausen keinen Augenblick schwieg; Bäume, die sich bei einer leichten

Böe hoch oben aneinander rieben. Doch über alle diese Geräusche weg herrschte die Stille.
Mit federndem Schritt ging ich auf dem weichen, unter einem Nadelteppich verborgenen Waldboden. Manchmal stolperte ich über Baumwurzeln. Ich kam an gestürzten Bäumen vorbei, die mit der Wucht des Falles ihr ganzes Wurzelwerk herausgerissen und damit den Boden klaffend aufgerissen hatten. Vom Wurzelteller, dem noch dem Stamm anhaftenden, schrägliegenden, dicken Gefilz aus lehmiger Erde, Moos und Gras, ragte das Wurzelwirrsal in die Luft. In den dunklen Raum fiel nur spärliches Licht, sei es durch die Wipfel, wo man den blauen, von Wolken durchsegelten Himmel sah, oder seitwärts, vielleicht von einer Lichtung her.
Ein paarmal ging der Förster mit mir in der Abenddämmerung auf den Hochstand. Einmal saßen wir oben und warteten, bis die Rehe auf die Wiese heraustraten. Er schmauchte seine Pfeife, mich stachen die Schnaken, doch ich harrte aus, und meine Aufregung stieg, als zögernd zuerst ein Reh erschien, dann das zweite und dritte den Wald verließen und in dem Kleeacker zu äsen begannen. Der Förster wartete auf den Bock, es wurde allmählich so dunkel, daß ich nichts mehr sehen konnte. An einer Bewegung des Försters merkte ich, daß jetzt auch der Bock herausgekommen war. Aber gerade da hörten wir ein Fuhrwerk sich nähern, mit dem ein Bauer noch Futter für seine Kühe holen wollte. Die Rehe flüchteten, Förster Knörzinger war aufgebracht und fluchte, wir stiegen die Sprossen des Hochstandes hinab und gingen mißmutig heim.
Ein andermal saßen wir auf dem Hochstand und sahen,

wie das Licht in das samtene Grau der Dämmerung überging. Unweit war am Tag Weizen geerntet und eingebracht worden. Die erst mit der letzten Fuhre beendete Unruhe hielt die Rehe lange davon ab, sich aus dem Wald herauszubegeben. Endlich war es soweit, sie kamen. Da, als der Förster mit gespannter Aufmerksamkeit durch das Fernglas sah, um gleich nach dem Gewehr zu greifen, überkam mich ein rasendes Verlangen, den Kuchen loszuwerden, von dem ich gegessen hatte. Der kalte Schweiß stand mir auf der Stirn, nur mit großer Mühe kletterte ich die Leiter hinunter. Von da ab nahm mich der Förster abends nicht mehr zur Pirsch mit.

Doch das war nicht das einzige Mißgeschick, mit dem ich dem Förster das Leben schwermachte. Einmal, als wir vormittags in den Wald gingen, hatten wir vergessen, für Dan die Leine mitzunehmen. Das war zunächst nicht schlimm, der Hund hielt sich brav bei Fuß. Als wir in den Wald kamen, nahm der Förster sein großes Schnupftuch, zog es, zu einem Strang gefaltet, durch das Halsband des Hundes und gab mir die zwei Enden zum Halten, so daß der Hund dicht neben mir ging. Damit man meine Schritte nicht hören konnte, trug ich an diesem Tag keine Schuhe, sondern zwei Paar dicke Wollsocken, mit denen ich ohne jedes Geräusch über den Waldboden schlich. Jäh hielt der Förster an, er hatte ein Wild gesehen und gab, ohne sich umzuschauen, mit der Hand dem Hund ein Zeichen zum Niedersitzen. Aber auch der Hund hatte das Tier gesehen. Einen Laut ausstoßend, sprang er auf, warf mich um, entschlüpfte der provisorischen Leine und schoß, ohne auf die Rufe seines Herrn zu hören, davon. Wir vernahmen noch lange sein Jaulen, bis wir nichts mehr hörten. Als wir sicher sein konnten, daß er das Tier nicht erwischt hatte, gingen wir ohne Dan nach Hause. Der Förster war aufgeregt, für mich hatte er nicht viel Schelte. Er sprach davon, daß der Hund, weil er den Gehorsam verweigert habe, erschossen werden müsse. Die Försterin weinte. Gegen Abend kam Dan angeschlichen. Er wurde nicht erschossen. Der Förster nahm ihn in die Waschküche und strafte ihn. Er tat es nicht jähzornig, doch in einer Bedrücktheit, wie ich sie an ihm nicht kannte. Er sprach zu dem Hund kein Wort, ließ ihm nichts zum Fressen geben und hielt ihn bis zum anderen Morgen in der Waschküche eingesperrt.

Bei einem anderen Pirschgang sah ich mich in ein Geschehen verwickelt, das meine Haltung zur Jagd von Grund auf veränderte. Es war wieder ein Vormittag, als ich den Förster begleitete, diesmal aber den Hund sorgsam an der Leine führte. Der Förster sah ein junges, anscheinend krankes Reh, das ihm wohl schon von früheren Pirschgängen her bekannt war. Diesmal machte er kurzen Prozeß und schoß. Ich kniete hinter ihm und paßte auf Dan auf. Da ich nach vorne keine Sicht hatte, bemerkte ich erst jetzt, daß etwas nicht in Ordnung war. Der Förster befahl mir, den Hund nicht loszulassen, aber mitzukommen. Er hatte das Reh nicht tödlich getroffen, es lag auf der Seite, den Kopf mit dem schlanken Hals am Boden ausgestreckt. Wo der Schuß das Tier verletzt hatte, konnte ich nicht sehen, nur mit Mühe vermochte ich den vor Aufregung zitternden und japsenden Hund festzuhalten. Was jetzt kam, prägte sich mir für immer ein. Der Förster war niedergekniet, hatte aus der rechten Gesäßtasche den Knikker, ein langes, feststehendes Messer gezogen, mit der linken Hand drückte er das hastig atmende Tier fest an den Boden, mit der rechten stieß er ihm das Messer zwischen den Schulterblättern ins Genick. Vor dem letzten Aufzucken hob das Reh den Kopf und wendete ihn uns zu. Es war der Ausdruck seiner Augen, der mich für alle Zeiten für die Jagd untauglich machte.

Seine sonst gelassene Haltung verlor Förster Knörzinger, als sich die Geschichte mit dem Forsteleven ereignete, der seine praktische Lehrzeit in Förstereien des Fürsten Fugger verbrachte. Wir Buben hatten so gut wie keine Berührung mit dem jungen Mann. Zwanzig- oder zweiundzwanzigjährig, lang aufgeschossen, war er mager und blaß, hinter dicken Gläsern einer Stahlbrille sahen einen wäßrige Augen an, Jacke und Hose schlotterten an der hageren Gestalt – kein Anblick, der dem Förster Spaß machte. Er durfte ein Gewehr tragen und wohl auch auf niederes Wild und Greifvögel schießen, dagegen war ihm die Jagd auf alles andere untersagt. Eines Tages schoß er auf einen Rehbock, traf ihn aber nicht richtig. Wahrscheinlich verletzt, flüchtete der Bock und mußte gesucht werden. Kurz vor zwölf Uhr mittags, als wir uns gerade zu Tisch setzen wollten, kam der Eleve, totenblaß, bat den Förster heraus und erstattete Bericht. Mit Dan an der Leine zogen sie los, es durfte niemand mit. Die Försterin war außer sich. Sie wußte, welche Folgen das Vergehen für den jungen Mann und sein berufliches Fortkommen haben konnte, ängstigte sich aber vor allem um ihren Mann, den, wie sie fürchtete, in der Erregung der Schlag hätte treffen können. Erst am späten Nachmittag kamen sie mit dem toten Tier zurück. Sie betraten die Waschküche, und hier entlud sich in brüllendem Geschrei, was sich an Wut, Entrüstung, aber auch Gram angesammelt hatte, denn der Förster mußte sich für den ihm anvertrauten Jungen verantwortlich fühlen. Es war nicht auszumachen, ob er ihn schlug. Aber abends verließ der Eleve weinend die Försterei. Ich saß mit der schluchzenden Frau Knörzinger in der Küche und wußte, daß jetzt ihr Mitgefühl und ihre Sorge dem unglücklichen jungen Mann galten. Doch was immer es gewesen sein mochte, vielleicht Verständnis für eine Jagdlust, vielleicht die Vorstellung, was für sein eigenes Gewissen die unehrenhafte Entlassung des Forstlehrlings bedeuten würde – kurz, der Förster verzichtete auf weitere Schritte.

Frau Knörzinger verpflegte uns auf das beste. Bestrich sie eine Scheibe Brot mit Butter, so konnte von einer hernach senkrecht gestellten Messerfläche keine Rede sein. Obendrein gab es auf die Butter noch Marmelade oder Gelee.

Mein Schlafzimmer war einer der kleinen Räume im Erdgeschoß und lag der Küche gegenüber. Der Frau Försterin diente er als Speisekammer für ihr Eingemachtes. Die mit Gurken, Marmeladen und Gelee der verschiedensten Arten gefüllten Gläser standen auf einem Holzregal an der Wand hinter dem Fußende meines Bettes. Wenn ich im Bett lag, sahen mich abends vor dem Einschlafen die vollen Einmachgläser an. Lange Zeit fiel mir das nicht auf. Doch einmal, an einem Abend, wurde ihr Blick, obwohl ich vom Essen her satt war, stechend. Das Glas, das mich am schärfsten musterte, barg, wie es auf dem weißen Etikett hieß, Johannisbeergelee. Es strahlte einen rötlich glasigen Glanz aus und verhieß hohe Süße. Dieses Glas hatte es auf mich abgesehen, denn der Blick verdichtete sich zur Hypnose. Er drang auf mich ein mit der Frage: Wie willst du beurteilen, ob ich ein einfaches oder ein besonders gutes Johannisbeergelee bin, solange du nicht weißt, wie ich schmecke? Schließlich erlag ich. Ich stand auf, griff mir das Glas und band das Pergamentpapier auf, mit dem es verschlossen war. Dann ging mein Zeigefinger vom Rand her an die leicht federnde, sich kühl anfühlende Fläche des Gelees heran. Das bißchen Kerzenlicht gab nicht genügend Helle, der Finger glitt ins Innere. Ich zog ihn heraus und schleckte ihn ab. Dann versuchte ich, die Oberfläche, so gut es eben ging, wieder einzuebnen und stülpte auch das Papier wieder über das Glas.

Von da an geschah jeden Abend das gleiche, nicht sofort, immer erst nach schwerem inneren Ringen. Auch bei Tag trat an die Stelle ruhigen Gewissens ein quälendes Schuldgefühl. Der Inhalt des Glases nahm ab, ich konnte der Frau Försterin nicht mehr gerade in die Augen sehen. Natürlich stellte ich jedesmal das unheilvoll lockende Glas in die hintere Reihe. Es ging auf das Ende unseres Aufenthaltes zu, – das Glas war leer. Ich empfand es als Güte des Schicksals, daß die Sache nicht aufgedeckt wurde. Wahrscheinlich hätte die gute Frau Försterin gelacht. Doch ich litt unter der Schande, gestohlen und sie betrogen zu haben, ein ungutes Geheimnis, dessen Last mich eigentlich nie ganz freigegeben hat.

Das Leben im Forsthaus Emmersacker hatte mich weit mehr mit Freuden bedacht als in Bedrängnis gebracht.

Es war eine glückliche Zeit. Für Eugen sah wohl manches anders aus. Sicher spielte auch hier der zwischen uns bestehende Altersunterschied eine Rolle, zumal er andere, weit greifende geistige Ansprüche hatte. Hier lebte er in der ländlichen Stille, ohne die Freunde, die ihm die Rolle des Primus inter pares zuerkannten. Er war auf sich angewiesen, sprach wenig, las viel, eigentlich immer. Bei aller ihm geläufigen Höflichkeit blieb er kühl, auch wenn die Förstersleute alles taten, um es dem nervösen Stadtkind erträglich zu machen. Beim dritten, für mich letzten Mal war er nicht mehr dabei.

VATER, MUTTER UND VERWANDTE

Vater war von mittlerer Größe, in unserer Kindheit schlank und behend, mit festem, wie ein Freund sagte, frischem Gang. Er hatte ein breites, rundes Gesicht mit einem leicht aufgezwirbelten Schnurrbart. Unter geraden, dunklen, nicht buschigen Augenbrauen lagen lebendige, schwarzbraune Augen. Die Nase war gut geschnitten. Der vom Schnurrbart fast verdeckte Mund war schmallippig. Ein wohlgeformtes, eher kleines Kinn gab dem Gesicht eine angenehme Rundung; über der ziemlich hohen Stirn war das nicht schwarze, aber doch dunkle Haar so nach oben und zurück gekämmt, daß es ohne Scheitel locker fiel. Vom Haar zwar gut verdeckt, gab es eine runde Stelle, die, etwas wund und schorfig, ihn immer irritierte.

Abgesehen von seinem Heimathaus in Achern und seinen Eltern wußten wir von seiner Vergangenheit so gut wie nichts; er sprach nie darüber, er sprach überhaupt nicht von sich selbst.

Er wurde am 6. November 1869 geboren, in dem Städtchen Achern, das am Fuße der Hornisgrinde gelegen ist, dem höchsten Berg des nördlichen Schwarzwalds. Sein Vater war der Lithograph Stephan Berthold Brecht (1839-1910), seine Mutter (1839-1919), eine geborene Wurzler, hieß mit Vornamen Karoline und wurde vom Großvater ›Karlin‹ gerufen.

Da der Lithograph eine siebenköpfige Familie zu versorgen hatte, konnte Vater nur die Volksschule besuchen. Auf eine kaufmännische Lehre in Oberbayern folgte die weitere Ausbildung in einer Stuttgarter Pa-

Die Mutter Sophie Brecht geb Brezing, 1896

Der Vater Berthold Friedrich Brecht, 1896

piergroßhandlung. 1893 trat er als Kommis bei der Papierfabrik Haindl in Augsburg ein.
Seine Heirat mit Sofie Brezing, unserer Mutter, fand im Mai 1897 statt. Einen Tag zuvor wurde die Wohnung im ›Haus auf dem Rain Nr. 7‹ bezogen, wo im Jahr darauf, am 10. 2. 1898, Eugen zur Welt kam. Eine Feilenhauerei, unten, zu ebener Erde, machte unerträglichen Lärm. Im September desselben Jahres zog man daher in den zweiten Stock des schön gelegenen Hauses ›Bei den sieben Kindeln Nr. 1‹, wo ich geboren wurde, am 29. 6. 1900.
Vaters beruflicher Aufstieg war beachtlich. Am 1. Januar 1901 wurde er zum Prokuristen ernannt, schon vorher, am 12. September 1900, hatte man ihm die Verwaltung der vier Stiftungshäuser übertragen und ihm in deren erstem eine geräumige Wohnung überlassen. Das alles stärkte sein Selbstbewußtsein. Hatte ihm die Toleranz erlaubt, als Katholik eine Protestantin zu heiraten, die Heirat in einer protestantischen Kirche zu vollziehen und die kirchliche Erziehung der Kinder in die Hände ihrer protestantischen Mutter zu legen, so durfte er es als besonderen Beweis des Anerkanntwerdens betrachten, daß er dennoch in die Leitung eines Unternehmens aufrückte, dessen Besitzerfamilien katholisch waren und bis dahin nur leitende Angestellte katholischer Konfession beschäftigt hatten. Ein weiteres Zeichen für die ihm entgegengebrachte Wertschätzung war, daß er zum Verfasser der Firmenchronik bestimmt wurde; das bewies doch, daß man seine Fähigkeit, Sach- und Zeitbezüge zu erfassen und sie sprachlich eindrucksvoll zu formulieren, erkannt hatte.

Es gehörte zu den Selbstverständlichkeiten unseres Lebensgefühls, daß der Vater den Inhabern der Papierfabrik Haindl, den Herrn Friedrich und Clemens Haindl, in verantwortungsbewußter Treue ergeben war. Wie er seinerseits vom Hause Haindl beurteilt wurde, geht aus den Zeilen der Gedenkschrift hervor, die zur Feier des hundertjährigen Bestehens der Haindlschen Papierfabriken 1959 herausgegeben wurde. Dort heißt es:

»Er war ein prachtvoller, lebens- und arbeitsfroher und dabei immer schlichter und warmherziger Mann, umsichtig, von außerordentlichen geschäftlichen Fähigkeiten und nie versiegendem Takt, ein glänzender Unterhalter, der Freundschaften für sich und seine Firma gewann, die über Generationen Bestand hatten.«

Daß dies nicht bloß ein Lippenbekenntnis war, wurde schon viele Jahre zuvor durch die Haltung bewiesen, mit der man dem Mitarbeiter in schweren Tagen beistand. Im Juni 1926 bekam die Geschäftsleitung einen Brief, unterschrieben »Ihre Angestellten und Arbeiter«, in dem unter unflätiger Beschimpfung von Bertolt Brecht und seinem »moralisch und sittlich ebenso verkommenen Vater« dessen Entlassung gefordert wurde. Diesen Brief händigte Kommerzienrat Haindl unserem Vater mit dem Bemerken aus, er möge ihn vernichten.

Im ›Geschäft‹, der Stätte seiner Arbeit, hieß es von ihm, daß er zwar bestimmt, aber zu allen Angestellten kameradschaftlich gewesen sei, ein »menschlicher Mann«, der sich nicht nur seiner Tüchtigkeit, sondern auch seiner Offenheit, Unvoreingenommenheit und seines Humors wegen hoher Beliebtheit erfreute.

Im Gespräch mit Freunden vermied er es zu philosophieren, jedoch äußerte er mit Nachdruck, daß es in religiösen Dingen jeder so halten könne, wie es ihm richtig erscheine. Er selbst nahm an keinen Gottesdiensten teil, wandte sich aber nie gegen die Kirche.
Er war im politischen Sinne bürgerlich-liberal, dabei national und patriotisch gesinnt. Bei aller Toleranz zeigte er in der Familie, zwar unausgesprochen, aber deutlich genug den Wunsch nach Autorität. Wir empfanden das nicht als einengenden Zwang, sie gehörte einfach zu Vaters Persönlichkeit, die uns keineswegs schulmeisterlich erschien, dazu war er viel zu gelöst und umgänglich. Doch hinter all dem blieb manches verborgen. So ging ihm die Fähigkeit des Zärtlichseins ab. Auch mußten wir hin und wieder erleben, daß aus der gewohnten Beherrschtheit der Jähzorn ausbrach.
Als ich vielleicht fünf Jahre alt war, nahm ich einmal aus dem Schirmständer im Vorplatz einen von Vaters Spazierstöcken und entfernte mich. Man suchte mich lange, es wurde sogar die Polizei verständigt. In der Jakobervorstadt griffen sie mich auf, ich war allein mit dem langen, schweren Spazierstock, der eher ein Hemmnis als ein Helfer gewesen zu sein scheint. Wieder zu Hause, wurde ich das Opfer einer im Jährzorn verabreichten Strafe. Da gab es keinen Ausgleich zwischen Vergnügen und Entgelt; die Waagschale senkte sich so tief herab, daß ich das nie vergaß.
Doch alles erfuhr eine Auflockerung durch die von Mama ausgeübte Erziehung, bei der es nur liebevolle Mütterlichkeit gab, der es gleichwohl nicht an der von Geduld und Güte gelenkten Bestimmtheit fehlte.
Mama kümmerte sich um unsere Schulaufgaben und

lernte mit uns, begab sich auch, wenn es sein mußte, zu den Lehrern. Das galt nicht nur für die Volksschulen. Eines Nachmittags kam sie von einem Besuch in der Oberrealschule weinend zurück, denn Professor Maiberger hatte meiner Zukunft ein düsteres Horoskop gestellt und gemeint, ich würde niemals »dicke Brettlein bohren«. Und das war an dem Tag geschehen, als mein gleichaltriger Vetter Fritz aus dem Realgymnasium mittags ein brillantes Zeugnis heimgebracht hatte und seine Mutter eilends gekommen war, um ihrer Schwester strahlend davon zu berichten.

Vater schritt selten anders ein, als daß er ungute schriftliche Mitteilungen aus Oberrealschule und Realgymnasium murrend mit der als Zeichen der Kenntnisnahme verlangten Unterschrift versah und die Schreiben zurücksandte.

Mama war sich bei ihrer erzieherischen Fürsorge, die auch die freundlich gepflegten Beziehungen zu den Pfarrern der Barfüßerkirche einschloß, der Zustimmung von Papa sicher. Dennoch war seine Haltung zu Mama nicht ohne weiteres zu deuten. Ohne Zweifel war er von Liebe für sie erfüllt. Doch das vom Alltag bestimmte nüchterne Verhalten stand ihm im Weg. Hinzu kam die Scheu, Gefühle zu zeigen, und das Wissen um das zum Aufbrausen neigende Temperament, was ihm Beherrschung und Zurückhaltung abverlangte.

Da er der Krankheit, die er als fremd und feindlich empfand, ablehnend gegenüberstand, war er hart gegen sich selbst. Er klagte nie, auch damals nicht, als ihn die Magengeschwüre plagten. Es muß daher nicht leicht für ihn gewesen sein, als er Mamas von Operation zu

Operation fortschreitendem Leiden Sanftheit entgegenbrachte. Daß ihm dies über all die Jahre hinweg gelang, war der bewundernden Verehrung zuzuschreiben, die er für seine Frau empfand, denn in ihr fand er, was ihm mangelte: Aufgeschlossenheit für Geistiges, Philosophie, Literatur, vor allem für Lyrik. Auch war bei ihr alles in das Gütig-Zarte gehüllt, das ihr Wesen ausmachte und ihm als Ergänzung zu seiner Art zutiefst willkommen sein mußte. Wer immer mit Mama in Berührung kam, spürte den angeborenen, aus der Bescheidenheit ihrer Umgebung und ihres Auftretens faszinierend hervortretenden Zauber einer vornehmen Frau. Sie konnte lächeln, ja herzhaft lachen, wenn ihr etwas Freude machte. Es half ihr, daß Vater eine kräftige Ader für Humor besaß.

Man weiß, daß er musikalisch war und gerne sang. Da er keine Gelegenheit gehabt hatte, ein Musikinstrument zu erlernen, und auch Mama Musik mochte, ließ er uns Buben Unterricht erteilen. Eugen bekam Klavier-, Flöten-, Violine- und Gitarrenunterricht, ich lernte Klavier- und Gitarrespielen. Beide versuchten wir uns auch auf der Mundharmonika, brachten es aber nicht weit und beneideten die anderen, die das einfache Instrument virtuos spielten.

Vater schenkte uns ein Eichhörnchen, das im Garten unter dem hinteren Kastanienbaum in einem großen Käfig hauste, aber nie zahm wurde. Wir hatten Hasen, bis die Geschichte mit dem Einbruch in den Klostergarten passierte. Wir durften Laubfrösche halten, und Vater hatte, allerdings erst später, in seinem Hund Ajax einen guten Freund.

Vater ging gerne aus, ob es nun die Liedertafel, der

Anglerverein oder ein Kreis von Kartenspielern war, bei denen er sich entspannte. Er wirkte an festlichen Veranstaltungen der Vereine mit. In der Faschingszeit wurden in der Liedertafel, oben im Café ›Kernstock‹, von Vaters Freund, dem Augsburger Stadtkämmerer Hagg, verfaßte Märchenspiele für Kinder aufgeführt; wir Buben wirkten mit und trugen prächtige Maskenkostüme.

Von einem Ball im luxuriösen Hotel ›Drei Mohren‹ erzählte eine Dame, die zu einer von Vater betreuten Tischrunde gehört hatte, daß er fröhlich gewesen sei und als vortrefflicher Gesellschafter den Tisch unterhalten habe. Man sah, daß er am Leben Freude hatte. Seine Gescheitheit, sein geistreicher, nie trivialer Witz und seine charmante Umgänglichkeit machten hier wie überall das Fehlen einer schulischen Weiterbildung völlig vergessen. Er war eine charaktervolle Erscheinung. Ein Mann in gehobener Stellung, doch frei von direktorialen Allüren, der aber wußte, was er wollte, und seinen Freunden ein guter Freund war.

So zeigt das Bild des Vaters unterschiedliche Züge. Er erschien der Familie anders als den Bewohnern der von ihm verwalteten Stiftungshäuser, anders als den Mitarbeitern und den Chefs der Firma, und wieder anders den Bekannten und Freunden in der Gesellschaft.

Vater ist in seinen späteren Jahren zwar nicht dick geworden, hatte aber doch an Leibesfülle zugenommen. Von stämmiger, nahezu robuster Statur, korrekt, doch leger gekleidet, bot er die Erscheinung aufrechter, sympathischer Bonhommie. Sein Verhalten war warmherzig geworden, ja er verlangte nach Zärtlichkeit. Er

Die Großeltern in Achern
Karoline Brecht und Stephan Berthold Brecht

zeigte eine Hilfsbereitschaft, die rührende Züge annahm.
Er verhalf unserem jüngeren Vetter Richard zum Universitätsstudium in München, besuchte ihn und ermöglichte ihm Theater- und Konzertbesuche. Er lud ihn zur Aufführung der ›Dreigroschenoper‹ ein, und da ihm seine Schuhe nicht gefielen, kaufte er ihm Lackschuhe. Nach Richards Promotion ließ er ihn an einer Mittelmeerreise mit Freunden teilnehmen, und als das Schiff in Konstantinopel einlief, wurde vom Pier her gerufen: »Herr Doktor Reitter aus Augsburg!« Ein Geschäftsfreund Vaters holte die jungen Leute mit dem Auto ab und führte sie zu den Sehenswürdigkeiten der Stadt.
Hilfe wurde vor allem Eugen zuteil. Vater ließ seine Manuskripte auf der Maschine schreiben. Die Sekretärinnen, Fräulein Israng und Fräulein Daigl, benutzten dazu ihre Freistunden im Büro. Sie nahmen zwar an der manchmal, z. B. beim ›Baal‹, ins Obszöne gehenden Sprache Anstoß, fanden aber den Autor, wenn er sich sehen ließ, sehr höflich und meinten, daß es für Vater in dessen Stellung als Direktor eines streng konservativen Unternehmens nicht leicht sein könne, mit der Arbeit seines Sohnes zurechtzukommen. In der Fabrik gelte der junge Brecht als der verlorene Sohn eines angesehenen Vaters.
Das war lange nach unseren Kinder- und Jugendjahren. In einer politisch gefährlichen, unruhigen Zeit ebnete ihm Vater trotz seiner eigenen ganz und gar bürgerlichen Überzeugung durch seine Beziehungen manche Wege. Er förderte Eugen materiell und hielt dem Sohn stets, wo immer der war, das Haus offen.

Vielleicht gewinnt Vaters Bild an Prägnanz, wenn man sich nach seinen Vorfahren umschaut, sein Elternhaus mit dem Kreis der Brüder und Schwestern zu beschreiben versucht und damit den Blick von Augsburg löst und dorthin richtet, wo Vater aufgewachsen ist.
Achern, seine Heimatstadt, hatte um die Jahrhundertwende etwa 4000 und auch 1910 noch nicht mehr als 5000 Einwohner. Achern, die Umgebung mit dem sich ostwärts in blauem Höhenlicht erstreckenden Schwarzwald, war auch uns Kindern mit dem Brechthaus, den Großeltern und den Nachbarn zu einer zweiten Heimat geworden, die allerdings nur in zeitlichen Abständen und mit jeweils begrenzter Dauer erlebt wurde.
Wir waren mit Vater in Achern, auch im Januar 1910 zu Großvaters Beerdigung, verbrachten dort die Sommerferien und waren dabei, als die Verwandten zu festlichen Familientreffen aus Amerika kamen und selbst Mama nicht fehlte, die in dieser Zeit im Haus Wilhelmshöhe, westlich von Achern auf einer parkähnlichen Anhöhe, wohnte. Von 1910 bis 1914 war ich in den Sommerferien allein bei der Großmutter, Aufenthalte, die mit dem Beginn des Krieges am 1. August 1914 für immer ihr Ende fanden.
Das Großelternhaus stand mitten in der Stadt, an der Hauptstraße, wo am frühen Morgen eines jeden Dienstags und Samstags die bäuerlichen Stände für den Wochenmarkt aufgeschlagen wurden. Zu unserem Vergnügen lief vor der dem Haus gegenüber liegenden Straßenseite ein schmales, seichtes Bächlein, das uns fürs Barfußlaufen angenehme Dienste erwies, auch wenn es dafür gedacht war, bei Feuer Wasser zum Lö-

schen zu liefern, das in Kübeln, die in jedem Hausflur hingen, in langer Kette weitergereicht wurde.
Das ansehnliche Bürgerhaus, eines der ältesten Häuser Acherns, war schon bei Vaters Geburt seit Generationen in Familienbesitz. Zweistöckig, etwas in die Straße hineingebaut, ließ es von den straßenwärts gelegenen Eckfenstern des ersten Stockes den Blick nach Osten wie nach Westen frei die Hauptstraße entlang schweifen. Das galt besonders für das Schlafzimmer der Großeltern, das, nach Osten gelegen, mit dem erkerhaften Eck den Blick über die Häuser weg bis zur Hornisgrinde freigab. Früher war das Haus von der Familie Brecht allein bewohnt worden. Vaters Vater Stephan Brecht hatte die Räume seiner Steindruckerei im unteren Stockwerk inne, in das, von der Hauptfront des Hauses aus, ein paar Stufen in einen Flur führten. Der Flur stand nach hinten, dem Hof zu, offen, so daß er auch von dort sein Licht erhielt. Über der Eingangstür stand in einem gegen den rauhen Wandverputz zurückgenommenen glatten Rechteck groß und deutlich

Steindruckerei von S. B. Brecht

Die Werkstätten nahmen auch Räume im ersten Stockwerk ein; später, hinten im Hof, waren sie in einem niederen Schuppen untergebracht. In den Hof gelangte man auch durch eine rechts vom Hauseingang gelegene Toreinfahrt. Als das Erdgeschoß an die Familie Otto Kleber vermietet wurde, wohnte sie links vom Flur und betrieb rechts ein Ladengeschäft für Schreibwaren. Es gehörte auch eine Buchbinderei dazu, deren Werkstatt im Hof an die Stelle der ehemaligen Steindruckerei trat.

In die Wohnung Brecht kam man vom unteren Gang aus über die Treppe zu dem geräumigen oberen Flur, von dem es nach links in das Wohnzimmer ging, an das das großelterliche Schlafzimmer mit dem schönen Ausblick grenzte; rechts, zur Straßenseite hin, lagen zwei weitere Zimmer. Dem Hof zu schloß sich die große Küche an, und dann betrat man die Veranda, die, wie die Veranda unten, links hinten den Abort hatte.
In dem behaglichen Wohnzimmer, an dessen Wänden viele Familienfotografien hingen, nahm die linke hintere Ecke ein grüner Kachelofen ein, neben dem, mit dem Tisch und den Stühlen davor, ein langes Sofa stand.

Wie es alle Jahre geschah, waren wieder einmal die Verwandten zusammengekommen, aus New York, Brooklyn, aus Augsburg, Görlitz und Freiburg, und die Erwachsenen saßen um den Tisch, vor sich den Kaffee und den Sandkuchen, dessen mürber und dennoch nicht trockener Teig von den vielen Eidottern goldgelb war – Großmutter genoß wegen dieses Kuchens Berühmtheit. Als sie also so dasaßen und eine Redepause eintrat, zeigte unser Vater auf einen Blumenstock, der auf der Kommode zwischen den beiden Fenstern stand. Dieser Blumenstock hatte es ihm angetan. Er war von Tante Fanny Wurzler, der betagten Schwester unserer Großmutter, aus Freiburg mitgebracht worden, wo sie als ehemalige Hauptlehrerin von ihrer Pension lebte. Der Blumenstock trug künstliche Blumen. Wie die Blätter waren sie aus Wachs, ihre Art nicht deutlich erkennbar, und das Ganze, obwohl gut gemeint, von naiver, betörender Scheußlichkeit. Vater also zeigte auf den Blumenstock und sagte: »Wenn es wirklich einmal so kommen sollte, daß das Haus mit seinen Einrichtungen, dem ganzen Hausrat und allem Drum und Dran unter uns Nachfahren aufgeteilt werden muß, dann möchte ich nur eines, diesen Blumenstock, sonst nichts.« Onkel Karl, der Vater um Jahre überlebte, hat das oft erzählt.

Uns Kindern war das wichtigste Möbelstück im Wohnzimmer der Schaukelstuhl, der sich zwischen der Tür und dem Kachelofen befand. Auf diesem Stuhl zu sitzen, fest auf die Armlehnen gestützt zu schaukeln, war eine hochbegehrte Sache, um die es viel Streit gab, und die manchmal so vehement betrieben wurde, daß sich der Stuhl samt dem Insassen nach hinten überschlug.

Weniger Spaß machte es, nachts, mit der brennenden Kerze in der Hand, die Küche zu betreten, vielleicht um ein Stück Brot zu holen oder ein Glas Wasser zu trinken. Sobald man eintrat, stoben Hunderte von Schaben in alle Richtungen auseinander, unter die Schränke in ihre Löcher. Sie waren mit den damaligen Insektiziden nicht zu bekämpfen, galten zudem als harmlos, jagten uns aber als Dämmerungs- und Nachttiere, die man am Tage nicht zu Gesicht bekam, Schrecken und Ekel ein, weil sie düster gefärbt und platt waren.

Mit dem hinter dem Haus gelegenen, durch den unteren Flur und die Toreinfahrt erreichbaren Hof verbinden sich wechselvolle Erinnerungen. Einmal kam ich dazu, wie sich Steven, der mit seiner Mutter, unserer Tante Fanny, und seiner Schwester Rosalie besuchsweise aus Brooklyn gekommen war, ein stiller, sanfter Bub von vielleicht sechs Jahren, anschickte, Nelli, den kleinen, weißen Foxl der Großeltern, von der Veranda in den Hof zu werfen. Nelli hatte, als ich eingriff, den Wurf schon einmal überstehen müssen.

Froh macht der Gedanke an den Birnbaum auf der linken Hofseite, Großvaters Stolz, weil er zweierlei Arten von großen, wohlschmeckenden Birnen trug. Die eine hieß Pfundbirne und war nicht ganz so fein. Die andere, Paulusbirne genannt, besaß eine besonders elegante Form, zudem war sie süß, saftig und fest im Fleisch.

Damals hielten sich die Bürgerfamilien noch ein Schwein, und da die Großmutter nicht nur für die Familie, sondern auch für die beim Großvater arbeitenden Gesellen kochte, trugen die Abfälle wesentlich zur Schweinemast bei. Der Schweinestall stand neben dem Birnbaum. Im Spätherbst wurde geschlachtet, und Großvater sandte seinen Söhnen Berthold und Karl in Augsburg eine stets sehnlich erwartete Kiste mit Fleisch und Würsten, und überdies, zur Freude aller, lagen Birnen vom Baum im Hof dabei.

Uns wurde erzählt, wie das ehedem war, als allmorgendlich der städtische Schweinehirt kam und, ins Horn stoßend, die Schweine abholte und auf den Gemeindeanger zur Weide führte. Über Intelligenz und Schlagfertigkeit des Schweinehirten Bolian liefen mancherlei Anekdoten um: Bolian trank zu viel und wurde deshalb als Gemeindehirt entlassen. Als er gefragt wurde, wie es denn nun mit ihm weitergehe, antwortete er: »Das Amt kann man mir nehmen, das Wissen nicht.« Um ihm einen kleinen Verdienst zukommen zu lassen, betrauten ihn die Bauern der Umgebung damit, ihr Vieh zum Acherner Schlachthof zu führen. Eines Tages zog er mit einem Ochsen am Strick durch die Stadt. Der Bürgermeister, der ihm begegnete, fragte ihn, und meinte einen Witz zu machen: »Na, wo geht denn ihr zwei hin?« Bolians Antwort, so laut gesprochen, daß es viele Passanten hören konnten: »An anderen vorbei, Herr Bürgermeister.«

Ebenso von Acherner, wenn auch von ganz anderer Art, war unser Großvater, Vaters Vater, Stephan Berthold Brecht. Er und Großmutter erfüllten das Haus in der Hauptstraße mit ihrer Persönlichkeit. Großvater genoß als Haupt einer alteingesessenen Familie Ansehen und Beliebtheit. Er zählte zu den Honoratioren und war bekannt für seine lithographischen Leistungen, die ihn als versierten Zeichner von Geschmack mit Sinn für Werbewirksames auswiesen. Was er hervorbrachte, waren mit äußerster Akribie gezeichnete Stammbäume, auch Wappen, die dann Wein- und Bierkrüge zierten, vor allem Etiketten für die Flaschen von Weinen verschiedenster Provenienz. Seinem Schaffen fehlte alles Grobe, er war ein feinsinniger Lithograph mit Fähigkeiten, die über das Kunstgewerbliche hinausgingen.

Sein Vater, unser Urgroßvater Michael Brecht, hatte als Hauptlehrer in dem Schwarzwalddorf Sasbachwalden in dem mitten im Ort auf einem Felsen errichteten Schulhaus gelebt und unterrichtet. Seine Mutter, die Tochter des Medizinalrats Mees, stammte aus Karlsruhe.

Mütterlicherseits war unser Urgroßvater der aus einer Sasbacher Familie hervorgegangene Bernhard Wurzler, zu dessen Zeit die Sasbacher Schuhmacher das Leder zuschnitten und mit den gefertigten Schuhen die Bevölkerung eines großen Teils des Landes versorgten. Auch Bernhard Wurzler stammte aus einem Schuhmacherhaus, war selber ein Meister des Faches und führte das Ladengeschäft im Brechthaus in der Hauptstraße. Von ihm weiß man, daß er sich den Aufständischen der 48er-Revolution angeschlossen hatte und dafür im Gefängnis büßen mußte, als mit dem Zusammenbruch der Revolution die Preußen kamen.

Großvater, eine stattliche Erscheinung, größer als mittelgroß, trug im Freien einen schwarzen Tuchhut, der sein freundliches, schnurrbärtiges Gesicht beschattete. Immer gut angezogen – helle Hose, dunkle Jacke –, trug er über der Weste eine lange, schwere, goldene Uhrkette. Zum Gehen benutzte er einen Stock, als er in späteren Jahren zeitweise mit quälenden Gichtanfällen zu tun hatte; und doch war er ein lebensfroher Mann, der gutes und reichliches Essen liebte, an dem es im Hause Brecht auch dann nicht fehlte, wenn wegen Mangel an Aufträgen Gesellen entlassen werden mußten. In guten Zeiten arbeiteten in der Steindruckerei bis zu acht Gesellen.

Natürlich liebte er auch den Wein. Er trank ihn bei Tisch und beim Dämmerschoppen, an dem er im Gasthaus ›Adler‹, solange es seine Gesundheit erlaubte, täglich teilnahm. Man darf nicht vergessen, daß Achern am westlichen Rand des Schwarzwalds in einem Weinland liegt, und wo es Wein gibt, wird er auch getrunken; auch pflegt das Essen gut zu sein, besonders, da vom Elsaß und noch von weiter her französisches Aroma feiner Küche hereinwehte.

Die Stammtischrunde im ›Adler‹ huldigte dem freien Geist politisch lebhaft bewegten Bürgertums, zu Kritik geneigt, ja, was z. B. die Verhältnisse in Elsaß-Lothringen anlangte, zu lautstarker Auflehnung, ohne daß jedoch der Rahmen gesitteter, sogar mit Nachdruck geforderter Ordnung im eigenen Land überschritten worden wäre. Die meisten der Herren gehörten dem Gemeinderat an. Doch obwohl man katholisch war und darauf achtete, daß die Frauen regelmäßig zur Kirche gingen, beschränkte man für die eigene Person den Kirchenbesuch auf das Notwendigste und gefiel sich im ›Adler‹ darin, den Klerus und seinen Einfluß verächtlich abzutun.
Da ging es temperamentvoll zu, und Temperament war es, was Großvaters sonst so gelassene und liebenswürdige Haltung in Bewegung brachte. Er verstand Spaß und machte selber gern Späße. Er hatte Sinn für Vergnügen und sah gern frohe Menschen um sich. Dann und wann arrangierte er für die Familie sonntägliche Ausfahrten mit der Break, einem offenen, leichten, von zwei Pferden gezogenen, hochräderigen Gefährt, in dem man sich auf zwei Längsbänken gegenübersaß. Wir beiden Buben durften neben dem Kutscher auf den Bock. Das waren Fahrten nachmittags bei schönem Wetter entweder nach Sasbachwalden oder über Oberachern am Weinhügel ›Barons Bückele‹ vorbei nach Kappelrodeck, wo eingekehrt und ein Vesper mit Aufschnitt eingenommen wurde und die Großen Wein tranken.
Großvaters Temperament, das an Tagen, da ihn die Gicht zu schmerzvollem Stillsitzen im Schaukelstuhl zwang, ins Ungute umschlagen und der Großmutter

das Leben schwermachen konnte, führte mitunter zu gewaltigen, jähzornigen Wutausbrüchen. Es hieß, man habe Großvater, wenn er zu solchen Stunden im Hause Krach machte, noch am 200 Meter entfernten ›Adler‹ schreien hören, was in eigentümlichem Widerspruch zu dem sonst ruhigen Verhalten des ritterlich gesonnenen Mannes stand. Als wollte das Leben selbst dieser Persönlichkeit noch einmal Tribut zollen, stand in der Sylvesternacht 1910, als er einundsiebzigjährig starb, über der Stadt das Leuchten und Prasseln eines Feuerwerks.

Die Erinnerung an die Großmutter ist für mich noch deutlicher als an den Großvater, weil ich nach seinem Tod mehrere Jahre die Sommerferien bei ihr verbrachte. Ihr Leben war seit der Zeit leichter geworden, als die Kinder aus dem Haus waren, Großvater das Geschäft aufgegeben hatte und ohne Gesellen nur mehr gelegentlich an Aufträgen arbeitete, die ihm besonders lagen. Jetzt konnte sie ganz ihrem Wunsch, mich zu verwöhnen, nachgehen, und das tat sie gründlich. Vor allem ließ sie mir volle Freiheit, ich konnte kommen und gehen, wann ich wollte. Sie bereitete mir vormittags meine Lieblingsvesper, knusprige, dick mit Butter bestrichene Hörnchen und schlanke, blaue Rettiche, die, in dünne Längsscheiben geschnitten und richtig gesalzen, zart, weich und dennoch körnig, herrlich schmeckten. Und natürlich kochte sie mir die besten Mittag- und Abendessen.

Großmutter war nie groß gewesen, doch die viele schwere Arbeit und das Alter hatten sie kleiner werden lassen. Sie war stämmig, hatte einen etwas vorstehenden Bauch, über dem sie, im Schaukelstuhl sitzend, gerne die Hände gefaltet hielt. Im Haus trug sie immer eine Schürze über den langen, bis zu den Füßen reichenden Röcken. Ihre einfache Kleidung verhüllte faltenlos die flach gewordene Brust; neun Kinder hatte sie zur Welt gebracht; vier Kinder waren entweder tot auf die Welt gekommen oder bald gestorben; so blieben drei Söhne und zwei Töchter. Von ihr selbst hat man nie gehört, daß sie je krank gewesen wäre, sie hatte wohl keine Zeit dazu. Noch im Alter zeigte ihr rundes, gutes, meist lächelndes Gesicht mit dem breiten, schmallippigen Mund rote Bäckchen. Ihr dünn gewordenes Haar war von dunkler Farbe, in der Mitte gescheitelt und auf dem Kopf zu einem Knoten gebunden. Sie hatte die Gewohnheit, laut, oft seufzend, zu atmen, was aber nichts Bedrohliches besaß, nur einfach ein kleiner, von ihr selbst kaum wahrgenommener Luxus war, den sie sich als Erleichterung und Befreiung vom Alltag leistete. Ihre Hände zeugten von lebenslanger Arbeit. Sie hatte nicht nur die Kinder aufgezogen, die Wäsche der Familie gewaschen, den Haushalt geführt und für alle, auch die Gesellen, gekocht und das Haus ohne Magd oder Knecht saubergehalten; in schlechten Zeiten half sie sogar in der Werkstatt mit, und da Sparsamkeit zum Verzicht auf eine Schneidemaschine zwang, schnitt sie mit einer gewöhnlichen Handschere die Weinetiketten zu, die der Großvater druckte.

Jetzt hatte sie es leichter. Sie zeigte keinerlei Altersbeschwerden und bewegte sich, rund und drahtig wie sie war, lebhaft, mit behendem Gang. An einem Donnerstagnachmittag nahm sie mich zum allwöchentlichen Kaffeekränzchen beim Bäsle Stolzer mit. Da versammelten sich ein paar alte, munter aufeinander losredende Frauen, und ich als männlicher Teilnehmer bekam statt Kaffee Bier, das mich umwarf. Ich ging bald und unsicher heim, und Großmutter fand mich dann im Haus, unten an der Treppe, schlafend vor.

An einem anderen Ausgang, zu dem ich mitdurfte, hatte sie schwerer zu tragen. Im Haus nebenan, durch ein Gärtchen getrennt, wohnte die Familie des Uhrmachers Anton Heß. Vorne, der Straße zu, zeigte ein Laden nicht nur kleine und große Uhren, sondern auch Bijouterie, goldene und silberne Kettchen, Broschen und Ringe. Herr Heß, ein großer, gutgenährter Mann, sollte Uhren reparieren, aber er fand meist keine Zeit dazu, weil er viel in Achern sowie in der engeren und weiteren Umgebung unterwegs war, um in den Wirtshäusern beim Wein werbende Beziehungen zu den Kunden zu pflegen. Es blieb ungewiß, ob sich dieses Verfahren auszahlte, sicher aber war, daß Mine, Herrn Heß' etwa fünfundzwanzigjährige Tochter, die den mutterlosen Haushalt führte, den ganzen Tag daheim bleiben mußte, um im Laden die Klagen der Kunden entgegenzunehmen, deren Uhr immer noch nicht repariert war. Und um die Kunden nicht ganz zu vergrämen, setzte sie sich in die vereinsamte Werkstätte, um die Uhren selbst zu reparieren. Das Fenster der Werkstatt ging auf das Gärtchen mit dem schmalen Hof hinaus. Bei Minna, die ich, da sie nett zu mir war, ins Herz geschlossen hatte, stand ich stundenlang vor dem ebenerdigen Fenster und sah ihr, die mir Geschichten erzählte, bei ihrer Arbeit zu.

Eines Sonntagmittags – ich war zwölf Jahre alt – rief man mich, ich sollte Herrn Heß begleiten. Wir hielten uns vorübergehend in mindestens sechs gut besuchten Gasthöfen auf, in denen es lebhaft zuging. Ich mußte auch immer ein bißchen vom Wein probieren. Wieder daheim, nachts – ich lag neben der Großmutter in Großvaters Bett – überkam mich große Übelkeit. Für Großmutter war dies kein feierlicher Sonntagsabschluß, aber mich ließ sie es nicht entgelten, besorgte in Ruhe, was zu besorgen war, schalt jedoch auf Herrn Heß.

Großmutter war nie im Leben auf der Hornisgrinde gewesen. Für uns Buben aber war dieses Wahrzeichen mindestens einmal im Sommer das Ziel, nach dem wir verlangten, einzutauchen in den Wald und von der Höhe des Berges Ausschau zu halten. Wanderungen auf die Hornisgrinde nahmen einen vollen Tag in Anspruch. Man stand in der Morgendämmerung auf, sah aus dem Eckfenster des Wetters wegen zur Hornisgrinde hinauf, frühstückte und brach gegen vier Uhr auf, fast immer mit Mine Heß und ihrem Bruder Karl. Die Straße nach Sasbachwalden führte schon bald, nachdem man das Städtchen verlassen hatte, an einem Tannenwäldchen vorbei, wo links von der Straße ein Friedhof lag, während sich rechts das Gelände der Illenau, der großen Landesirrenanstalt, erstreckte. Obwohl die Anstaltsgebäude weit zurücklagen, drangen dennoch Stimmen bis zur Straße vor. Das Gefühl von Unheimlichem, das in der menschenlosen Stille des frühen Morgens den Vorbeiwandernden befiel, wurde von dem verworrenen, aus der Ferne tönenden, erschrekkenden Geschrei der Unruhigen verursacht. Aber es verlor sich wieder, und vor dem Aufstieg zu der Ruine des Brigittenschlosses, an dem vorbei der Weg hinauf zur Hornisgrinde führte, wurde das von Obstbäumen und weiter oben von Reben bestandene Sasbachwaldenerland durchschritten, das wie ein üppiger Park vor uns lag. Erst nach der schon steil den Hang öffnenden, baumlosen Brandmatt begann der noch zweistündige Anstieg durch den dunklen Bergwald. Der Gipfelrükken war kahl, kühler Wind wehte, der Blick reichte weit nach Westen. Bei gutem Wetter sah man das Band des Rheins glitzern, und der Turm des Straßburger Münsters ragte nadelscharf auf. Nach kurzer Rast, nun schon im vollen Sonnenlicht, folgte der zum einsam, still und dunkel gelegenen Mummelsee führende erste Teil des Abstiegs. Der See in tiefer Schwärze, fast verborgen vom Kranz der hohen Fichten, hatte an Märchenhaftem noch nichts verloren. Im hellen Licht des Nachmittags besaß der Rückweg an der Illenau vorbei zwar immer noch etwas Bedrückendes, doch Angst empfand man nicht mehr. Auf der Straße nach Achern gingen Leute, es fuhren Radfahrer und Pferdegespanne, die Luft war voll von Lauten, von den Gebäuden der Anstalt drang kaum mehr Lärm her. Das Leben der Gesunden wehrte die Welt der Irren ab.

Das aber darf nicht wörtlich genommen werden. Die Stadt Achern belieferte die Anstalt mit allem, was gebraucht wurde, es war ein Kommen und Gehen, und Kranke, denen es der Arzt erlaubt hatte, begaben sich, von Wärtern oder Schwestern begleitet, in die Stadt und kauften dort ein. Die Acherner erzählten mancherlei Geschichten, zumal es in der Illenau, über das weite Terrain verstreut, kleine villenartige Einzelbehausungen gab, die, wie es hieß, von kranken, von fernher gekommenen russischen Aristokraten bewohnt waren.

Eine von Großmutters Erzählungen war, daß sie einmal ihren Sohn Gustl, Vaters jüngeren Bruder, der in Rastatt seinen Militärdienst ableistete und für ein paar Tage urlaubsweise nach Hause kam, am Bahnhof abholen wollte. Der Zug fuhr ein, sie sah ihren Gustl, den schmucken, jungen Kerl, aussteigen, wollte ihm entgegengehen und traute ihren Augen nicht, als eine Dame auf ihn zustürzte und ihn zärtlich, ja leidenschaftlich umarmte und küßte. Gustl hatte seine Mutter erblickt, sie sah, daß ihm der Vorfall peinlich war und er sich, übrigens sichtlich erstaunt, freizumachen suchte. Doch schon klärte sich alles; eine Illenauer Krankenschwester kam geeilt und befreite den betretenen Soldaten aus den Armen der Patientin.
Ein Kranker, der seit Jahren in der Illenau lebte und, harmlos, wie er war, zu Diensten herangezogen wurde, hieß Kaiser. Er pflegte mit einem von einem Eselchen gezogenen Karren das Gepäck ankommender Patienten vom Bahnhof abzuholen oder die Sachen von Abreisenden hinzubringen. Er fuhr durch die ganze Stadt, alle kannten ihn als ruhigen, freundlichen Mann. Doch einmal in jedem Jahr regte er sich auf und wurde laut. Das war an Kaisers Geburtstag im Gottesdienst der Anstaltskapelle. Wenn die Worte ertönten: »Gebt Gott, was Gottes ist, und dem Kaiser, was des Kaisers ist«, sprang unser Kaiser auf, stürzte vor und rief drohend und wild gestikulierend: »Ja, gebt dem Kaiser, was des Kaisers ist, gebt's ihm!« Dann trat er zurück und war wieder ein Jahr lang der ruhige Dienstmann, der mit seinem Eselchen Kisten, Koffer und Taschen beförderte. Alle wußten das, ja es hieß, man hätte immer auf den Auftritt gewartet und wäre, samt dem

Pfarrer, bei seinem Ausbleiben enttäuscht gewesen.
Eine Geschichte, wie die von der unverhofften Begrüßung ihres Sohnes Gustl, erzählte Großmutter mit Behagen, wobei sie, die Hände überm Bauch gefaltet, im Schaukelstuhl saß und schaukelte.
Beim Treffen der Verwandten kam auch stets die Rede auf Großmutters Bruder Josef Wurzler, denn er war als Millionär der große Mann in der Familie. Von ihrem Vater, dem Schuhmacher und Lederhändler Bernhard Wurzler, dem Revolutionär, hörten wir schon. Für ihn und seine Frau Magdalena, Tochter des Acherner Landwirts Schremp, hatte es schwere Zeiten gegeben. Nur zwei Töchter konnten in der Heimat bleiben – unsere Großmutter in Achern und ihre Schwester Fanny, die spätere Hauptlehrerin –, die meisten der Kinder wanderten aus. Von den nach Amerika gegangenen Söhnen brachte es, wie gesagt, Josef Wurzler zu Vermögen.
Und darum ging es. Es ist uns nie ganz klargeworden, wie er zu dem Geld kam, doch hinter vorgehaltener Hand hieß es, er habe drüben ganz unten angefangen, aber dann reussiert, Geld verliehen, Geld gespart und von dem Gesparten in den Slums von Brooklyn auf Häuser von Verarmten hochverzinsliche, sogenannte ›zweite Hypotheken‹ (second mortgages) vergeben. Wurde der Zins nicht bezahlt, nahm er die Häuser und verkaufte sie. Der Erlös erlaubte es ihm, eines Tages in der Mitte der Stadt ein großes Mietshaus zu kaufen. Doch als auf dem Wohnungsmarkt eine Flaute eintrat, stand das Haus leer und Wurzler ging es an den Kragen. Da brannte das Sparkassengebäude ab, Brooklyn

war ohne Sparkasse, nun bot das leerstehende Wurzlerhaus Zuflucht, so teure Zuflucht, daß der Mann von da an reich war.
Ob das wirklich so war, läßt sich nicht mehr feststellen. Aber es paßte zu dem Bild, das er als Siebzigjähriger bei seinen Besuchen in Achern bot. Eine stattliche Erscheinung von mittlerer Größe, etwas beleibt, mit rosigem, gesundem Gesicht und weißem, kurz gestutztem Bart, weißen, buschigen Augenbrauen und weißem Haar. Er sah würdig aus, das nicht unfreundliche Gesicht verriet nicht viel von seinem Wesen, auch seine Kleidung, ruhig und bequem, war unauffällig. Mit unseren und den Acherner Maßstäben gemessen, erwies sich jedoch alles an ihm auffällig. Zu einer Zeit, als es noch wenig Automobile gab, kam er mit einem großen Cadillac, der von einem Neger in Livree gesteuert und am vornehmen Hotel ›Post‹, zwei Häuser weg von unserem Haus, abgestellt wurde. Zu uns Kindern verhielt er sich jovial. Er hatte die eine Hand in der Hosentasche und klimperte mit einer Menge silbriger Fingerringe. Das waren seine Geschenke für uns, das Mitbringsel. Jeder durfte unter den Ringen, die er auf der offenen Handfläche darbot, einen auswählen. Damit nicht genug, es war uns ein ganzer Tag als Frist zum Überlegen eingeräumt; gefiel uns der ausgewählte Ring nicht, konnte man sich einen anderen aussuchen. Aber die Ringe waren nicht aus Silber, es war das billigste, jämmerlichste Zeug. Durch die Geste der einmal, ja zweimal gestatteten Wahl hatte man aber das Gefühl der generösen Beschenkung durch einen Großen. Auch die Stadt Achern hatte es, als er für das Krankenhaus ein buntes Fenster stiftete. Es wurde außerdem von einer Stiftung

gesprochen, die Anlaß war, der zum Krankenhaus führenden Straße seinen Namen zu geben und die Limousine bei seinen Besuchen am Ortseingang mit einer Blaskapelle zu empfangen.
Onkel Wurzler war meistens von seinem Sohn Jack und seiner Tochter Lise begleitet. Man lud zu einem sonntäglichen Essen im Hotel ›Post‹ ein, bei dem wir Buben uns mit dem Oberkellner gutstellten und mit mahnender Billigung unserer Eltern unmäßig viel Gefrorenes aßen. Bei den Erwachsenen ging es etwas steif zu, denn unserem Vater lag an den Zusammenkünften mit Onkel Wurzler nichts, er mochte ihn nicht. Das ging so weit, daß es zu einem Zerwürfnis kam, als Josef Wurzler bei einer seiner letzten Deutschlandreisen auch Augsburg besuchte und vom Hotel ›Drei Mohren‹ aus Vater wissen ließ, er sei da und erwarte seinen Besuch. Daraufhin ließ Vater ihm mitteilen, wenn ihm an einem Treffen gelegen sei, wäre er bereit, ihn im Hause Bleichstraße 2 zu empfangen.
Noch deutlicher war die Ablehnung, die der Onkel von seinem Sohn Jack erfuhr. Als Jack selbst schon sechzig Jahre alt war und allwöchentlich in Brooklyn seine Kusine Marie, die eine der beiden nach Amerika ausgewanderten Schwestern unseres Vaters, besuchte, bestand der jeden Dienstag zum Mittagessen eingeladene Junggeselle darauf, daß vorher das über dem Buffet hängende Bild seines Vaters mit dem Gesicht zur Wand gekehrt wurde. Sein Vater hatte ihn, als er starb, auf eine knappe Leibrente gesetzt und ihm den Zugriff zum Erbteil verwehrt.
Aber Josef Wurzler hat Großmutters Töchtern Marie und Fanny geholfen, als sie 1892 in die USA auswan-

derten. Sie wohnten kurz bei ihm, bis er ihnen Stellungen als Haushaltsgehilfinnen vermittelt hatte. 1897, als ihm drei große Wohnhäuser mit Ladengeschäften gehörten, übertrug er die Leitung eines der Geschäfte, eines Ladens für Süßwaren und Gefrorenes, statt einem seiner Söhne, mit denen er nicht zurechtkam, an Fanny. Hier lernte sie ihren Mann, unseren Onkel Ed Fränkel kennen, der um die Ecke einen Tabakladen besaß, ein größeres, renommiertes Geschäft, das eine eigene Zigarrenmarke führte, die den Namen ›Knickerbocker‹ trug und von Onkel Edward und zwei Gehilfen aus Havannatabak selbst hergestellt wurde. Die Zigarren besaßen Seltenheitswert und waren teuer. Übrigens gehörte Onkel Ed zu jenen, denen Josef Wurzler, über den Weg der zweiten Hypothek, ein Haus abgenommen hatte.

Tante Fanny besuchte 1905 mit ihrer dreijährigen Tochter Rosalie ihre Eltern in Achern. Ihr nächster Besuch, bei dem sie auch vom Sohn Steven begleitet war, fand 1912, zwei Jahre nach Großvaters Tod statt.

Für Vater bedeuteten seine Geschwister sehr viel. Nach außen gezeigte Zärtlichkeit mit lauten Begrüßungsküssen kannte man im Hause Brecht nicht, aber man mochte einander. Vor allem beim Zusammensein mit den aus der Ferne Gekommenen herrschte eine gehobene, fröhliche Stimmung, sicherlich auch, weil es sich bei allen um ausgeprägte, mit liebenswerten Zügen ausgestattete Persönlichkeiten handelte.

Tante Fanny (24. 6. 1873) war ein kleines, zierliches Frauchen, gewandt, beweglich, von erstaunlicher Lebenskraft, die sich unermüdlich auch bei anstrengenden Unternehmungen bewies. Gescheit und ungewöhnlich geschickt, war sie eine treffliche Näherin von Kleidern und Wäsche, und da sie zudem Geschmack und Erfindungsgabe besaß, konnte sie sich mit allem möglichen Nutzbringendem und Geldbringendem beschäftigen. So war sie eine Zeitlang für ihre Puppen bekannt, die sie selber entwarf. Ebenso nähte sie Kleider für Damen der Gesellschaft. Sie soll einmal für ein Kleid, als der durchschnittliche Arbeitslohn 6-8 Dollar für die Woche betrug, 100 Dollar verlangt und erhalten haben, zu jener Zeit ein horrender Betrag. Schon immer aß sie wenig und hielt eine magere, heilsame Kost gewissenhaft ein. Sie gab den Ton an, was Onkel Ed lächelnd hinnahm. Von ihm sagte sie, daß er Jude und der beste Mensch sei, den es auf Erden gebe. Sie trugen sich gegenseitig auf Händen. Mit seinem Gespür für die Eigenschaften der Mitmenschen, lauter, jeder Lüge feind und mit einem geradezu schmerzhaft entwickeltem Gerechtigkeitssinn wurde er von der Brooklyner Stadtverwaltung zum Deputy of Court auf Lebensdauer ernannt. Damit war er dem Bezirksgericht beigeordnet, eine Art Sheriff, der denn auch den Stern mit den sechs Zacken trug, jedoch auf der rechten Innenseite seiner Jacke.

Man hätte nicht denken sollen, daß Steven der Sohn dieser Eltern war: still, phlegmatisch, in sich gekehrt, fast träge. Aber hübsch, immer auf gute Kleidung bedacht, wurde das sanfte, ruhige Kind, hinter dem niemand härtere Konturen vermutete, von allen gern gehabt.

Die Tochter Rosalie schlug ihrer Mutter nach. Ebenfalls von kleiner, zierlicher Gestalt, lebhaft, sehr intelligent, immer mit irgend etwas beschäftigt, dabei den

Großen abschauend, was ihr für sich selbst nützlich dünkte, aber auch hilfsbereit, besaß das reizende Kind, als es 1912 zehnjährig mit seiner Mutter und dem Bruder in Achern weilte, eine niedliche, für die Älteren amüsante Kokettheit. Sie wollte es allen recht machen und fand nichts dabei, im frisch gestärkten, weißen Kleidchen mit einem rosa Band im Haar vormittags in einer katholischen Prozession eine Kerze zu tragen und nachmittags an einem protestantischen Kindergottesdienst teilzuhaben. Sie selbst gehörte der Unitarischen Kirche an.

Vaters zweite Schwester, Marie (15. 1. 1871), in Brooklyn mit Onkel Wilhelm verheiratet, hatte keine Kinder. Sie war als Hausfrau von einer Perfektheit, die Onkel William jede Annehmlichkeit eines blendend geführten Haushalts gewährte, ihm aber andererseits auch zu schaffen machte; Tante Marie beraubte ihn jeder Freizügigkeit, die nicht in ihre hohe Auffassung von einem vorbildlichen Eheleben paßte. Sie war mittelgroß, neigte zur Fülle, der kinderlose Haushalt lastete sie nicht aus, zumal sie mit Vorliebe von Führung und Verantwortung sprach. Grenzenlose Gutmütigkeit von Onkel William aber machte alles erträglich. Und zu den wenigen Abwechslungen im geregelten Lauf ihres täglichen Lebens gehörte in späteren Jahren der Besuch von dem mit seinem Vater zerfallenen Onkel Jack.

Vaters um fünf Jahre jüngerer Bruder Karl (11. 8. 1874) wuchs in Achern auf. Als Kind wäre er fast an Diphtherie gestorben. Von dem notwendig gewordenen Luftröhrenschnitt blieb eine Verengung. Man half ihr durch ein in den Kehlkopf gestecktes Röhrchen ab, durch das er die Luft bei jedem Atemzug rasselnd ein-

sog. In der Statur kleiner als Vater, machte er die Buchdruckerlehre, ging als Schriftsetzer auf Wanderschaft, arbeitete in der Schweiz und ließ sich dann in Augsburg nieder, wo er 1900 durch seine Heirat mit Rosa Weber, der Tochter eines angesehenen Augsburger Porzellanmalers, eine Familie gründete. Man wohnte in der Wintergasse im vierten Stock des Hauses A 18, von wo aus sich jener unvergeßlich schöne Blick auf die berühmte Maximilianstraße bot.
Tante Rosa war eine lebensfrohe Frau, die sich immer viel mit Kindern abgegeben hatte. Als die erstgeborene Tochter, 19 Jahre alt, einer Lungenentzündung erlag, kam Trauer über die Familie. Und wenn auch nicht Trauer, so begleitete Onkel Karl doch eine gewisse Bedrücktheit über viele Jahre seines Lebens hin. Denn zum einen wurde er die Last, die ihm sein Hals bereitete, nie los, zum anderen litt er immer unter dem erfolgreichen Aufstieg seines Bruders Berthold. Die beiden Brüder waren einander zugetan, aber Vater meinte, Karl, der bei den ›Augsburger Neuesten Nachrichten‹ arbeitete, hätte es bei seiner Begabung weiterbringen können. Möglich, daß Onkel Karl dieses Urteil fühlte. Zweifellos war aber ihre Auffassung vom Leben verschieden. Während Vater, ohne kleinlich zu sein, seiner Familie Sparsamkeit vorlebte, neigte Onkel Karl zu genießerischem Essen. Seine Kränklichkeit, die eine gewisse Unlust zur Folge hatte, führte dazu, daß ihn Tante Rosa verwöhnte und ihm die Töchter Maria und Fanny und der Sohn Berthold alle schwereren Arbeiten im Hause, wie das Herauftragen des Brennmaterials in den vierten Stock usw., abnahmen. Obgleich auch er und seine Familie wenig Gebrauch von der katholi-

schen Kirche machten, waren seine von Vaters Ansichten verschieden. Onkel Karl fühlte sich, bürgerlich gesehen, nicht vom gleichen Rang wie Vater, er mochte sich mit Recht zu den vom Schicksal weniger Begünstigten zählen. Die Brüder vermieden politische Diskussionen, denn Karl machte aus seiner linken Orientierung keinen Hehl. Aber auch Onkel Karl konnte in gelöster Stimmung sein und mit Witz lustige Geschichten erzählen. Er deckte das zweiseitige Verhältnis des heimatlich-badischen Bauern zur Kirche mit dem Spruch zur Kirschenernte ab: »S'isch Crisezitt, da scheißen die Bure Rosekränz.«

Onkel Gustl, der jüngste der drei Brüder, überhaupt der jüngste der Geschwister, unterschied sich in vielem von seinen zwei Brüdern. Charmant, mit angeborener Eleganz, den angenehmen Seiten des Lebens zugeneigt, erfreute er sich bei jedermann, vor allem bei uns Kindern, großer Beliebtheit, weil er frohgesinnt, liebenswürdig und von einer Aufgeschlossenheit war, die zu Herzen ging. Er hatte Zeit und Geduld, sich stundenlang mit uns abzugeben. Bei Besuchen in Augsburg ging er mit uns in irgendein Lokal, bewirtete uns mit Limonade und erzählte die komischsten Geschichten.

Auch Onkel Gustl hatte keine höhere Schule besucht. Die Stellung, die er damals einnahm, war die des Vertreters eines angesehenen Unternehmens, Weinbau und Weinhandel, im Rheingau. Es scheint, daß er durch die offenkundige Freude, die er an seinem Beruf hatte, sein praktisches Wissen, seine Zuverlässigkeit und das Talent, mit Leuten umgehen zu können, bemerkenswerten beruflichen Erfolg erzielte und, bei der Firma, wie

im ganzen Kundenkreis, Vertrauen und Beliebtheit genießend, über ein gutes Einkommen verfügte.
Man sah ihn nie anders als gepflegt. Ohne jede Großspurigkeit zeichnete ihn eine Warmherzigkeit aus, die noch reizvoller wurde durch die Fähigkeit, zärtlich sein zu können. Die Frauen in der Familie wußten dies zu schätzen, für uns Kinder war er eine reine Freude. Doch seine Brüder, so konnte es einem vorkommen, meinten, vielleicht aus einem gewissen Neid heraus, auf seine leichtere, glücklichere Lebensart herabsehen zu müssen.
Wie alle anderen aber schätzten sie seine Kochkunst und seine Gabe, Salate köstlich zuzubereiten. Wir sahen ihm dabei zu, wie er die säuberlich ausgelesenen, sorgfältig gewaschenen, in einem Sieb geschüttelten Salatblätter in eine große weiße Serviette legte, die vier Ecken des Tuchs zusammennahm, so daß ein nachgiebiger Beutel entstand, den er nun mit Ausdauer kreisend herumschwang, so daß den Blättern das restliche Wasser genommen wurde, ohne sie zu beschädigen. Damit nicht genug, er breitete sie dann auf einer Tischdecke aus, damit sie vollends trockneten. Währenddessen bereitete er in einer Schale die Mischung aus viel Öl, wenig Essig oder Zitronensaft, etwas Salz, einem Spritzer süßen Senfs, einem Hauch von Zucker und ein paar Tropfen aus einer Cognacflasche.
Aber noch besser als er kochte seine Frau, unsere Tante Anna. Sie kam aus dem Südschwarzwald, war nicht groß, nicht klein, besaß angenehme frauliche Formen, fast schwarze Augen, üppiges, dunkles Haar, etwas blassen, aber gesunden Teint. Immer mit Geschmack gekleidet, bot sie die Erscheinung einer lebhaften Per-

son, die manchmal etwas zu laut wurde, doch klug und witzig war. Ihrem Mann war sie eine ausgezeichnete Gattin, dem Töchterchen Ruth eine vorzügliche Mutter. Als frühere Lehrerin neigte sie jedoch dazu, die Überlegene und Vorbildliche herauszukehren. Sie fiel allen damit ein bißchen auf die Nerven.

Von einem unbedeutenden Vorfall abgesehen, kam ich gut mit ihr aus. Wir holten sie eines Tages am Acherner Bahnhof ab. Sie legte großen Wert auf eine zärtliche Begrüßung. Als ich einige Küsse bekam und mich wehrend ihrem Wunsche, jetzt sie zu küssen, versagte, erhielt ich eine Ohrfeige, die von der unfreundlich geäußerten Bemerkung begleitet war, ich hätte ihr außerdem die Zunge herausgestreckt. Meine Rache war nicht einfallslos. Da ich dahintergekommen war, daß sie sich heimlich meines Tagebuchs bemächtigte, lautete ein paar Tage nachher ein Eintrag folgendermaßen:

»Es ist ein Glück, daß ich hier alles so niederschreiben kann, wie es mir ums Herz ist, denn niemand liest es. Also Tante A. ist ein lästiges Miststück mit ihrem elenden Geschmuse. Nicht zum Aushalten. Aber manchmal doch auch wieder ganz nett.«

Sie machte mir eine große Szene, bei der sie wegen der ihr zugefügten Beleidigung Tränen vergoß, behielt die Sache aber für sich.

In der Erziehung der kleinen, süßen Ruth gelang ihr ein Meisterstück, da sie das Kind pädagogisch mit konsequenter Strenge behandelte, es aber gleichzeitig maßlos verwöhnte. Als wir einmal von Achern aus alle in ihrem Heimatort Sulzburg waren und abends, als es zu dämmern begann, mit vielen anderen, den Feiertag genießenden Menschen in der Hauptstraße spazieren gingen, wurde Ruthchen von einem menschlichen Rühren der erstrangigen Art überfallen. Anstatt das Kind rasch in eine Nebenstraße hinter Bäume und Büsche zu führen, wartete Tante Anna auf offener Hauptstraße mit einer durchaus unschicklichen Zeremonie auf. Es war das einzige Mal, daß wir ihren Mann, den ritterlichen Onkel Gustl, aufgebracht sahen. Aber Tante Anna verteidigte ihr Verhalten mit dem Bemerken, daß ihr, wenn es gelte, die Not ihres Kindes zu stillen, die Leute auf der Hauptstraße, die Familie eingeschlossen, gleichgültig seien.

So etwa sah es um die große Familie aus, als die Verwandten in Achern zusammenkamen und sich um die Großmutter versammelten. Sie saß in der Runde, erfreut und behaglich, vielleicht aber auch die Schweigsamste. Schweigsam nicht, um sich zu distanzieren, sondern einfach weil sie in Ruhe den anderen zuhören wollte, die ja aus den verschiedensten Richtungen und Lebenszentren unvergleichlich mehr zu sagen hatten, als es ihr möglich gewesen wäre.
Sie saß also da und steuerte mal ein Ja, mal ein Nein zur Unterhaltung bei. Sie gedachte mit Wehmut des dahingegangenen Großvaters, der der Runde ausgezeichnet vorgestanden hätte, und mit gerührtem, ja mit kopfschüttelndem Erstaunen betrachtete sie immer wieder jeden der um sie Sitzenden, alles was da an jetzt fertigen Menschen, an Gesichtern, an vergangenen und noch kommenden Schicksalen der Welt zugewachsen war.

Sie war eine alte Frau, die ein Leben durchmessen hatte mit nie abbrechender Arbeit, mit Entbehrungen, Kümmernissen und mit Demütigungen, die aber auch geliebt worden war und geliebt wurde. Es ging ihr jetzt gut, sie fühlte sich zufrieden und in der Zuneigung ihrer Kinder und Kindeskinder wohl aufgehoben. Was sie noch zu leben hatte, wollte sie in Frieden verleben, dankbar für die ihr beschiedene Gesundheit, und nur dem einzigen Luxus frönend, auf den sie nicht verzichten konnte: dem von wohltuenden Seufzern begleiteten, tief Luft holenden, lauten Atmen. Ihre Schlichtheit, das Ansehen ihrer Söhne und Töchter und der ihr von allen Seiten gezollte, verehrende Respekt waren die Ernte, die am Ende zu bergen, ihr ein freundliches Schicksal erlaubte.
Ein Jahrzehnt später, zum achtzigsten Geburtstag seiner Großmutter, am 17. September 1919, widmete ihr ihr Enkel Eugen das Gedicht:

Der Großmutter
zum 80. Geburtstag

Aufgewachsen in dem zitronenfarbenen Lichte
der Frühe
Unter dem breiten Dach des Hauses am Markte
Kind mit anderen Kindern, sah sie die Jahre
Ohne Sternenflug oder die schrecklichen Schatten
Ehernen Schicksals. Aber der Mittag war
Heiß und mühevoll. Wenn ihre Kinder
Tief im Schatten des breiten Daches des Hauses
am Markte
Schliefen –

Die Großmutter, Karoline Brecht

Hatte sie voller Arbeit die Hände, denen das Brot und den Trunk
Die Kinder entrissen. Später, am Nachmittag
Wölbte der Baum ihres Schicksals höher den Wipfel
Aber der Wind blieb stark, daß das Stehen oft schwer war.
Dann, als die Kinder, aufgewachsen und schon gehärtet
Von ihr gingen, wie Vögel in alle Himmel
Über das Land und die Länder und über das Meer
Lernte die Greisin weiterzuschauen:
Über das Land und die Länder und über das Meer.
Jahre gingen. Schon wuchsen die Enkel auf
Fern ein Geschlecht über Ländern und Meeren
Das in den Knochen ihr Mark, in den Adern ihr Blut trug
Und in den Stürmen des Lebens, immer neu durchgekämpft
Sie aus der Ferne verehrte, die Mutter der Mütter.
Endlich am Abend ging sie, die alle geboren
Allein durch das Haus am Marktplatz, aufrecht und ungebeugt
Während in dunkler gewordenen Ländern Kanzelwort und Trompetenruf
Die Enkel entzweite. Sie aber betete
Über dem Streit für die Enkel diesseits und jenseits.
Jene aber, im Kampfe, dachten wohl immer
Ihrer in zweierlei Lagern und daß in dem Hause am Marktplatz
Kammern für sie bereit und der Tisch schon gedeckt war.

1939 schrieb Eugen die glanzvolle Studie ›Die unwürdige Greisin‹. Er zeichnet darin das Bild einer alten Frau, die ihr Leben nur den Bedürfnissen der kopfreichen Familie gelebt, nach dem Tode ihres Mannes aber beschloß, die Zeit bis zu ihrem eigenen Tod den Genüssen einer Freiheit zu leben, die ihr nicht auf den Leib geschrieben waren. Als diese Greisin ließ er unsere Großmutter agieren und verlieh dem Bild von ihr und ihrem Lebensraum eine solche Realität, daß kein Zweifel an der Wahrheit des Geschehenen aufkommen konnte. Natürlich aber hatte dies mit Wahrheit nichts zu tun.

Bei allen, die das Leben von Frau Karlin Brecht und sie selbst vor Augen gehabt haben, bei Verwandten diesseits und jenseits des Ozeans, herrschte Verständnislosigkeit. In ihrer Betroffenheit brachten sie nicht den Sinn für die Ironie des Titels auf.

Aus der Weite gesehen geschah in Wirklichkeit gerade das Gegenteil des Vorwurfs der Verleumdung. Denn einer Frau, die Tausende von Schwestern gleichen Schicksals besaß, wurde ein Denkmal gesetzt, das sie aus der Anonymität dieser Unzähligen heraushob und sie, als einzige, auf eine dichterische Höhe sondersgleichen stellte.

Eugen war beim Schwimmen in der Acher, oben im Felsenbad, dabei. Als guter Schwimmer hatte er mir schon frühzeitig das Schwimmen beigebracht, jetzt lehrte er mich das Radfahren, auf einem von den Buben der verwandten Familie Eiermann entliehenen Rad, wobei wir den schmalen Weg, eigentlich einen Fußweg, benutzten, der von der Wilhelmshöhe zur Landstraße hinabführte. Viel Geduld besaß er auch jetzt nicht. Er hielt das Rad fest, bis ich saß, führte es, nebenherlaufend, eine Zeitlang am Sattel und ließ mich dann samt Rad frei. Es ging ja bergab, er rief mir nur von oben einiges über die Rücktrittbremse zu. Doch ich verstand dies nicht rasch genug, fuhr über die Straße weg und landete nicht schmerzlos jenseits auf der tiefliegenden Wiese. Daß ich Grund gehabt hätte, durch Bremsen die Fahrt vor Erreichen der Landstraße zu beenden, erachtete er als wesentlichen, lehrhaften Effekt.

Ein anderes Erlebnis mit erzieherischer Wirkung hatte ich, als ich einmal mit einem älteren Acherner Freund allein oben im Felsenbad war. Er konnte nicht schwimmen, ging aber dennoch über die Stufen hinunter ins Tiefe. Mit dem Kopf immer wieder unterm Wasser verschwindend, fing er in den kurzen Zwischenpausen prustend zu gurgeln und zu japsen an. Ich zog ihn heraus, und ehe er noch richtig bei Atem war, drohte er mir mit Prügel, wenn ich irgendwo etwas von der Sache, die seinem Ansehen hätte schaden können, verlauten ließe. Ich lernte, daß eine von einem Kleinen einem Mächtigen erwiesene Wohltat vor allem dann Schattenseiten haben kann, wenn sie wirklich bedeutsam ist.

Mama wohnte bei ihren ziemlich seltenen Acherner Aufenthalten nicht im Brechthaus in der Hauptstraße, sondern außerhalb des Städtchens auf der ruhigen, nur wenig Gäste beherbergenden Wilhelmshöhe. Mama kam sozusagen aus der Großstadt. Ihre damenhafte Haltung wurde von der Großmutter nicht nur hingenommen, sondern anerkannt, ja mit einer schüchternen, doch deutlichen Liebe bedacht, in der Stolz über die schöne, liebenswerte Frau ihres ältesten Sohnes mitschwang. Mama wiederum ließ die Großmutter ohne viel Worte Respekt und Zuneigung fühlen, denn sie erkannte die Noblesse und das gesegnete Leben der alten Frau.

Schon ihrer Herkunft nach unterschied sich Mama von der Familie Brecht. War es in Achern das Haus eines Bürgers und eigenständigen Handwerkers, der zwar nicht in üppigem, aber doch gewissem Wohlstand lebte, so stammte Sofie Brezing aus der Familie eines kleinen, vermögenslosen Beamten, wo Sparsamkeit in einem Maße herrschte, daß unser Vater nicht mit der Meinung zurückhielt, es sei auch am Essen gespart worden und damit habe man dem späteren Leiden seiner Frau Vorschub geleistet.

Sie wurde am 8. September 1871 in Roßberg bei Bad Waldsee als Tochter des Kgl. Württembergischen Stationsvorstandes Josef Friedrich Brezing (1842-1922) und dessen Ehefrau Friederike, geb. Gamerdinger (1838-1914) geboren und erhielt die Vornamen Wilhelmine, Friederike, Sofie. Sie war 26 Jahre alt, als sie am 15. Mai 1897 unseren Vater heiratete. Von ihrer Kindheit, dem Schulbesuch, ihrer Jugend ist uns ebensowenig bekannt geworden wie darüber, unter welchen Umständen, wann und wo sie unseren Vater kennengelernt hat und wie es um ihre Brautzeit bestellt war. Es ist eigentümlich, daß immer wieder versäumt wird, den Jungen ans Herz zu legen, sie möchten doch, solange Zeit dazu ist, ihrer eigenen Geschichte nachgehen, indem sie nach dem Leben der Eltern, der Geschwister, der Verwandten, nach deren ganz persönlichem Leben fragen, um das in Erfahrung zu bringen, was doch als verborgenes Vermächtnis in das eigene Leben eingeflossen ist.

Weder Papa noch Mama haben auch nur andeutungsweise aus der Zeit erzählt, die ihrer Ehe voranging. Sie hatten überhaupt keine Neigung, das, was wir von ihnen sahen und hörten, aufzubrechen, den Blick zu erweitern und die Rückschau zu erhellen. Was sie uns waren und galten, war Gegenwart. Es mußte uns so erscheinen und es erschien uns so, als hätte es vor uns auch sie nicht gegeben.

Mama war schlank, durch ihre aufrechte, grazile Haltung kam sie uns größer vor, als sie wirklich war. Wie groß war sie eigentlich? Ich glaube, nur ein bißchen kleiner als Papa. Sie hatte ein längliches, angenehm weiches, meist ziemlich blasses Gesicht mit dunklen Augen. Auf die Fülle ihres dunkelbraunen, fast schwarzen Haars war sie stolz. Sie trug es, zu dicken Zöpfen geflochten, hoch aufgesteckt, wie eine Krone, unter deren Last sie manchmal, wenn sie Kopfweh hatte, litt. Schlank, aber nicht mager, in der Taille, wie es üblich war, vom Korsett geschnürt, bot sie, immer gut angezogen, mit ihrem leichten aufrechten Gang, der ihr auch eigen blieb, als sie später vom Leiden befallen wurde, das Bild einer sehr gut aussehenden Frau, die alles um sich herum in Ruhiges, Kantenloses rückte. Dabei hatte sie bei der Begegnung mit Fremden eher etwas Schüchternes, Scheues an sich, hielt sich, ohne abweisend zu sein, mit liebenswürdiger Miene zurück, bis, je nachdem, eine Nähe erreicht, eine Kulisse beseitigt, ein nicht vorhandenes, aber wesenhaftes Tor geöffnet war.

Von links: Hermann Reitter, Frau Reitter (die Schwester der Mutter), die Mutter, Eugen. Davor: die Großeltern Brezing, 1910

Dann empfand man die Warmherzigkeit einer Frau, in der sich der Wunsch, hilfreich zu sein, mit der Abneigung gegen alles Harte, Derbe, Brutale und Gemeine verband. Es war unvorstellbar, daß ein schmutziges Wort über ihre Lippen gekommen wäre. Auch Eugen, ja gerade er, spürte ihre Verletzlichkeit, nahm Rücksicht darauf und tat es gern. Es gab niemanden, der sie nicht mochte und nicht mit jener Achtung behandelte, die, als eine Art Dankbarkeit für ihr Wesen, sich wie von selbst einstellte.

Sie war eine vorzügliche Köchin und hatte die Gabe, ihren Dienstmädchen, allen voran der Schwarzen Marie, in kurzer Zeit Sinn und Geschick fürs Kochen beizubringen. So, wie man von jemandem sagt, seine Handschrift – und man meint das von seiner Persönlichkeit geprägte Auftreten und Handeln – sei unverkennbar, so war das Kochen von Mama eine Handschrift, deren begehrte Züge das Leben ihrer Söhne angenehm machte. Zu den Feinheiten, die sie hervorbrachte, gehörte eine unvergleichliche Chaudeau-Sauce. Da sie dem kranken Kind als Medizin von seltener Köstlichkeit zu Ermunterung und Trost geboten wurde, war sie, wie der Kräftigungstrunk, der aus Rotwein, Eigelb, viel Zucker und Vanille bestand, für uns Buben manchmal der Anlaß, eine undeutlich, aber bedrohlich empfundene Krankheit anzumelden und sie trotz Beschwerdelosigkeit durchzustehen.

Dennoch war es auch Mama, die, wenn wir von der Schule heimkamen, nach dem Bestreichen der Brote mit Butter die Messerfläche senkrecht hielt und das zu dick Aufgetragene wieder wegholte, einfach, weil Sparsamkeit, an den Gesunden geübt, sich von selbst verstand. Sie lächelte dabei besänftigend und entschuldigend. Die Sparsamkeit, die nichts mit Geiz zu tun hatte und nie durch lehrhaftes Mahnen störte, hatte sie aus ihrem Elternhaus mitgebracht.

Ihre Eltern, unsere Großeltern Brezing, lebten, seit der Großvater in den Ruhestand getreten war, in Augsburg, auch in der Bleichstraße, uns schräg gegenüber im Haus des Schlossereibesitzers Kimmerle. Der Großvater war ein griesgrämiger alter Mann von gedrungener Gestalt, ziemlich dick, der Mund von einem kurzen Schnurrbart, Kinn und Wangen von einem schütteren Backenbart verdeckt. Wir sahen ihn nie anders als ordentlich angezogen im Lehnsessel sitzend, von wo aus er der Großmutter ab und zu mißfällig knurrende Befehle erteilte. Dennoch hat er uns nie unfreundlich behandelt, wenngleich nie klarwurde, ob ihm der Besuch von uns Buben Abwechslung oder Störung war. Ganz anders Großmama, eine von Grund auf gutmütige, liebenswerte Frau, von mittlerem Wuchs, ein bißchen zur Fülle neigend, aber mit ihrem fast stets besorgt lächelnden, angenehmen Gesicht eine gutaussehende, sich ohne Betonung würdig verhaltende, mütterliche Frau. Sie war die große Erzählerin. Sie sprach in breitem schwäbischen Dialekt, bei dem nicht mit »ha no«, »woisch des war so« gespart wurde und ebensowenig mit »narr«, das sie im Redefluß als Ausdruck der Verwunderung, des Aufmerksammachens, oft auch nur beiläufig verwendete, so etwa wie »man sollte es kaum glauben«. Mit einer Strick- oder Häkelarbeit beschäftigt, an der ihre Arme und Hände, ohne daß sie dazu hätte aufpassen müssen, lebhaft beteiligt waren, saß sie im Sessel, auch im Alter ohne Brille, und verweltlichte uns die Episoden der Biblischen Geschichte in einer Weise, die uns mit offenen Mündern dasitzen ließ. Dabei kam es ihr nicht so sehr darauf an, uns den christlich-religiösen Inhalt nahezubringen, als darauf, ohne Langeweile erzieherisch zu wirken.

Es war nicht als Entgelt gedacht, daß sie uns manchmal vom straßenseitigen Fenster im ersten Stock des Kimmerleschen Hauses von unseren Spielen wegrief und, mit Geld versehen, in den ›Lauterlech‹ schickte, gut eine halbe Stunde weit weg, um im Metzgerlädchen von Frau Schaller drei Paar Frankfurter Würste fürs Abendessen zu holen.

Ganz undankbar erwiesen wir uns, als wir ziemlich regelmäßig an den Sonntagvormittagen nach dem Kirchgang kommen und die Äpfel essen durften, die, in sauber geschälten Schnitzchen geschnitten, auf weißen Tellern uns erwarteten. Ursprünglich mögen die Äpfel ausgezeichnet gewesen sein, und die im Keller waren es vielleicht noch, aber wir bekamen sie nicht anders zu Gesicht als in dem vom Stehen und Warten verwelkten, leicht rostig gewordenen Zustand der Schnitze, die Großmama, nachdem sie einen Handkorb voll Äpfel aus dem Keller geholt, nach Entfernen alles Angefaulten aus den übriggebliebenen Teilen herausgeschnitten hatte. Erst mit diesem Apfelessen verrottete der durch die Stunde in der Barfüßerkirche angeschlagene Sonntagvormittag oft vollends.

Während aus örtlichen Gründen zu den großelterlichen Botengängen nur Eugen und ich herangezogen wurden, teilten sich in das Vergnügen des Äpfelessens auch unsere Vettern Fritz und Richard Reitter. Mamas ältere Schwester Amalie, die mit Onkel Hermann verheiratet war, lebte auch in Augsburg. Onkel Hermann Reitter hatte, ebenfalls in der Papierfabrik Haindl, als Ingenieur das Kalkulations-, Rezeptur- und Prüfwesen unter sich. Die Familie wohnte mit den zwei Söhnen in einem älteren Gebäude der Fabrik selbst, einem dunklen Haus, das von zwei Kanälen umflossen war, die hinter dem Haus und einem schmalen, wenig gepflegten Gartendreieck zusammentrafen. Um zu dem Haus zu gelangen, mußte man am Pförtnerhäuschen des auf dieser Seite des Hauptkanals gelegenen Fabrikteils vorbei, an den Gebäuden entlang nach hinten zu dem die Halbinsel abschließenden Trakt gehen, wo man in dem Wohnhaus von einem dunklen Flur aus über eine breite Treppe nach oben zu den zwei Wohnungen gelangte.

Tante Amalie war eine lebhafte Frau, genau wie Onkel Hermann uns Kindern immer von Herzen zugetan. Auch die zwei Schwestern, Mama und Tante, verstanden sich gut. Tante Amalie trug einen Zwicker am langen Band. Sie sprach, wenn nicht sprudelnd, so doch gern, besuchte auch Kränzchen, wo sie mit anderen Damen zusammenkam. Onkel Hermann, der aus der Ulmer Gegend stammte, war ein stattlicher, mit Sorgfalt und Geschmack gekleideter Mann. Seiner Freundlichkeit und Aufgeschlossenheit wegen erfreute er sich allseits großer Beliebtheit. Er liebte die Berge und schuf einmal Aufregung, als er in Tirol bei Tannheim abstürzte und sich einen komplizierten Beinbruch zuzog. Nach ein paar Tagen wurde er mit einem Auto der Papierfabrik heimgeholt. Wir standen da, als man ihm aus dem eleganten, offenen Packard half und ihn in die

Wohnung hinauftrug. Das schöne Auto mit Bastian, dem Herrschaftschauffeur, machte auf uns, zusammen mit dem von weißen Mullbinden dick umwickelten Gipsverband des linken Beines, einen haftenden Eindruck.
Fritz war so alt wie ich, Richard zwei Jahre jünger. Beide Vettern, der Stolz ihrer Eltern, waren in der Schule vorbildlich, Fritz der Ruhigere, Besinnlichere, Richard, kleiner von Gestalt, von dem es schon früh hieß, daß er es einmal weit bringen würde. Wir waren oft beisammen zu Spielen in der Wohnung und im Freien.
In der anderen Wohnung auf gleichem Flur lebte die Familie Echsenberger. Herrn Echsenberger bekamen wir kaum zu sehen, auch Frau Echsenberger trat für uns wenig in Erscheinung, wohl aber die Tochter Pepi, die damals, so um die zwanzig Jahre alt, in dem Kaufhaus ›Spanier‹ Verkäuferin war. Zwischen den beiden Familien bestand eine gewisse Distanz, die vor allem auf die fünf Katzen zurückging, die Echsenbergers hatten. Aber Pepi zeigte sich immer nett, und einmal übernahm sie es, als Nikolaus aufzutreten.
Eugen und ich waren bei Reitters, es hatte längst zu dunkeln begonnen. Man hatte uns gesagt, wenn wir brav seien, komme vielleicht der Nikolaus. Wirklich polterte es dann an die Tür, und aus dem Treppenhaus, in dem nur ein einziges Licht brannte, trat er ein, genau so, wie man ihn kennt, in hohen Stiefeln und brauner Kutte, mit langem weißen Bart, die Kapuze auf dem Kopf, in der einen Hand ein dünnes Rutenbündel zum Strafen, während die andere an der Schulter die Zipfel des Sackes zusammenhielt, der ihm über den Rücken hing. Er machte begrüßende und auch etwas drohende

Gesten, sprach aber nicht, wohl um seine Stimme nicht zu verraten. Wir hatten keine große Angst, wir glaubten das Spiel zu durchschauen – bis wir aus dem Sack die Beine eines Kindes hängen sahen. Sie hingen bis zu den Knien heraus und waren mit Kinderschuhen und schwarzen, unter den Knien endenden Strümpfen bekleidet. Es durchfuhr uns ein kalter Schreck. Wir mußten annehmen, Nikolaus habe ein ungezogenes Kind im Sack, das sich nicht rührte, ein totes Kind. Schauder erfaßte uns, wir schrieen, bis die Großen erkannten, daß man zu weit gegangen war. Nikolaus entpuppte sich als Pepi, die ihren Bart abriß, den Sack herunternahm und öffnete. Sie hatte, um als Nikolaus glaubhaft zu wirken, die Beine einer Schaufensterpuppe eingepackt und aus dem zugebundenen Sack herausragen lassen.

Außer ihrer älteren Schwester Amalie hatte Mama auch einen zwei Jahre jüngeren Bruder Eugen (1873-1908). Er wurde, wie sein Vater, zuerst Eisenbahnsekretär, dann Stationsvorstand und lebte in Göppingen, wo er sich (19. 5. 1900) mit der in Stuttgart geborenen Anna Pauline Sophie Brecht verheiratete, die aber mit unserer Familie Brecht höchstens ganz entfernt verwandt war. Sie hatten einen Sohn Max Hermann (3. 4. 1902), der, nicht im Vollbesitz geistiger Kräfte, ein Sorgenkind wurde. Sorgen hatten wohl auch schon seine Eltern bereitet. Es hieß, daß beide tranken und die Ehe zuletzt zerrüttet war. Beide erreichten kein hohes Alter. Die Mutter starb 1907 einunddreißigjährig, wenig später der Vater mit 35 Jahren.

Doch nur selten, und auch dann nur flüchtig, wurde über Vater und Mutter von Max gesprochen, als hätte

die darüber vergangene Zeit ihre Schicksale ausgelöscht.
In Wirklichkeit aber mag da eine nie bewältigte Pein die Gemüter belastet und in manchem späteren Verhalten der Schwester und der Eltern Eugen Brezings die Hand im Spiel gehabt haben. Sollte Mama ihren einzigen Bruder, einen begabten, hübschen, sympathischen Menschen, zudem das Nesthäkchen der Familie, nicht geliebt, seinem Straucheln und Unglück nicht verzweifelt zugesehen haben? Und Großvater? Vielleicht war er ehedem gar nicht so unleidlich gewesen. Wahrscheinlich hatte er ehrgeizige Hoffnungen auf den Buben gesetzt. Als braver, dem Eisenbahndienst verschworener und sich für dessen Sicherheit verantwortlich fühlender kleiner Beamter hatte er wahrscheinlich mit hilflosem Entsetzen die sich anzeigende Trunksucht seines dem gleichen Dienst verpflichteten Sohnes aus der Ferne beobachtet.
Man schwieg, wir wissen nichts. Und doch hat das alles unsere Mutter, ihre Schwester, Tante Amalie, und die Großeltern Brezing sicherlich tief gequält; ein Bestandteil des Testaments, das nie niedergeschrieben worden ist.
In der Zeit, von der bisher gesprochen wurde, machte der Altersunterschied von zwei Jahren zwischen uns Brüdern mehr aus als später; doch dann kam anderes hinzu, und beides bestimmte tief wirkend das gegenseitige Verhalten, das, auch als wir älter waren, nie ganz zu einem Ausgleich gelangte. Unberührt davon blieb ein geschwisterliches Zusammengehörigkeitsgefühl von scheuer Zartheit. Davon zeugt ein später dem Bruder gewidmetes Gedicht.

Walter und Eugen Brecht, 1916

Der Geschwisterbaum

In der Niederung eines Flusses tief im Haselstrauch und Erle feuchte
wiegte Wind beiden Schwestern zitternd zu in Ruh —
der Norden der manchmal oben hochdrüber rauschte
kam hier in diese Tiefe niemals zu.
Doch hörten sie den Sturm nie — weil der immer brauste....

Solange sie unten im wirren Gehölze verblieben
hatten sie gleiche Freunde und gleichen Wind.
Sie sagten zu einander: Ich.
Sie waren in einem Stamme vereint,
und wuchsen zusammen geschwisterlich.
Und sie sahen sich oben am oben zu wissen
immer noch oben wo keiner schnitt.
Und als sie dann oben sich von einander weiten
und sagten fremder zu einander: Du
waren sie oftmals wieder ein Stamm zu scheinen —
Aber ganz oben, in späteren Jahren
wuchsen sie wieder einander zu.

In jenen Jahren aber als sie auseinander strebten
begannen die Wurzeln der Wurzeln tief in der Erde.
Die hatten sie für sich allein, doch lebten
sie oft zusammen wenn beim tiefen Wandern
das Wasser allzusehr mit fremder Wurzel rang
die sich um sie und gegen Wurzeln wehrte —
doch oben blühten sie dennoch in sonnig stiller Ruh:
Die ~~Äste~~ fühlten oben weich aber den andern
wie ihre Wipfel festlich lustige Gebärde
und leise sangen sie einander zu.

Sie sahen nie. Doch fühlten sie
heimlich den Wind und die dunkle Luft und ~~das Wind~~ Licht
mit 1000 Fingern. Wenn aber ein zitternd Wolkenbruch[illegible].
Sie fühlten zitternd zusammengedrängt im dunkel erhoben betäubt; sie fühlten
die wilde Glut des Zweien in wunderseligen Nacht.
Sie sahen die Sterne nicht:
Sie fühlten sie. Sie wußten aber ihren Duft.
Der Strich war ein wunderbarer dunkler Duft
in der ~~[illegible]~~ fröhlich wachsen Kraut:
So wuchsen sie auf wie Wunder frisch
sich [illegible] in die Nachtwinde
leuchtend Licht.

Im Anfang des dunklen Lebens war sie [illegible] herausgelösten
fremd Stimmen [illegible] mussten Wegen würgen, Wunder auszustrahlen,
~~[illegible]~~ sie beide die Vorschrift und die ~~[illegible]~~ Armut der fremden
Gebärde die sich an Andere lehrt.
Sie klagten gern. Es war Wonne sich selber gut klagend
selbst lachend zu hören wie der Jugend am stärkst
und im Dunkeln am Boden klagend liegt
~~während~~ man selbst im allerdunkelsten Licht
aufatmend die breiten Küsse breitet.
Sie wurden sich fremd in den fremden Dingen
Sie ~~klagten~~ sich später doch manchen Winter der endlos war
anfangs ohne ~~die Hoffnung der~~ Wichtigkeit zu wissen und ganz verborgen
fürchteten sie: es sei sich nach Welt macht oft und sterben lässt ...
Und auch später noch manchen Nachtklagenden gehen
entdeckten sie mit Wonne und mit Scheu:
die ~~[illegible]~~ Kühle frostiger Frühjahrsmorgen –

Der Regen nach dem Gewitter zerdrückt und der sie durch und durchnässt
dass sie beinahe ertranken – der Hagel der ihre Blüten zerriss –
Gewitter das alle Äste schaudernd zusammen gerafft –
Und der sich wild in den Blättern verbiss –
Und der Atem der Winde! Oh der Wind der sie frühzeitig bog dass sie ganz außer sich
und zerzaust vor Angst wie arme schreiende Menschen und sich im dunklen Grund auf-
~~zerschlagen~~ duckend in den stillen Gärten und der stille Wunder
und dazu sieht, sie auch der Erde zu gönnen,
Der auch sie schnell die sich ostwärts beschaut
wenn die Sonne auf unsre Erde wärmer war
oder wie ich und ihr einig lange in Nächten die alten Gründe verschworen –
in solchen Nächten des Windes und des zusammen gebetet:
Sie standen gemeinsam Wache in dieser Nacht
Sie mussten sie beide halten. Sie hielten sie beide ....
Oh das Gefühl, dass sie ganz allein sterben müssten!
Der Wind trieb sie auseinander. Sie wussten
sich zitternd und schmiegten sich enger und fühlten noch Freude
dass es sich feindlich endlich und ein Ende wäre ....
Und am stillen Abende oben, es neigte sie sich,
es lachten die Winde, es bebte die Weite ....
Da neigten sie zitternd die Wipfel bereit
und neigten sich schwesterlich hoch in der Weite
und neigten sich zitternd zueinander zu.

Meinem Bruder Walter zugedacht:
Meiner lieben Mutter 1918 zum Geburtstag.

Der Geschwisterbaum

In der Niedrung eines Flusses, tief wo
Haselstrauch und Erle hauste
Wiegte Wind kaum spürbar zitternd sie in Ruh –
Der Sturm, der manchmal oben furchtbar sauste
Kam hier in diese Tiefe niemals zu.
Auch hörten sie den Strom nie – weil der immer
brauste . . .

Solange sie unten ins niedre Gehölze verbissen
Hatten sie gleiche Freunde und gleichen Feind.
Sie sagten zueinander: Ich
Sie waren in einem Stamme geeint
Und wuchsen zusammen geschwisterlich.
Und sie sehnten sich, ohne von oben zu wissen
Immer nach oben, wo Sonne scheint.
Und als sie dann oben sich voneinander gerissen
Und sagten fremder zueinander: Du
Waren sie oftmals wieder ein Stamm in Gefahren –
Aber ganz oben, in späteren Jahren
Wuchsen sie wieder einander zu.

In jenen Jahren, wo sie auseinander strebten
Begannen die Kämpfe der Wurzeln tief in der Erde.
Die hatten sie für sich allein, doch bebten
Sie oft zusammen, wenn beim tiefen Wandern
Das andere allzuschwer aus fremder Wurzel rang
Die sich wie *sie nur gegen Sterben wehrte –*
Doch oben blühten sie derweil in sonnig stiller Ruh:
Sie fühlten oben eines von dem andern
Nur ihrer Wipfel festlich lustige Gebärde
Und leise sangen sie einander zu.

Sie sahen nie. Doch fühlten sie
Heimlich den Wind und die dunkle Luft und das Licht
Mit tausend Fingern. Sturm war eine peitschende Wolkentracht.
Sie fühlten zitternd zusammengedrängt ins Dunkel, erhoben betränt ihr Gesicht
Die wilde Ekstase des Juni in einer seligen Nacht.
Sie sahn die Sterne nicht:
Sie fühlten sie. Sie wußten von ihnen doch.
Der Himmel war ein wunderbar dunkles Loch
In das hinein man fröhlich wachsen konnte:
So wuchsen sie aus einer dumpfen Gruft
Hoch hinauf in die durchsonnte
Lockende Luft.

Im Kampf des dunklen Bodens, wo sie, um heraufzukommen
Fremde Stämme entwurzeln mußten, Wurzeln würgen, Sträucher niederstampfen
Verloren sie beide die Unschuld und die Anmut der frommen
Gebärde, die sich an andere lehnt.
Sie kämpften gern. Es war Wonne, sich höher zu krampfen
Selbst lachend zu hören, wie der Bezwungene stöhnt
Und im Dunkeln am Boden kriechend leidet
Während man selbst im erkämpften Lichte
Aufatmend die breiteren Äste breitet.
Sie wurden sich fremd in den fremderen Sorgen
Sie kämpften sich stumm durch manchen Winter, der endlos war

Anfangs ohne von Frühling zu wissen, und ganz
verborgen
Fürchteten sie: es sei Höhe, was kalt ist und
sterben läßt . . .
Und auch später nach manchem durchkämpften
Jahr
Entdeckten sie neue Wonne und neue Gefahr:
Die tödliche Kühle frostiger Frühjahrsmorgen. –
Den Regen, nach dem sie lange gedürstet und
der sie dann so durchnäßt
Daß sie beinahe ertranken – den Hagel, der ihre
Blüte zerriß –
Gewitter, das alle Äste schauernd zusammenpreßt –
Wind, der sich wild in den Blättern verbiß –
Und vor allem der Sturm! Oh, der Sturm,
der sie frühjahrs bog, daß sie ganz wirr
Und sinnlos vor Angst nie mehr schnaufen
konnten und sich im dunkeln Himmel auf-
ächzend in den Hüften prüften, und der vielen
Stunden
Immerzu suchte, sie aus der Erde zu zerren
Der einte sie schnell, die sich oftmals befehdet
Wenn die Sonne auf einer Seite wärmer war
Oder ein Loch nur für eines *langte in*
Sträuchern, die allen Himmel versperren –
In solchen Nächten des Sturmes wurde
zusammen gebetet:
Sie spürten gemeinsame Wurzeln in dieser Gefahr
Die mußten sie beide *halten. Die* hielten *sie*
beide . . .
Oh, das Gefühl, daß sie ganz allein sterben müßten!
Der Sturm trieb sie aneinander. Sie küßten

Sich zitternd und schmiegten sich enger und
fühlten noch Freude
Daß es hoch hinauf wirklich nur ein *Körper*
war . . .
Und an stillen Abenden oben, es wiegte sie Ruh
Es kosten die Winde, es lockte die Weite . . .
Da neigten sie zitternd die Wipfel beide
Und neigten sich schwisterlich hoch in der Weite
Und neigten sich zitternd einander zu.

Meinem Bruder Walter gewidmet: Meiner lieben Mutter 1918 zum Geburtstag (8. September).

Damals jedoch machte vor allem der vom Älteren gewählte Kreis seiner Freunde, weniger bei den Spielen im Haus als im Freien, Gemeinsamkeiten ziemlich rar.

Uns Jüngeren gegenüber trat Eugen, wenn er sich schon um uns kümmerte, nicht anders auf als gegenüber seinen Altersgenossen. Es war eine Haltung von oben herab, die etwas Komisches gehabt haben muß, von uns aber nicht so empfunden wurde. Wir ganz Jungen empfanden sie einfach als wenig einladend, denn sie zeugte vom Willen, den Ton anzugeben. Er gab sich gebieterisch überlegen, woran uns um so weniger gelegen war, als er mit Gereiztheit und Schmähungen nicht sparte. Es konnte sogar zu Tätlichkeiten kommen.

Zum Herauskehren der Überlegenheit gehörte es, uns häufig als die Dummen, die hoffnungslosen Idioten zu behandeln. Dabei billigten wir ihm die Überlegenheit zu, aber wir billigten sie keineswegs etwa mit dem Ge-

fühl des Respekts, sie entfernte ihn von uns. Wir erkannten sein Anderssein, das ging bis zur Schärfe des Erfühlens des Genies. Natürlich war uns der landläufige Begriff ›Genie‹ unbekannt, doch hatte er sich, unbekannt oder nicht, unserem Bewußtsein eingeprägt. Eugens Anmaßung erschien uns daher nie unglaubwürdig, unerlaubt oder gar lächerlich, aber als ein Ärgernis, fremd, auch unheimlich, sogar bedrohlich.
Verstärkt wurde dieses Empfinden durch Eigenheiten, die wir uninteressanten, primitiven Burschen nicht besaßen. Er war nervös, hatte über Jahre mit einem Zucken der linken Gesichtshälfte zu tun, das ihm eine Grimasse abzwang, bis es sich von selbst verlor. Auch sein Herz gab zu Klagen Anlaß. Von Mama begleitet und versorgt, durchstand er Kuraufenthalte in Bad Dürrheim und Bad Königsfeld im Schwarzwald. Dabei hatte es Mama nicht leicht mit ihm, denn, wie zu Haus, mußte er auch dort zu gründlicher Sauberkeit fast mit Gewalt gedrängt werden, obwohl doch Mama zu härteren Maßnahmen nicht geeignet und ganz auf Geduld und Überredung angewiesen war.
All dies mag dazu beigetragen haben, daß die Mutter, die mit Sorge den Abstand sah, der sich zwischen ihrem älteren Sohn und allen anderen vergrößerte, wahrscheinlich auch mit Angst die ihn kennzeichnende Fremdheit empfand, ihm vielleicht gerade wegen dieses Andersseins zur Zuflucht wurde.

VOR DEM KRIEG, KRIEG

In die Jahre vor Beginn des Weltkriegs fiel für uns die erste Begegnung mit der Entwicklung der Technik. Da waren die Anfangsstadien der Luftfahrt. Für die Freiballone, die wir am Himmel entdeckten, wo sie sanft dahinsegelten, galt das nicht, denn das Freiballonfahren hatte auch damals schon eine Tradition, an deren Entstehen und Wachsen Augsburg herausragenden Anteil gehabt hatte. Seit langem schon fertigte die im Norden der Stadt gelegene Ballonfabrik Riedinger die Hüllen und Körbe und eben die ganze notwendige Ausrüstung der Ballone. Meist von Kugelgestalt, seltener eiförmig, besaßen sie einen Inhalt von etwa 1000 Kubikmetern, ihre Hülle bestand aus einem gummierten, zum Schutz gegen Wärmestrahlen gelben Baumwollgewebe. Wir freuten uns, wenn wir die goldgelben Kugeln mit den darunter hängenden dunklen Körben weit in der Ferne oder nahe über der Stadt sahen, es war dann fast immer gutes, helles Wetter, das dem Ganzen eine heitere und doch prickelnde Note verlieh. Die Ballone waren entweder im Augsburger Gaswerk mit Stadtgas oder in der ›Lech-Chemie‹ in Gersthofen mit Wasserstoffgas gefüllt worden und hatten, im ersten Fall mit zwei, im anderen mit drei bis fünf Personen im Korb, vom Ort des Füllens aus den Höhenflug begonnen, den Höhenflug in der Strömung des Windes, der dort oben die Menschen in seine Arme nahm, aber so, daß sie nichts von ihm spürten und seine Stärke nur an der Geschwindigkeit maßen, mit der unter ihnen die Felder und Wälder, Dörfer und Städte zurückblieben. Dem geschäftigen Werktagsleben am Boden enthoben, durchflogen sie den Raum. Uns begeisterte der Wagemut, mit dem sich die Piloten einem unbekannten Ziel entgegentreiben ließen.

Anders die lenkbaren Luftschiffe. Wir standen unter den Zuschauern, als ein Parsivalballon am Großen Exerzierplatz gelandet war und von Soldaten festgemacht wurde.

Der Zeppelin erschien öfters über der Stadt. Mit der Eleganz seiner starren, langgestreckten Gestalt, der Ruhe, mit der er einen großen Kreis zog, erschien er uns als die Verkörperung einer in die Zukunft weisenden Vision. Wir reckten die Hälse, warfen den Kopf zurück und riefen, von Stolz erfüllt: »Zeppelin, Zeppelin!« Die Bestürzung eines jeden, als die Katastrophe geschah, der der ›Zeppelin L 2‹ 1908 in Echterdingen zum Opfer fiel, war eine nationale Sache.

Als sich mit den Flugzeugen »schwerer als die Luft«, den Aeroplanen, eine Entwicklung zu vollziehen begann, die viele von uns Jungen von Grund auf faszinierte, begab sich in einer Mathematikstunde an unserer Oberrealschule etwas, das sich den Schülern der Klasse für immer einprägte.

An einem Junitag 1914 hörten wir morgens, daß zwischen 9 und 10 Uhr eine Militärmaschine, gesteuert von dem Fliegerleutnant Götz, dem Sohn unseres Mathematiklehrers, auf dem Flug von München nach Augsburg nahe am Schulgebäude vorbeifliegen werde. In dieser Stunde saßen wir bei Oberstudienrat Götz im Mathematikunterricht. Schon bald nach Unterrichtsbeginn vernahmen wir das sich nähernde Propellergeräusch. Natürlich eilten wir an die Fenster und sahen den Doppeldecker in so geringer Höhe, daß man den Piloten, der in unsere Richtung winkte, gut erkennen konnte. Seltsam war, daß Oberstudienrat Götz, an der Tafel stehend, unserem stürmischen Zum-Fenster-Jagen nicht wehrte, in seinem Vortrag aber fortfuhr, als sei alles wie sonst. Er ging nicht zum Fenster; er sah nicht einmal hin. Wir hatten dafür keine Erklärung. Wollte er uns ein Beispiel bis zur Selbstverleugnung reichender Pflichterfüllung geben, oder war ihm – eine ganz andere Sache – die Berufswahl seines Sohnes zuwider? Damals, vor dem Kriege, stand ein junger Fliegerleutnant zwar im Rufe pionierhafter Tapferkeit, doch manche glaubten auch, vor allem die Väter, darin einen Vorwand zu sehen, sich den Pflichten eines geregelten Lebens zu entziehen. Oder war es einfach nur die väterliche Angst um den draufgängerischen Sohn, die Furcht, ihn mit eigenen Augen abstürzen zu sehen, die ihn zwang, sich dem Spektakel so zu verschließen?

Als ich am Abend dieses Tages an die Stunde im Klassenzimmer zurückdachte, ging mir auf, wie tief für den alten Lehrer die Kluft sein mußte, die sich zwischen ihm und uns, der unreifen Jugend, auftat, eine Kluft, die von seiner Seite aus, auch wenn er uns eine gewisse schwermütige Sympathie nicht versagte, nur durch Pflichterfüllung zu überbrücken war.

Zu jener Zeit spielte das Auto wohl eine immer größer werdende Rolle, wir aber hatten wenig oder nichts damit zu tun. Einmal allerdings nahm mich Peter Schulz, dessen Vater eine Lastkraftwagengarage verwaltete, nach Feierabend mit. Ich durfte in der dämmrigen, stillen Halle auf den Fahrersitz eines Wagens klettern und mich am Steuer zurechtsetzen. Sofort empfand ich das berauschende Gefühl, in den Bereich einer überwältigenden und doch mühelos beherrschbaren Kraft eingetreten zu sein. Mit pochendem Herzen und genußvoller Ehrerbietung legte ich die Hände auf das Steuerrad. Es war eine Art Taufe.

Von diesem Ereignis abgesehen, gab es zum Auto keinen Kontakt. Auch der Familie stand das Gefährt noch fern. Zum Bahnhof wurde man, wenn es sich um Reisen mit Gepäck handelte, mit dem Einspänner gebracht, in anderen Fällen benutzte man die Trambahn. Der Arzt kam mit der Pferdedroschke, die Krankenwagen waren, wie die Fahrzeuge von Feuerwehr und Militär, mit Pferden bespannt.

Doch das Auto hatte etwas Erregendes an sich. Wir hörten gespannt zu, wenn Bastian, der Herrschaftschauffeur des Hauses Haindl, von großen Fahrten mit dem Auto erzählte. Er fuhr eine elegante amerikanische Limousine, deren Dach sich öffnen ließ. Er sprach immer von oben herab und nannte die Fußgänger Fußvolk. Zu uns Buben war er leutselig, es machte ihm Spaß, ausführlich auszumalen, wie er auf Überlandfahrten heimlich eine Peitsche mit sich führte, die er aus dem fahrenden Hinterhalt mit Schwung benutzte, wenn ihm auf schmaler Straße ein Bauer begegnete, der seine Kühe auf die Weide trieb oder ihm, ihn absichtlich nicht bemerkend, mit seinem Heuwagen den Weg allzulange nicht freigab.

Womit wir unsere Fortbewegung beschleunigten, war das Fahrrad. Eugen hatte das seine früher bekommen als ich, er war ein sehr gewandter Fahrer und zog oft mein Rad, wenn es ihm bequem zur Hand war, vor.

Aber weder mit meinem noch mit seinem eigenen Rad ging er pfleglich um, das Reinigen überließ er anderen. Einmal war er in die Stadt gefahren und hatte das Rad abgestellt, das Schloß am Hinterrad gesperrt, den Schlüssel aber zu Hause gelassen. Er mußte also das Hinterrad anheben, um das Vorderrad schieben zu können. Es konnte nicht ausbleiben, daß er von Passanten angesprochen wurde. Die einen fragten, ob er sich das Abschleppen eines gestohlenen Fahrrads nicht zu einfach gedacht und das Risiko, der Polizei zu begegnen, außer acht gelassen habe. Andere wieder fragten, ob er sich überhaupt noch vorstellen könne, wie leicht, schnell und bequem man mit einem unverschlossenen Fahrrad vorwärtskomme. Am meisten ärgerte ihn die Frage, wie lang wohl die bis jetzt zurückgelegte Strecke im Vergleich zu der gewesen sei, die er noch vor sich habe. Die Fragen waren nicht böse gemeint, aber doch mit einer so hämischen Heiterkeit gestellt, daß er, äußerlich gefaßt, innerlich kochte. Der Fahrradschlüssel wurde ihm zu einem Symbol.
Die Selbstsicherheit, die er besaß, wurde auf dem Rad vielleicht noch um einige Nuancen angehoben, denn eines Tages schreckte er nicht davor zurück, einem Schutzmann auf die Finger zu hauen; der hatte, um ihn beim Fahren anzuhalten, die Lenkstange ergriffen; wahrscheinlich war Eugen auf dem Trottoir gefahren. Mit einem schwarzen, von einem Elfenbeingriff geschmückten Stöckchen, das er quer über die Lenkstange gelegt bei sich trug, schlug er dem Polizisten auf den Handrücken und radelte davon. Das geschah eines Nachmittags unten am Stephingerberg und hatte merk-

würdigerweise, wohl weil der Polizist allzu verblüfft war, keine Folgen.
An einem Sonntagvormittag machte uns Vater beim Gang über den festtäglichen Königsplatz auf einen schlanken Herrn in leicht fortgeschrittenem Alter, von ruhiger Eleganz und Vornehmheit, aufmerksam. Es war Dr. Rudolf Diesel, dessen Erfindung bereits begonnen hatte, dem Verkehr zu Lande und zur See ein neues, in seinen unerhörten Möglichkeiten allerdings erst ahnbar gewordenes Gesicht zu geben. Nicht viele Jahre später rief mir der Tod, mit dem dieser Mann auf rätselhafte Weise aus dem Dasein verschwand, sein Bild zurück. Er war abends an Bord eines Schiffes gegangen, das von Ostende aus nach England fuhr, aber unter den ankommenden Passagieren fehlte er. Sein Verschwinden wollte mir als Zeichen jener Schicksalsmächte erscheinen, welche mitunter eine von ihnen mit Geist gesegnete, mit Ruhm und Reichtum überhäufte Existenz jäh auslöschen.

Mitte 1914, in unserer Schulferienzeit, nahm der Krieg seinen Anfang. Wie die Jahre zuvor, war ich bei Großmutter in Achern. Man war hier dem Rhein und dem westlichen Grenzland näher als in Augsburg, und als ich nach schwieriger Eisenbahnfahrt heimkam, hatte ich den Eindruck, als sei man hier tatsächlich weiter weg von allem, doch nicht, als würden die Dinge leichter genommen, im Gegenteil, die dem Krieg zujubelnde Besessenheit, man konnte es nicht anders nennen, besaß mehr Frenetik als dort. Wie es schien, hatte sie jeden erfaßt. Auch Papa war in Hochstimmung,

zwar nicht stürmisch erregt, bestimmt aber in seinen Reden, die den Beschlüssen von Kaiser, Reich und Land nachdrücklich recht gaben.
Gleiches galt für Eugen, doch verlieh er dem, was ihn bewegte, den vernehmlichsten Ausdruck. Schon zwei Jahre vorher hatte er zu schreiben begonnen, und 1913 war von ihm und seinem Freund Julius Bingen die Schülerzeitschrift ›Die Ernte‹ gegründet worden. Sie enthielt Satiren, Kurzgeschichten und Gedichte, unter dem Pseudonym Berthold Eugen. Von jeder Nummer erschienen vierzig Exemplare, die man für 15 Pfennige kaufen konnte. Jetzt aber waren es große Tageszeitungen, die Erzählungen, Aufsätze, vor allem patriotische Gedichte von ihm veröffentlichten. Im ›Erzähler‹, der literarischen Beilage der ›Augsburger Neuesten Nachrichten‹, erschienen zudem Rezensionen, und die ›München-Augsburger Abendzeitung‹ brachte im August und September des ersten Kriegsjahres seine *›Augsburger Kriegsbriefe‹*. Sicher waren die Redaktionen der Meinung, es bei dem Autor mit einem Erwachsenen zu tun zu haben.
Es war lodernder, wahrscheinlich aus der Größe des Ereignisses erwachsener Enthusiasmus, den er dem Krieg entgegenbrachte. Ihn bezeugen auch die Kriegsspenden-Postkarten, für die er die Texte schrieb, während sein Freund Fritz Gehweyer die meist allegorisch gehaltenen Zeichnungen beisteuerte. Eugen war, wie er Mitte August 1914 in einem Essay versicherte, von der Unumgänglichkeit des Kriegs überzeugt und stimmte den für den Krieg werbenden Leitworten der deutschen Presse zu. Sein Patriotismus reichte so weit, daß er noch zu Beginn des Jahres 1915 Kaiser Wilhelm II.

zum ersten Kriegsgeburtstag ein Huldigungsgedicht schrieb.
In der Familie war man stolz auf Eugen, und er selbst fühlte sich ganz gewiß durch die Achtung, die die angesehenen Zeitungen seinen Beiträgen zollten, in seiner Berufung bestätigt.
Jetzt, in den ersten Tagen des August 1914, waren auch wir beide den ganzen Tag unterwegs, standen in den Straßen und sahen mit vielem Volk die Bataillone unter klingendem Spiel zu den Verladeplätzen marschieren, die damals schon feldgraue Uniform blumengeschmückt, das Gewehr geschultert, die schwarzledernen, blanken Teile der Pickelhaube von feldgrauem Tuch verdeckt, denn den Stahlhelm gab es noch nicht. Blumen flogen durch die Luft, lachenden Mundes wünschte man den Soldaten Glück. Am Bahnhof kündeten die mit Kreide beschriebenen Wände der Waggons mit der Inschrift ›Viel Feind, viel Ehr‹, ›Jeder Schuß ein Russ‹, ›Jeder Stoß ein Franzos‹ von übermütiger Siegesgewißheit. Es waren Rufe ausgelassener Unvernunft, ein Haß, der keineswegs vorhanden, nicht einmal vorgetäuscht war; er lieferte lediglich das Bild für die Stunde nationaler Erregung. Den Soldaten wurde Bier, Kaffee und Wein gereicht, das Rote Kreuz bot Kakao, Tee, Kuchen und Biskuits an, vom blauen Himmel schien strahlend die heiße Sommersonne. Geschwirr von Lachen, Singen und Zurufen, eigentlich ein wogendes Fest, von keinen Gedanken an Gefahr und Mißgeschick getrübt. Wohl flossen die Tränen der Mütter und Bräute, doch sie flossen verklärt: »Ach, der Ludwig kommt ja schon in spätestens ein paar Wochen wieder, der Krieg ist schnell gewonnen und noch vor

Herbstbeginn vorbei.« Als die Lokomotive schrille Pfiffe ausstieß und der riesige Zug unter den Klängen des ›Mueß i' denn, mueß i' denn zum Städtele hinaus‹ anzufahren begann, dauerte es nicht lange, bis er eine große Leere hinterließ. Kein Zweifel, daß jetzt mancher von einem würgenden Gefühl ergriffen wurde.

Schon wenige Wochen nach Kriegsbeginn trafen auf dem Lager Lechfeld die ersten Kriegsgefangenen ein. Wir hörten davon und machten uns mit unseren Fahrrädern auf den Weg. Es war ein Septembernachmittag, wir hatten uns mit Äpfeln, Birnen und Pflaumen versehen, auch mit Kuchen und Schokolade, um den Gefangenen etwas reichen zu können. Wir sahen sie schon von weitem, französische Infanteristen, die noch die roten Hosen trugen. Man ließ uns nahe heran, der Stacheldrahtzaun war so locker gefügt, daß wir die Soldaten auch ansprechen konnten. Jenseits des Zauns standen sie, meist in Gruppen. Da die Versorgung noch friedensmäßig war, machten wir mit unseren Geschenken nicht viel Eindruck, wir mußten froh sein, daß wir sie überhaupt loswurden. Wie uns schien, waren die Männer nicht bedrückt, sie redeten und lachten, nur einzelne standen abseits, aber auch sie zeigten keine feindselige Haltung, so wenig wie die Besucher. Mit unserem Französisch war kein Staat zu machen, zwar verstanden sie, was wir sagten, ihre Antworten aber wurden für uns zu rasch gesprochen.

Dabei fällt mir ein, daß im Sommer des vorausgegangenen Jahres der Vater unseres Mitschülers Karl Holzapfel seinen Sohn sechs Wochen lang in Paris bei einem befreundeten Hotelier untergebracht hatte, da ihm, der selbst Besitzer eines angesehenen Augsburger Hotels war, daran lag, den Bub an Ort und Stelle die französische Sprache sprechen lernen zu lassen. Im Alter von 13 Jahren ging das denn bei Karl auch rasch, aber in unserer Schule brachte ihm das nichts sein. Der Französischlehrer verbat sich die unmögliche Aussprache Karls. Er sagte: »In meiner Klasse wird so gesprochen, wie ich es euch lehre. Dieses schlampige Pariser Französisch dulde ich nicht.«

Mit ihren sehr lebendigen Gesichtern, mit den von keck sitzenden Käppis bedeckten dunklen Haaren und dem lebhaften Gebärdenspiel wichen die französischen Gefangenen von unserem Bild des Militärischen und Soldatischen ab. Sie waren uns fremd, aber nicht feind. Sie standen jenseits des Stacheldrahts, das Schicksal hatte ihnen mitgespielt. Oder war es Kriegsglück, daß sie Leben und Gesundheit behalten hatten? Intensiv fühlten wir, daß das Kriegsglück auf unserer Seite des Stacheldrahts war. Wir fuhren nachdenklicher heim, als wir gekommen waren.

Es dauerte auch nicht lange und am Bahnhof wurden die ersten Verwundeten ausgeladen. Das sprach sich schnell herum. Auch wir begaben uns zu den Zügen, wo viele Menschen ihr Bestes taten, ihre Neugier zu unterdrücken und statt dessen den mit Verbänden auf den Bahren Liegenden oder an Krücken Humpelnden – sie waren alle schon draußen gut versorgt worden – Mitempfinden und bewundernde Ehrerbietung zu zeigen. Man trat zurück, um die Sanitätssoldaten und die Krankenschwestern nicht zu behindern, aber wo es ging, wurden die Heimkehrenden mit Blumen, mit Gebäck und Schokolade beschenkt. Es gab ja alles noch reichlich, doch wer gut zusah, konnte sich eines fröstelnd aufkommenden Angstgefühls nicht erwehren. Zwar leuchteten die Verbände in üppigem Weiß, aber der Krieg wies zum erstenmal Züge auf, die bis jetzt verborgen geblieben waren.

Diese verhalten mahnenden Zeichen verbanden sich mit den ersten unüberhörbaren Nachrichten vom Heldentod einzelner. Schon im September 1914 schreibt Eugen das Gedicht ›*Mutter sein* . . .‹, das zum erstenmal auf große Opfer hinweist, die die Zeit fordert. Und schon im Juni 1915 ist mit dem Gedicht ›*Französische Bauern*‹ eine Haltung gegen den Krieg erkennbar. Wenige Monate zuvor erschien im April das wunderbare, schon die Größe seiner Lyrik anzeigende Gedicht ›*Der Geist der »Emden«*‹, das zwar immer noch vom vaterländischen Gedanken des Krieges zeugt, zugleich aber auch Klage und Anklage ist.

Es dauerte daher nicht lange, bis sich in ihm eine gegen alles Militärische und Nationalistische gerichtete Überzeugung entwickelte. Zunächst aber war alles noch friedlich, die Heimat lebte wie eh und je.

Beginn und Verlauf des Weltkriegs fielen in unsere Schulzeit. Eugen war 1908, ich 1910 von der Volksschule in die Höhere Schule übergetreten. Er ging ins Realgymnasium an der »Blauen Kappe«, ich in die Kreisoberrealschule an der Hallstraße, die ihren Eingang von der Katharinengasse aus hatte. Manchmal war unser Weg eine gewisse Strecke lang derselbe, er führte die Kastanienallee entlang zum Unteren Graben, dem wir bis zum schmalen Übergang vor dem ›Mauerbad‹ folgten. Es ging den Schmiedberg hinauf bis zur Karolinenstraße, wo sich Eugen an der Leonhardskapelle nach rechts, Richtung Stadttheater, wandte, während ich der Hauptstraße folgte. Am Perlach, dem Augustusbrunnen und dem Rathaus vorbei, kam ich in die Bürgermeister-Fischer-Straße und bog nach links, das schöne Zeughaus rechts lassend, über den Zeughausplatz in die Katharinengasse ein. Das Gebäude der Oberrealschule war ehedem ein Kloster. Mit den gotischen Kreuzgängen, der Höhe der Räume und der Kahlheit der Korridore hatte es viel von der Strenge der klerikalen Vergangenheit bewahrt.

Es wäre zuviel gesagt, wollte man behaupten, die Schule hätte uns keine Schwierigkeiten bereitet. Zwar haben wir sie beide ohne ernstliches Versagen hinter uns gebracht, jeder neun Jahre lang bis zum bestandenen Abitur, ohne eine Klasse repetieren zu müssen. Aber bei mir war es so, daß mich das Vermeiden des Sitzenbleibens an mehreren Schuljahresenden harte Mühe kostete, während sich bei Eugen, der in fast allen Fächern, zwar ohne Glanz, doch problemlos mitkam, von der Unterprima an ernste Konflikte mit den Deutschlehrern einstellten.

Mich vermochte mein Besuch der Oberrealschule weder durch das Gebot des dauernden Lernenmüssens noch durch die Art, wie die Wissensstoffe an uns herangebracht wurden, genügend zu fesseln. Weil es dem Ganzen an Auflockerung, kurz, an Humor mangelte, versuchte ich durch eigenes Dazutun die Lücke zu schließen. Da dies aber nicht ohne Folgen blieb, hieß es z. B. im Jahreszeugnis der vierten Klasse, im Juli 1914:

»Er mußte wegen nicht ausreichenden Fleißes und unruhiger Haltung oftmals getadelt werden. Seine Leistungen genügen in einzelnen Fächern nur bescheidenen Ansprüchen. Das Betragen war nicht tadelfrei.«

Vater war aber auch gezwungen, zu unregelmäßigen Zeiten seinen Namen unter brieflich übermittelte Bemerkungen zu setzen, die aussagten, daß man mit meinem Verhalten nicht zufrieden war. Er nahm dies nicht übermäßig ernst, doch als es ihm einmal zuviel wurde, meinte er, es sei meine Sache, wenn ich in der Klasse den Hanswurst spiele, ihm aber solle ich künftig diese lästigen Beschwerden fernhalten.
Das war eine Großzügigkeit, die ich zu würdigen wußte. Sie nahm höchstes Ausmaß an, als im Weihnachtszeugnis 1914 ein Eintrag lautete: »Geringe Aussicht, das Klassenziel zu erreichen.« Hier schlug mir Vater ein Abkommen vor. »Du bist zu jung und zu unreif«, sagte er, »um zu ermessen, welchen Verlust die Wiederholung einer Schulklasse für dich später bedeutet. Sie schneidet ein ganzes Jahr aus deinem Leben heraus. Wenn du mir versprichst, daß du nie sitzenbleiben wirst, werde ich meinerseits alle künftigen Zeugnisse, ohne hinzuschauen, unterschreiben.« Ein Vertrag, der gewissenhaft gehalten wurde und ihm Sorgen und Ärger, mir aber viel Schelte ersparte. Für mich kam es nun darauf an, mit den sogenannten Vermerken von Jahr zu Jahr abzuwechseln, also darauf zu achten, daß das in einem Fach erhaltene ›Ungenügend‹ im nächsten Jahr keinesfalls das gleiche Fach belastete. Zwei im gleichen Fach aufeinanderfolgende Vermerke zogen unerbittlich das Wiederholen der Klasse nach sich. Ich

nahm mich zusammen, so daß das Zeugnis des Notabiturs im Juli 1918 den erstaunlichen Wortlaut besaß:

»Hat mit großem Fleiß recht wohlbefriedigende Fortschritte erzielt. Das Betragen war gut.«

Gleichwohl wurden die in der Freizeit verbrachten Stunden angenehmer empfunden als der Unterricht. Mit Xaver, dem Sohn des Augsburger Hauptlehrers Schaller, war ich schon von der ersten Klasse an viel beisammen. In der siebten Klasse, nachdem manche Augsburger Schüler mit dem Zeugnis der Einjährigen-Reife die Schule verlassen hatten und von den Realschulen des Landes andere zur Kreisoberrealschule gekommen waren, trat auch Heini Götzger aus Lindau bei uns ein. Sein Vater besaß in Aeschach ein altes Holzbau-Unternehmen. Heini hatte sofort unsere Sympathie, weil er in der rechten Gesäßtasche ein langes, feststehendes, in einer Lederscheide steckendes Messer mit imponierendem Hirschhorngriff trug.
Wir drei hielten uns gerne am Lech auf, dem von den Alpen herkommenden, keineswegs harmlosen Gebirgsfluß, der mit Wirbeln und sich dauernd verändernden Tiefen unbotmäßigen Charakter besaß. Als wir wieder einmal dort badeten, sprang ich von einem aus dem Wasser ragenden Pfeilerstumpf hinter dem verfallenen Wehr in den Wirbel, hatte aber dessen Gewalt unterschätzt. Ich wurde von der Strömung in die Tiefe gerissen und konnte nur mit Mühe wieder hochkommen und ruhigeres Wasser erreichen. Zum Wehr zurückschauend, sah ich Heini auf jenem Pfeilerstumpf stehen. Er blickte in meine Richtung und schlug lang-

sam ein großes Kreuz. Das war eine so kaltschnäuzige Gemeinheit, daß sie mir die Kraft gab, vollends ans Ufer zu gelangen.

Einige Wochen später stand Heini in der Geschichtsstunde vorne vor der Tafel. Er sollte über den Geschichtsabschnitt referieren, den wir als Aufgabe mitbekommen hatten. Da ihm dies nicht gelang, wandte sich Professor Hengge zum Katheder, zog das Büchlein aus der Brusttasche und machte einen für Heini bedeutsamen Eintrag, denn Heinis Versetzung in die nächste Klasse hing am dünnen Faden. In diesem Augenblick, als uns Dr. Hengge den Rücken zukehrte, stand ich in meiner Bank auf, sah Heini ernst an und schlug langsam ein großes Kreuz.

Heini war wie ich Protestant, Xaver katholisch. Er bekam es zu spüren, daß seinen Konfessionsgenossen eine ziemlich strenge klerikale Überwachung zuteil wurde. Es war in der zweiten Klasse, daß Hochwürden Pfarrer Schmidberger, Xavers Religionslehrer, seinen Schüler ermahnte, er solle seinen Umgang mit mir, dem Protestanten, einschränken, am besten abbrechen. Xaver machte von dem geistlichen Rat keinen Gebrauch.

Für unser kameradschaftliches Zusammensein spielte der Unterschied unserer Glaubensbekenntnisse keine Rolle. Erst als man, etwas älter geworden, begann, kritisch zu denken, wurden wir auf Unterschiede in der Wesens- und Verhaltensart der Menschen beider Konfessionen aufmerksam. So schien es uns Protestanten, als ob unter den Katholiken, von der Kirche gefördert, ein festerer Zusammenhalt bestünde, der sich über die einzelne Familie, über die Bekannten, überhaupt über das Leben in der Gemeinschaft erstreckte, aber auch in der Wahl auf dem Einkaufs-, dem Stellenmarkt und hier hinauf bis zu den höchsten Ämtern verankert war. Dabei verriet sich da und dort gegen die ›Ketzer‹ eine ziemlich unverhüllte Animosität.

Doch deutlich, mit festlicher Betonung, kam die Zusammengehörigkeit der Katholiken in den Prozessionen zum Ausdruck, die an hohen Feiertagen unter kirchlichem Gepränge durch die geschmückten Straßen zogen.

Uns erschienen Menschen unserer Zeit, vertraute, aufgeschlossene Bekannte, die an den kultischen Gebräuchen der katholischen Kirche festhielten und sie ohne Befangenheit ausübten, verdächtig. Sie befremdeten uns. Dies Empfinden trat fast schmerzhaft auf, wenn wir, etwa bei der Christmette, in den Dom eintraten, um ehrerbietig und dankbar am Genuß teilzuhaben, den die Schönheit der Heiligen Messe Auge und Ohr bot. Wir blieben nahe am Eingang stehen, etwas abseits. Wir fühlten uns nicht gerade verängstigt, doch unbehaglich, gaben wir uns doch durch unsere Verweigerung der frommen Gesten, des Sich-mit-Weihwasser-Besprengens, des Niederkniens, des Sichbekreuzigens, als nicht zur Gemeinde gehörig zu erkennen und erregten wahrscheinlich Unmut.

Mochten dies äußere Dinge sein, so war uns beim Versuch, in die eigentliche religiöse Vorstellungswelt des katholischen Menschen einzudringen, dort der Weg versperrt, wo es um die verlangte Hinnahme von Wundern ging, die sich jeder Erklärung durch Vernunft entzogen.

Noch gründlicher war unser Unverständnis für den Anspruch der Katholischen Kirche auf die Alleinseligmachung. Es wollte uns nicht einleuchten, daß alle in der Welt unschuldig Lebenden und Leidenden, die, aus welchen Gründen auch immer, der christlich-katholischen Taufe und der letzten Ölung nicht teilhaftig geworden waren, von der das Heil im Jenseits spendenden Gnade ausgeschlossen sein sollten.

Natürlich sprachen wir über diese Dinge mit unseren katholischen Freunden. Es entging ihnen nicht, daß wir hier und da den Vorwurf des Anachronismus erhoben. Sie dagegen behaupteten, uns mache fast frevelhafte, sich jeder Verantwortung entziehende geistige Ungebundenheit zu Sophisten, denen die Kirche mit Recht das Himmelreich verschließe.

Die Dispute fanden ihr Ende mit einer These der Katholiken, der wir uns nicht verschlossen, ja sie sogar mit etwas Neid gelten ließen. Sie lautete, daß man zwischen zwei Ebenen des Geistes zu unterscheiden habe – der der Vernunft und der höheren des Glaubens, wo die Vernunft keinen Platz habe. Neid war es, weil uns die Fähigkeit, geistig auf dieser Ebene zu leben, als Gnade erschien, die uns nicht gewährt war. Neid, wenn man so will, beschlich uns auch, wenn wir an den ganztags unverschlossenen katholischen Kirchen vorbeigingen und bei einem Blick ins Innere, auch wenn keine Messe gelesen wurde, betende Menschen an den Pfeilern stehen oder in den Bänken knien sahen, seltener Männer, meistens alte, gebrechliche Frauen. Sie hatten das Gotteshaus für eine Weile stärkender Zuflucht aufgesucht. Unter ihnen auch Frauen mittleren Alters, Hausfrauen, Mütter, die für ein rasches Gebet, wie für ein Atemholen, schnell hereingekommen waren.

Wir begriffen, daß sich der Arme an diesem Ort in einer ihm sonst unzugänglichen prunkhaften Schönheit wiederfand, die wie jedem anderen auch ihm offenstand. Und wenn beim Gottesdienst Orgelmusik und Chorgesang erschollen, der Priester in wechselnden Gewändern sich feierlich-bedeutungsvoll bewegte und schließlich die Heilige Wandlung zelebrierte, während Weihrauch duftete und die Glöckchen läuteten – durfte sich der Gläubige in der Gemeinschaft der andächtig-demütig Knienden verklärt als Ziel göttlicher Offenbarung empfinden.

Vom geistigen Inhalt des bewundernswerten, auch uns ergreifenden Schauspiels wußten wir nichts, gingen ihm auch nicht nach. Wir spürten aber, daß im Unterschied zur kirchlichen Atmosphäre bei uns das Sinnliche, das auf die Natur des Menschen eingeht, eine wesentliche Rolle spielt. Dies zu berücksichtigen war eine der Aufgaben, und nicht die geringste, die zum Amt des katholischen Pfarrers gehörten. Der Zwang zur Beichte, aber auch die Freimachung von Schuld, waren ihm als Mittel, das uns geheimnisvoll dünkte, an die Hand gegeben.

Da war auch sein Wesen, das uns volksnäher erschien als das des Protestanten, dessen Gesicht manchmal sogar, kaum verborgen unter dem gepflegten Bart, Schmisse aus der Universitätszeit trug. Da er mit seiner Predigt einen viel umfassenderen Anteil am Gottesdienst und dessen Wirkung hatte als der katholische Amtsbruder, der sich meist einer schlichteren Rhetorik bediente, stellte sich bei uns oft Langeweile ein, die auch durch das Singen der eintönigen Gesangbuchlieder nicht gemildert wurde. Mit dem Kampf gegen das

ungehörige Einschlafen vergällte sie uns den sonntäglichen Kirchenbesuch.
Doch es waren nicht die Predigten allein, die uns, von wenigen Ausnahmen abgesehen, das Christentum nicht wirklich nahe zu bringen vermochten. Fremd blieb uns auch die im Religions- und Konfirmandenunterricht behandelte Lehre. Eugens Interesse war im Konfirmandenunterricht lebhaft. Aber auch für ihn wurde das christliche Bekenntnis nie zu einem bestimmenden Teil.
Mein Bemühen, eine befriedigende Vorstellung, z. B. vom Heiligen Geist, zu gewinnen, blieb erfolglos. Was Früchte trug, war großenteils das Verdienst der Mutter und der Großmutter Brezing, die uns durch ihr prachtvolles Erzählen biblischer Geschichten entzückte. Doch auch ihnen, den sehr Geliebten, gelang nicht viel mehr, als mit ihrem anschaulichen Berichten und Erfinden das Porträt eines allzu väterlichen Lieben Gottes in uns zu erzeugen, das manchem, eigentlich fast allem, was später auf uns eindrang, nicht standhielt.
Damals brachte die Großmutter ihn uns sehr nahe und schuf, von unserer Mutter und ihren zu abendlicher Bettzeit mit uns geführten Gesprächen unterstützt, ein inniges Verhältnis zu dem alten, bärtigen Mann, das ein wichtiger Besitz im täglichen Leben von uns Kindern wurde. Unsere Vertrautheit mit ihm, die absolut an seine praktische Allmacht glaubte, ging so weit, daß z. B. ein kleiner Freund, als er eines Tages eine Küchenschere verlegt hatte und ermahnt worden war, sie baldigst wieder zu finden, beim Nachtgebet leise, aber bestimmt sagte: »Lieber Gott, die Scher' muß her.«
War es denn also so, daß wir in einer Kirche saßen, die

Auge und Ohr nicht durch Pomp verwöhnte, und wir mit leichter Mißgunst an die prunkvolle Welt der Katholiken dachten, so war entscheidend, daß uns unsere Welt anders prägte. Sie stellte uns mehr auf uns selbst, gab uns eine freiere Geisteshaltung mit. Uns war kein Kult mit Bekreuzigung und Kniefall auferlegt. Wir waren frei von den Zwängen zur bitteren, ja grausamen Einkehr, wie sie das in den katholischen Kirchen, den Kapellen, den Wohnungen, in der offenen Landschaft aufgehängte Kruzifix verlangte, frei auch von der Düsternis, die um die Todeszeichen der Marterln wehte, frei auch von der Klage und Anklage, die der Inquisition durch die Jahrhunderte hindurch nachhallten.

Der Umgang mit dem Tod war für uns Protestanten ein anderer. Wir verbanden ihn nicht mit der zwingenden Vorstellung eines beseligenden Himmels und einer mörderisch strafenden Hölle.

Ich sah meinen ersten Toten, als ich mich, zwölf Jahre alt, mit älteren Freunden auf eine Gebirgswanderung begeben hatte. In den Vorbergen hörten wir, daß unterhalb des Ettaler Manndls ein am Tag zuvor beim Klettern im Fels abgestürzter Junge aufgebahrt sei. Im Lichterschein von ein paar Kerzen lag er im Sarg. Um seinen Kopf ein weißer Verband, das bleiche Gesicht in einem fast lächelnden, ergreifenden Frieden. Vielleicht bin ich deshalb später dem Anblick toter Menschen nicht ausgewichen, wie es Eugen tat, den lange eine unüberwindliche Scheu vor der Begegnung mit Toten zurückhielt.

Im ganzen gesehen, waren jedoch die Unterschiede in den Glaubensdingen nur unterschwelliger Art, sie nahmen, von dem Gefühl der Freundschaft weit überlagert, im Zusammenleben des Alltags keinen Raum ein. Und nicht nur von Freund zu Freund, auch vor dem breiten Forum des Gymnasiums zeigten die Schüler beiderlei Konfessionen ein einheitliches Verhalten. Daß sie dabei allerdings nicht immer von der Obrigkeit gelobt wurden, ist durch ein Begebnis belegt, das sich bei uns in der fünften Klasse der Oberrealschule ereignete.

Wie an jedem Schultag hatte sich die Klasse auch am Faschingsdienstag zu Unterrichtsbeginn von den Sitzen erhoben, um dem Morgengebet zu lauschen, das der ›Wöchner‹ vorlas. Der Wöchner hatte die Aufgabe, je eine Woche lang die Klasse in Dingen wie das Auf- und Zumachen der Fenster, Tafelreinigen, Papierkorbleeren usw. in Ordnung zu halten. Er stand mit dem Gesicht der Klasse zugewandt und hielt die kleine Papptafel mit dem darauf gedruckten Gebet in der Hand, das übrigens durch alle Jahre hindurch dasselbe war und dennoch in meinen neun Jahren in der Oberrealschule von keinem Wöchner jemals auswendig vorgebetet wurde. Am Fenster neben dem Katheder stand der Englischlehrer Dr. Lindner, ein junger norddeutscher Studienrat, den wir, weil er forsch, aber gerecht und humorig war, gelten ließen. Es war also alles wie sonst beim Morgengebet und doch etwas anders, denn außer dem Studienrat hatten zu Ehren des Faschingstages alle, auch der Vorbeter, eine große, farbige Pappnase aufgesetzt.

Leider ging unerwartet die Tür auf und herein kam, noch unerwarteter, der Herr Rektor. Anscheinend war er von dem sich bietenden Anblick sehr betroffen, denn es gab dann eine lange Geschichte, die der junge Englischpädagoge, der es offensichtlich gut mit uns gemeint hatte, ausbaden mußte. Welche von beiden Kirchen ihm das Leben schwerer machte, war leicht zu erraten.

Bruder Eugen hörte sich solche Dinge mit großem Vergnügen an. Sein Sinn für Humor war außergewöhnlich. Er lachte gerne, sein Lachen war hell und schallend.

Während bei mir von einer wechselseitigen Wirkung zwischen Schüler und Schule nicht gesprochen werden konnte, sah das bei Eugen anders aus. Zwar hat er später mit betontem Sarkasmus geäußert, ihm sei nicht vergönnt gewesen, seine Lehrer zu fördern, und die Pennälerzeit sei ihm als ein ›Eingewecktsein‹ erschienen, doch haben sich das Realgymnasium und er, besonders in seinen letzten Schuljahren, so miteinander angelegt, daß beide Spuren davongetragen haben.

Bis Juli 1911 besuchte er das Hauptgebäude des Kgl. Bayr. Realgymnasiums an der ›Blauen Kappe‹, vom Herbst desselben Jahres ab wurde wegen Überfüllung ein Teil seiner Klasse in Räume verlegt, die von der Kirchenverwaltung St. Georg angemietet worden waren. Sein Schulweg war jetzt kürzer, er ging ihn sechs Jahre lang, bis zum Kriegsnotabitur im März 1917.

Zunächst machte er im Gymnasium nicht weiter von sich reden. Seine Intelligenz befähigte ihn, ohne sonderliche Anstrengungen mitzukommen. Später aber kamen seine Lehrer in Deutsch und Geschichte nicht mehr mit ihm zurecht. In Deutsch hieß die Zensur entweder Eins oder Vier. Zwar gab es über seine Beschlagenheit in literarischen Dingen keinen Zweifel, ebensowenig über seine herausragende Begabung, aber die

Art, wie er sich mit den in Kriegszeiten in Geschichte und Deutsch gestellten Aufsatzthemen befaßte, stieß auf den erbosten Widerstand seiner Lehrer. Man zieh ihn der Eigenwilligkeit. Zu einem ersten Zusammenstoß kam es in der Unterprima, als er sich bei der Behandlung von Wallensteins Lager verächtlich über Schillers Pathos äußerte und die Stirn hatte, das ›Lager‹ als ein *›Oktoberfest mit Bierausschank‹* zu bezeichnen.

Über all dies wurde natürlich auch zu Hause gesprochen, wobei Papas Meinungen mit denen Eugens selten konform gingen. Ganz konform mit ihnen gingen aber die seines Freundeskreises.

Man sprach von einer Brecht-Clique, einer kleinen Gruppe von drei bis fünf jungen Menschen, die sich, die Mehrzahl von ihnen Schulkameraden, um Eugen scharten. Man traf sich bei der Bank am Stadtgraben gegenüber unserem Wohnhaus oder in einer Gartenlaube hinter dem Haus in der Müllerstraße, wo Rudolf Hartmann wohnte, vor allem aber im Mansardenzimmer Eugens im Haus Bleichstraße 2. Schach wurde im Wohnzimmer gespielt, das auch die Heimstätte eines Schachvereins war, der mit seinen sechs Mitgliedern um 1913 jeden Mittwochnachmittag tagte. Wie Eugen selbst, waren fast alle seine Freunde musikalisch, manche von ihnen, wie Fritz Gehweyer, Georg Pfanzelt und Ludwig Prestel, weit über den Durchschnitt begabt. Eugen sprach bei den Zusammenkünften über seine Arbeiten, las aus ihnen vor und sang neue und alte von ihm gedichtete Lieder zur Gitarre, von denen die meisten er, einige ich vertont hatte. Wie er sang, hat Max Hohenester beschrieben: »Er sang nicht schön, aber mit einer hinreißenden Leidenschaft, trunken von seinen eigenen Versen, Einfällen und Gestalten, wie andere von Wein, und machte die, die ihm zuhörten, wiederum trunken, wie nur Jugend sein kann.« Die Faszination, die von ihm ausging, schilderte Otto Münsterer, der jüngste unter den Freunden, mit den Worten: »Als geistigen Führer haben ihn wohl alle empfunden und anerkannt, mir wurde er zum Leitbild und zum bewunderten großen Bruder.« Dabei war es nicht sein Äußeres, das die Bezauberung ausmachte. Er war nachlässig gekleidet, lehnte es, wo es ging, ab, eine Krawatte zu tragen, mit seinem oft schmutzigen Hemdkragen und den unsauberen Fingernägeln rief er bei manchen abfällige Kritik hervor. Es war bekannt, daß, von seinem Äußeren und Auftreten ganz abgesehen – er konnte trotz seiner manchmal fast ängstlichen Schüchternheit frech und arrogant wirken –, in seinem Kreis die bürgerlichen Ideale unsanft behandelt wurden und, wie es Hans Otto Münsterer ausdrückte, der Grundton seiner Arbeiten unüberhörbar in die Nähe des Nihilismus führte. Daher erforderte die Mitgliedschaft in der Clique etwas Mut; daß er von den Leuten ›Spinner‹ genannt wurde und sie in ihm einen Bürgerschreck sahen, war noch die mildeste Form der Ablehnung. Die Clique aber fuhr in Sommernächten mit lampiongeschmückten Ruderbooten auf dem Schwanengraben, mit Lampions machte man nächtliche Streifzüge durch die Stadt und brachte den Mädchen Ständchen. Eugen sang eigene Lieder und Lieder von Wedekind. Einer spielte Violine, einige hatten die

Mundharmonika dabei oder summten die Melodie mit. Oder man wanderte zum Pfannenstiel und Lueginsland, suchte die Altstadt auf und kehrte in Bierschänken ein. Beliebt war Gablers Gastwirtschaft am Mittleren Lech. Es wurden Gedichte vorgetragen. Mein Freund Xaver Schaller war dabei, als Eugen in einer vollbesetzten, üblen Kaschemme in der Bäckergasse zur Gitarre griff und mit seiner aufreizend-krächzenden Stimme Goethes ›Gott und die Bajadere‹ vorsang. Es sei still geworden, alle hörten sie zu, und als er geendet hatte, wurde er von den Fuhrleuten, den Ganoven und Dirnen mit Beifall überschüttet.
Untertags und in den milden Jahreszeiten konnte man der Freundesgruppe in Augsburgs Umgebung begegnen. Meist wurden die Ufer des Lechs aufgesucht, der mit verfallenen Wehren und ihren Strudeln das Schwimmen zu einem Abenteuer machte. An den langgezogenen Kiesbänken nahm man ausgedehnte Sonnenbäder. Um hin zu gelangen, ging man das linksseitige Lechufer entlang flußabwärts, ließ das Industrieviertel mit der MAN, der Ballonfabrik Riedinger und der Haindlschen Papierfabrik hinter sich und kam in die Wolfzahnau, die, mit Weidengebüsch und Bäumen bestanden, zum Verweilen am steinigen Ufer einlud. Sie war weiter nach Norden vom ›Wolfzahn‹ begrenzt, der, als dicht umzäunte Naturschutzinsel vor dem Zusammenfluß von Lech und Wertach gelegen, aus der Unzugänglichkeit des grünen Gewirrs von Gras und Büschen und Laubbäumen den Reiz des Geheimnisvollen bezog. Auf der anderen, der rechten Seite des Lechs lag das Griesle; es wurde trotz des weiten Wegs, den man zunächst zu der Lechhauser Brücke und drü-

ben lechabwärts zurücklegen mußte, von der Clique weit häufiger besucht. Das Ufer bot sich zum Schwimmen angenehmer dar, man saß auf grasigem, warmem Erdboden und war von niederem, lockerem Weidengebüsch umgeben; vor der westlichen Ferne, über den Fluß weg, stand die zierliche Silhouette der Stadt mit dem Turm des Ulrichsmünsters, den Kuppeln des Rathauses, dem Perlach und den zwei spitzen Domtürmen. Man sang zur Gitarre, oder Eugen las vor.

Eugen ist mit seinen Freunden nicht immer sanft umgesprungen. Doch wenn er ihnen ein von Geist und schöpferischem Temperament sprühender Messias war, so ist gewiß, daß auch er sich, ohne es allerdings deutlich zu zeigen, der Clique sehr verbunden fühlte. Denn das begeisterte Mitgehen, wie auch leidenschaftliches Widersprechen, brachten ihm Anstöße, zumal es unter den Freunden hochbegabte Menschen gab.

Alles in allem spielte sich das Leben der Clique in einer einzigartigen, durch geistige Sensationen hochgetriebenen Atmosphäre ab. Ihre Spannung bezog sie nicht nur aus der sich manchmal überschlagenden Folge von Eugens Gedichten und dem von klirrender Musik begleiteten Vortrag, sondern auch aus weithergeholter Literatur mit aufrüttelnden Zitaten und nicht zuletzt aus Eugens herausfordernder Selbstgewißheit, die mit Äußerungen der Selbstverherrlichung die Grenzen des Größenwahns nicht nur streifte, sondern bereits als veritabler Größenwahn eines Pennälers erscheinen mußte. Da waren Ausrufe wie: »Ich werde zeigen, daß ich so schreiben kann, wie es die Welt verlangt!« Oder: »Ich kann Theaterstücke schreiben, besser als Hebbel, wildere als Wedekind!« und: »Ich muß berühmt werden, damit ich den Menschen zu zeigen vermag, wie sie wirklich sind.« Vor seinen Freunden konnte er so etwas sagen. Da er sie brauchte und sie nie vergaß, ja, ihnen ein Leben lang auf seine Weise die Treue hielt, sei versucht, sie, soweit ich sie kennenlernte und in der Erinnerung behalten habe, zu zeichnen.

Die meisten habe ich gekannt. Mit einigen, wie Caspar Neher, Müllereisert und Scheuffelhut, bin ich nur flüchtig in Berührung gekommen, von anderen habe ich früher oder später nur die Namen gehört.

Julius Bingen kam oft zu uns ins Haus. Ab 1911 war er mit Eugen in derselben Klasse. Mama mochte ihn, er stammte aus einer angesehenen Augsburger Familie.

Gleiches läßt sich von Fritz Gehweyer sagen, dessen Vater mit unserem Vater befreundet war. Die Familie Gehweyer wohnte in der Stein-Gasse, im Haus des Traunerschen Kleidergeschäfts, von dem wir unsere Bleyleanzüge bekamen.

Der einzige, der nicht dieselbe Schule besuchte wie Eugen, war Georg Pfanzelt. Die Freundschaft mit ihm, der älter als Eugen war, reichte am weitesten, wohl bis in die Vorschulzeit, zurück. Er wohnte in unserer Nähe, in der Klauckestraße. Obgleich ich manche Stunde im Freundeskreis verbrachte, der mich holte, wenn es um Klavier- und Gitarrespiel, auch um gemeinsames Singen von Eugens Liedern ging, steht kein anderer so deutlich vor meinem Auge wie Pfanzelt. Er stach von den übrigen ab und besaß vielleicht gerade deshalb für Eugen besonderes Gewicht. Ich lernte ihn besser als manchen anderen der Gruppe kennen, weil er, da auch er in die Oberrealschule ging, fast denselben Schulweg hatte. Wir trafen uns jeden Werktagmorgen am Bürgergarten. Er stand Mama, obgleich er ihr respektvoll begegnete, weit weniger nahe als die anderen Freunde Eugens. Es war etwas Düsteres, Altes, um ihn: ich konnte mir nicht vorstellen, wie er als Kind ausgesehen und sich verhalten hatte.

Mittelgroß, von eckiger Gestalt, zog er das rechte Bein wegen eines Klumpfußes nach. Er hatte ein spitzes, blasses Gesicht und dunkles Haar. Für Mathematik begabt, im Zeichnen überdurchschnittlich, bereitete ihm die Schule keine Schwierigkeiten. Er spielte hervorragend Klavier und pflegte schwelgerisch zu improvisieren. Ich hatte das unangenehme Empfinden, er versuche unablässig in mir das Gefühl zu erwecken, ein vom Schicksal besonders Benachteiligter zu sein. Er war sarkastisch, besaß bissigen Humor und mag der einzige unter den Freunden gewesen sein, dem das Vulgäre lag. Es machte ihm Vergnügen, mich, den viel Jüngeren, mit grob sexuellen Aussprüchen zu irritieren. Wahrscheinlich fühlte sich Eugen vom ungewöhnlichen Wesen dieses verquälten, aber geistig unabhängigen Menschen gefesselt, der durch scharfen Widerspruch, durch seine Liebe zu klassischer Klaviermusik, aber auch zu bizarren Songs, die künstlerische Atmosphäre verdichtete. Es ist richtig, daß ihm etwas Mephistophelisches anhaftete, ich jedenfalls fühlte mich in seiner Nähe nie behaglich. Er hielt jedoch Eugen aus einer tiefen Freundschaft heraus über sein ganzes Leben die Treue, für die ihm der Dank im Werk Brechts nicht vorenthalten blieb.

Eine Freundschaft, die für beide Teile unvergleichliches künstlerisches Gewicht besaß, verband Eugen mit Rudolf Caspar Neher. Zu Hause nannten sie ihn Rudolf, für Eugen war er einfach der Cas (mit scharfem s). Cas war oft bei uns, mit Ideen geladen und dem Können gesegnet, sie ins Bild zu setzen. Blond, sehr groß, breit, mit großem Kopf, länglichem Gesicht mit festen Zügen, freundlich und nicht laut, hat er sich mir gut eingeprägt. 1911 kam er ins Realgymnasium in Eugens Klasse. Schon drei Jahre später verließ er das Gymnasium wieder und nahm in München das Kunststudium auf. Cas gehörte immer zur Gruppe um Eugen. Als der ›Baal‹ entstand, brachte er stets neue zeichnerische Entwürfe und Aquarelle, die Baal und Szenen des Stücks so zeigten, wie er es sah. Eugen fand sie als so bezaubernde Bestätigung und Bereicherung seiner eigenen Auffassung, daß er Wände und Decke seines Mansardenzimmers mit den Bildern versah. Natürlich ahnte damals niemand, daß Neher einer der ersten Bühnenbildner nicht nur Europas werden würde. Er war bescheiden, lachte gern; aus dem streng konservativen bürgerlichen Haus eines Oberlehrers kommend, trug er sich gepflegt, ja man hatte das Empfinden, daß ihm alles billig Bohemienhafte zuwider war. Ich möchte meinen, daß er und Pfanzelt Eugens engste Freunde waren.

Auch Hartmanns Freundschaft begleitete Eugen durchs ganze Leben. In seinem Elternhaus in der Müllerstraße wurde ein vom Mitschüler Ernst Bohlig erstandenes Puppentheater aufgestellt, zuerst in der Wohnung, dann in einem Lagerschuppen. Eugen wählte die Stücke aus, studierte sie mit Hartmann, dessen Kusine Ernestine und mir ein und übte Regie, die auch vor Aufführungen wie Hauptmanns ›Biberpelz‹ nicht haltmachte. Rudolf war als guter Gitarrespieler auch bei den Streifzügen der Clique dabei. Auf dem Plärrer übertraf er Eugen beim Schiffschaukeln, denn obgleich Eugen vom Schiffschaukeln begeistert war und es in Gedichten pries, war er für seine Person eher etwas zurückhaltend, weil ihm rasch übel wurde. Das Umgekehrte wäre einleuchtender gewesen, denn Rudolf Hartmann war die Ruhe selbst, Sanftheit und gütige Milde standen ihm deutlich genug auf dem Gesicht geschrieben.

Weit seltener kam ich mit Otto Müllereisert in Berührung. Er schien mir nur wenig in Eugens Runde zu passen. Hochgewachsen, schlank, dazu fast wie ein Dandy gekleidet, sah man, daß er nicht wie die anderen aus unseren Kreisen stammte. Er hatte immer Geld, mit dem er auch nicht knauserig umging. Er lachte viel, war wohl witzig, brachte aber eine burschikose, das Hänseln liebende Leichtigkeit mit. Er gehörte die ganze Zeit zu Eugens engsten Freunden.

In dem sich mit den Jahren zeitweise ändernden Zirkel begegnete ich weiteren Freunden. Da war Heinrich Scheuffelhut, der sich manchmal auch mit mir abgab, leger, aber auf gute Umgangsformen bedacht, warmherzig, aufgeschlossen, ein vorzüglicher Schachspieler, der oft zu uns ins Haus kam, aber auch in der Gartenlaube hinter Hartmanns Haus mit den anderen zusammentraf, zumal er zu den Kräften des Puppentheaters gehörte.

Auch mit Heiner Hagg, dem Sohn des Stadtkämmerers, war ich selber lose befreundet; wegen seiner liebenswürdigen, allem Vorlauten abgeneigten Art bedauerte ich es, daß ich auch ihn meist nur aus der Ferne sah.

So gut wie gar nicht kam ich mit Otto Bezold und Adolf Seitz zusammen. Von Hans Otto Münsterer, wohl dem Jüngsten der Clique, weiß ich nur, daß ihn Mama sehr geschätzt hat, und aus seinem Buch ›Bert Brecht‹, das er 1963 veröffentlichte, ersehe ich, daß er dem Älteren, den er bewunderte, mit außergewöhnlichem Verständnis nahegekommen ist.
Gekannt habe ich die Brüder Ludwig und Rudolf Prestel. Ludwig war so alt wie ich, ein gewissenhafter Schüler und Mensch. Musikalisch sehr begabt, spielte er vor allem Beethoven und Bach; als Gitarrist begleitete er Eugen, wenn dieser sang; komponierte auch selbst einige Melodien. Rudolf Prestel, mit Eugen gleichaltrig und bis 1916 mit ihm in derselben Klasse, tauchte seltener in dem Kreis auf. Auch wenn keiner der Gruppe ein Bohemien war, wich doch Rudolfs Naturell in manchem deutlich von den anderen ab. Er besaß einen klaren Intellekt und war von großer Gewissenhaftigkeit; sein Patriotismus veranlaßte ihn, sich 1916 freiwillig zum Kriegsdienst zu melden. Im Sommer 1917 wurde er schwer verwundet und verlor das linke Bein. Natürlich wandte sich ihm Eugens Mitgefühl zu, aber es blieb nicht aus, daß in den Augen Rudolf Prestels, dem ein so hohes Opfer abverlangt worden war, das Verhalten Eugens, der sich bis zum Oktober 1918 dem Kriegsdienst entzog, unwürdig erschien, so daß sich die Wege trennten.
Fast nur dem Namen nach bekannt waren mir Johann Harrer, Armin Kroder und Georg Geyer.
Mit der einzigen Ausnahme von Georg Pfanzelt gehörten alle Freunde dem gehobenen bürgerlichen Mittelstand an. Nehers Vater war Oberlehrer, Gymnasialleh-

rer war Armin Kroders Vater, Haggs Vater ein städtischer Beamter, Münsterers Vater Offizier. Sie teilten nach wie vor das Leben ihrer Familien, doch in ihrer Geistigkeit hatten sie sich in eine Art Exil begeben, mit ihrer Lust, ja Gier auf Neues, das die Enge des Überschaubaren grell beleuchtete.
Man stürzte sich auf die Literatur. Lesen, das Reden über Gelesenes waren der Zweck der Zusammenkünfte. Mama erschien Eugens Lesen unsinnig, ihre Sorge wurde in dem Vorwurf laut: »Wenn du so weiter liest, bist du mit neunzehn erledigt.« Eine berechtigte Klage, denn er selbst hat einmal geäußert, er fresse alles Erreichbare in sich hinein. Hans Otto Münsterer hat wahrscheinlich recht gehabt, als er feststellte, daß Brecht »bereits in sehr jungen Jahren so ziemlich die ganze erreichbare Weltliteratur durchgeackert« habe.
All dies schuf ein Arsenal geistiger Waffen, die zuvörderst gegen den Krieg gerichtet waren. Es wurde durch das Kriegsgeschehen gespeist, das sich den Mantel des Heldischen umwarf, Bewunderung herausforderte und jeden Aufschrei erstickte. Schon Mitte 1915 wies eine Ehrentafel des Realgymnasiums 28 Schüler als Gefallene aus. Aus dem eigenen Kreis kamen später Julius Bingen hinzu und Fritz Gehweyer, dessen zwei ältere Brüder schon zuvor gefallen waren.
Eugen hatte seinen zweiten, sehr viel heftigeren Zusammenstoß mit der Schule, als es 1916 in der Unterprima galt, den Vers des großen Horaz ›Dulce et decorum est pro patria mori‹ zu behandeln. Gemessen an dem, was die hochpatriotischen Deutschlehrer im dritten Kriegsjahr von ihren Schülern erwarteten, war Eugens Antwort ein anklagendes und schmähendes

Aufbegehren. Er schrieb, daß nur Hohlköpfe denken können, es sei süß und ehrenvoll, fürs Vaterland zu sterben. Otto Müllereisert hat den Wortlaut des Aufsatzes überliefert.

»Der Ausspruch, daß es süß und ehrenvoll sei, für das Vaterland zu sterben, kann nur als Zweckpropaganda gewertet werden. Der Abschied vom Leben fällt immer schwer, im Bett wie auf dem Schlachtfeld, am meisten gewiß jungen Menschen in der Blüte ihrer Jahre. Nur Hohlköpfe können die Eitelkeit so weit treiben, von einem leichten Sprung durch das dunkle Tor zu reden, und auch dies nur, solange sie sich weitab von der letzten Stunde glauben. Tritt der Knochenmann aber an sie selbst heran, dann nehmen sie den Schild auf den Rükken und entwetzen, wie des Imperators feister Hofnarr bei Philippi, der diesen Spruch ersann.«

Hätte es nicht Pater Sauer gegeben, wäre die angedrohte Relegierung vollstreckt worden. Der Benediktinerpater Dr. Romuald Sauer, dem Kloster St. Stephan zugehörig, gab im Realgymnasium aushilfsweise Französischunterricht. Wie er dem Lehrerkollegium gegenüber argumentierte, ist nicht bekannt geworden. Es hieß, er habe Brecht bei all seiner ungewöhnlichen Begabung als ein durch den Krieg verwirrtes Schülergehirn bezeichnet. Wahrscheinlich aber war er davon überzeugt, daß es sich um einen seinen Lehrern weit voraus Sehenden und Erkennenden handelte.
Ich kannte Pater Sauer gut, er erteilte auch in der Oberrealschule Aushilfeunterricht in den alten und neuen Sprachen, vor allem aber war sein Elternhaus in der

Frühlingsstraße nur ein paar Häuser weit von der Bleichstraße 2 entfernt.
Unter uns Schülern genoß er große Beliebtheit. Er war eine ungewöhnliche Erscheinung; unser Respekt galt nicht nur der Benediktinerkutte, die er mit weit ausholenden Bewegungen eher ein bißchen burschikos trug. Er wirkte überhaupt kantig, fast ungeschliffen, dabei wieder scheu, in einer gewissen Weise naiv, er lachte gern, und er lachte polternd. Unverkennbar strömte von ihm große Menschenliebe aus. Sein entschiedenes Eintreten für den Querulanten Brecht war um so mutiger, als der Pater einer der Jüngsten im Lehrkörper war und man vielleicht gerade von ihm eine Befürwortung der strengen Bestrafung des protestantischen Schülers erwartet hätte.
Zu Hause, am Mittagstisch oder beim Abendessen, wurde über die Angelegenheit ›Dulce et decorum . . .‹ fast nicht gesprochen. Es mag sein, daß sich Papa von Eugen unter vier Augen berichten ließ; der Unterschied der Meinungen über alles, was mit Krieg zu tun hatte, mußte jeder Diskussion eine solche Schärfe geben, daß man besonders auch mit Rücksicht auf Mama, der es nicht gutging, auf Streitgespräche verzichtete.

Als der Krieg ins dritte Jahr ging, wurden die oberen Klassen der Mittelschulen zum Kriegshilfsdienst herangezogen.
Im Frühjahr 1916 arbeiteten meine Freunde Xaver, Heini und ich mehrere Wochen in den Gärtnereianlagen des Blumengeschäfts Häring. Die Beete erstreckten sich nicht weit von unserem Haus hinter dem Oblatter-

wall. Da sich die Ernährungslage zu verknappen begonnen hatte, waren die Reihen von Gemüse und Salaten zahllos, die wir von Unkraut zu reinigen hatten. Der Lohn bestand zumeist in gerne entgegengenommenen Salatköpfen.

Auf dem Lande stand man vor der Heuernte, und viele Bauernhöfe, denen der Kriegsdienst die Männer genommen hatte, benötigten Hilfe. Mit einem Schub von ›Wehrkraft‹-Kameraden kam ich nach Utting am Ammersee. In der Stube des Bürgermeisters wurden wir auf die Höfe verteilt. Es waren meist Bäuerinnen, die sich die ihnen am besten geeignet Erscheinenden aussuchten. Auch mich nahm eine Bauersfrau mit, ich sollte der Magd zur Hand gehen. Das kleine Anwesen lag auf der Höhe.

Die Bäuerin, eine junge Frau, die neben allem andern ein vielleicht vier Monate altes Kind zu versorgen hatte, war schlimm dran. Da der Mann im Feld war, mußte sie mit der Magd und mir die Heuernte bewältigen. Dabei standen im Stall 10 Kühe und 1 Pferd, das Geflügel, Hühner, Enten und Gänse, war zu versehen. Jenseits eines Waldstreifens lagen die Wiesen und ein paar Äcker. Wir aßen in der Küche, der Küchentisch diente auch zur Pflege des Kindchens; an größere Sauberkeitsansprüche war nicht zu denken.

Meine Arbeit bestand darin, beim frühmorgendlichen Hereinholen des Grünfutters zu helfen. Die Magd, eine kräftige, junge Person, besorgte das Mähen des Klees, ich lud ihn auf den mit dem alten Schimmel bespannten Wagen. Nach dem Frühstück folgte ich der Magd zum Heuen. Ein paar Bauernburschen hatten schon zu mähen begonnen, die Magd und ich breiteten das gemähte

Gras mit Gabeln aus, wendeten es später und halfen schließlich, wenn es unter der heißen Junisonne trokken und duftendes Heu geworden war, beim Beladen des Wagens.
Mit der Magd kam ich nicht gut aus. Sie hielt, mit Recht, nicht viel von meinen landwirtschaftlichen Fähigkeiten, obwohl ich die Blasen an den Handflächen, die ich von Rechen und Heugabel bekommen hatte, tapfer zu verbergen suchte. Schlimm war, daß ich auf die Winke, mit denen sie auf das volkstümlich gepriesene Fensterln verwies, nicht einging. Nachdem sie das gemerkt hatte, behandelte sie mich mit Spott und kalter Verachtung; ich hatte nichts zu lachen. Doch auf die schweren, von sommerlicher Hitze durchglühten Arbeitstage folgten Abende, die einen Ausgleich boten, denn da traf sich die Gruppe der Augsburger Schulfreunde unten am See. Es waren Walter Fikentscher, Fritz Bachschmidt und die anderen. Wir schwammen und erzählten von Erlebnissen des Tages. Fritz Bachschmidt war sehr kurzsichtig und trug eine Brille mit dicken Gläsern. Einmal, als er bei einem heftigen Gewitter draußen in dem von Blitzen beleuchteten See schwamm, wurde behauptet, er habe von dem allem nichts gesehen.
Dagegen ist mir ein nächtliches Gewitter im Gedächtnis geblieben, das so beängstigend war, daß ich um Mitternacht aus dem Bett stieg, mich anzog und in den Rucksack meine Habseligkeiten packte, bereit zur Flucht, sollte der Blitz einschlagen. Schon waren mehrere Gehöfte in der Umgegend in Brand gesetzt, doch wir blieben verschont.
Eugen mußte sich im April 1917 zum Kriegshilfsdienst

melden. Da ihm anzusehen war, daß er körperlicher Arbeit nicht zugeneigt war, hatte er in einem städtischen Amt Schriftliches zu erledigen.

Wie Papa dazu kam, mich 1917 für den Kriegshilfsdienst an das Hofgut Bartelstockschwaige zu vermitteln, ist mir nie klargeworden. Ich verbrachte dort von Anfang April bis Mitte Oktober mehr als ein halbes Jahr; die Welt war so neu, so andersartig, daß Eugen mich mehrere Male besuchte, obwohl der Hof von Augsburg aus nicht leicht zu erreichen war.
Man mußte mit dem Personenzug nach Mertingen fahren und eine Stunde nordwestwärts zu dem Dorf Buttenwiesen gehen, dann durch einen Wald, zuletzt über ebenes Land, bis der Weg, an drei dicht nebeneinanderstehenden mächtigen Linden vorbei, dem Wahrzeichen des Hofes, am Bauernhaus endete.
Schwaigen sind meist mehrere Kilometer auseinandergelegene Einödshöfe von oft beachtlicher Größe, verstreut in dem tellerflachen Ried, das sich in der Donauwörther Gegend rechts der Donau entlang zieht. Diese Schwaigen pflegten freundnachbarlichen Verkehr, der sich jedoch wegen der Entfernungen nur auf gegenseitige Arbeitshilfe und auf Notfälle beschränkte; selbst für Sonntagnachmittagsbesuche war es eigentlich zu weit.
In das Wohnhaus der Bartelstockschwaige trat man etwa in der Mitte der nach Süden gerichteten Längsfront ein. Unten ging es von dem geräumigen Flur aus rechts in die große Wohnstube, hinten in die nicht kleinere Küche. Oben befanden sich die Schlafzimmer. Links schloß sich der Pferdestall an. Im rechten Winkel

zum Hauptgebäude, etwas abgerückt, stand der Viehstall, hier waren auch Silos für Heu, Stroh und Getreide und die Remise für die Fahrzeuge. An den Pferdestall grenzte ein mit ein paar Obstbäumen locker bestandenes Wiesenstück, von dem aus ein Fußpfad zu dem hinter dem Viehstall gelegenen Gelände führte. Ein von Weiden und Birken durchsetztes Gebüsch umsäumte einen stark verschilften, dunklen Weiher, der gleichwohl genügend Platz zum Baden bot. In dem weiten Hofdreieck vor den Ställen, von diesen mit Schubkarren über Bretterbohlen erreichbar, breitete sich in einem gemauerten Geviert ein ansehnlicher Misthaufen aus. Nach Osten war die Sicht offen. Nahe am Haus lag noch ein Küchengarten mit Kräutern, Gemüsen und Salaten, an drei Seiten von Himbeer- und Stachelbeerbüschen umrandet. Auch fehlte es nicht an Blumen, an Rosen, Nelken, Phlox, Sonnenblumen, Margeriten, Astern und Reseden. Nach Süden und Osten schweifte der Blick über Wiesenland mit Apfel- und Birnbäumen, mit Sauerkirschbäumen und einzelnen Nußbäumen, dann kamen die Äcker, dahinter, in der Ferne, die blaue Linie des Waldes. Nach Norden gelangte man über einen die Donau begleitenden, schmalen, nur wenige Meter hohen Wall zum Flußufer.

Besitzer der Bartelstockschwaige war Daniel Suttor, der den großen Hof ohne Knechte und Mägde nur mit seiner Familie bewirtschaftete. Die Suttors waren als Mennoniten Angehörige einer Religionsgemeinschaft, die, der katholischen und der protestantischen Kirche nahe verwandt, sich zur Bergpredigt als verpflichtender Lebensordnung bekannte. An den Sonntagen fuhren Mitglieder der Familie mit dem leichten Einspänner

über die Donauwörther Brücke nach dem 6 km entfernten Tapfheim zum Gottesdienst. Mit Ausnahme einer der älteren Töchter hielten sich alle auf dem Hofe von jeglicher Bigotterie frei.
Suttor, mehr Bauer als Gutsherr, damals zwischen 50 und 60 Jahre alt, war groß gewachsen, schlank, trug in dem verwitterten Gesicht einen dunklen Spitzbart. Er verteilte morgens die Arbeit des Tages. Ihm wurde hoher Respekt entgegengebracht, auch jeder Fremde merkte, daß man es mit einem ungewöhnlich tüchtigen Landwirt zu tun hatte. Dabei griff er selbst nur dann zu, wenn Unvorhergesehenes nach seinem erfahrenen Können verlangte. Er überblickte alles und wußte alles, verhielt sich schweigend und erhob nur selten die Stimme, neigte aber dann zu sarkastisch schneidenden Bemerkungen. Eine Eigenart von ihm war seine große Liebe zum blanken Geld.
Wie ihr Mann, unterschied sich auch Frau Suttor durch das Format ihrer Persönlichkeit von allem, was man schlechthin hätte bäurisch nennen können. Eine aus dem Inneren heraus lebende, sehr gescheite Frau, vermochte sie sich körperlich nur schwer zu bewegen, weil sie unglaublich dick war. Sie saß den ganzen Tag in ihrem Lehnsessel am Kopfende des großen Eßtischs und suchte nur ab und zu mit watschelndem Gang die Küche auf. Sie hatte keine Zähne mehr und konnte nur malmend essen. Anders als Suttor, war sie laut, gebieterisch und liebte es zu schreien, wenn ihr etwas nicht gefiel. Sie wirkte aber dennoch nie verletzend, der Kern ihres Wesens, das in festem Gottesglauben ruhte, war unverkennbar Güte.
Frau Suttor hatte zwölf Kinder geboren. Sie waren alle

noch am Leben, fünf Söhne und sieben Töchter. Von den Söhnen leisteten damals drei Kriegsdienst, einer führte einen Bauernhof in Niederbayern. Heiner, mit 23 Jahren der Jüngste, war vom Militärdienst zurückgestellt worden. Von den Töchtern lebten fünf zu Hause, zwei in der Stadt. Mit Heiner hatte ich ein gutes Auskommen, er besaß Verständnis für die Schwierigkeiten, die die ungewohnte Landarbeit dem blassen, von der Schulbank kommenden Städter bereitete. Er unterwies mich im Stalldienst, im Umgang mit Pferden, lehrte mich die Gespanne einschirren und das Kutschieren und brachte mir im Sommer das Getreidemähen mit der Sense bei.

Neben Heiner und mir und zwei kriegsgefangenen Russen teilte sich ein Onkel in die den männlichen Kräften obliegenden Arbeiten. Aber er tat es nur zeitweise und nie ausdauernd, denn er war alt und gebrechlich. Welcher Art seine Verwandtschaft mit der Familie war, habe ich nicht erfahren. Ausgemergelt, ärmlich gekleidet, besitzlos, genoß er kein Ansehen. Man behandelte ihn gleichgültig, wie jemanden, der sein Leben hinter sich hat und bemüht ist, sich das Gnadenbrot zu verdienen. Er galt aber als klug und war es auch. Am Anfang zurückhaltend, begegnete er mir später mit nicht unfreundlichem Wohlwollen, was um so mehr bedeutete, als er meist unzugänglich und verdrießlich war, dann, wenn er einmal sprach, zu schimpfen pflegte, und überhaupt griesgrämig Weltverachtung bekundete. Er war zweifellos ein enttäuschter, im Grunde nicht unguter Mensch. Als wir einmal hinter einem mit Weizengarben vollbeladenen Erntewagen der Scheune zuschritten, deutete er auf ein paar vom

Wagen gefallene, nun lose am Boden liegende Weizenhalme. »Heb sie auf«, sagte er, »was da liegt, reicht für a' Semmel und isch vielleicht das einzige, was a armer Mensch am ganzen Tag zu essen kriegt. Das kann für d'Welt mehr bedeuten als der ganze Wagen voll.« Ich hätte gerne dem alten Mann in den dürren Mund im hageren, meist von grauen Bartstoppeln überwucherten Gesicht das Wort Hamsuns gelegt: »Ich säe und du siebst Erde darüber. Nimm den Hut ab.« Es würde zu ihm gepaßt haben, der Alte hätte ihm grimmig knurrend zugestimmt.

Nicht leicht war es mit den fünf Töchtern. Sie hatten ihre Schaffensbereiche, entweder jede einen für sich, oder sie arbeiteten zu zweit. Die älteste kochte und kümmerte sich um den Gemüsegarten, die jüngste half ihr dabei, zwei versorgten den Kuhstall und die Schweine, und einer, die auch im Haus mit Putzen, Nähen oder Flicken beschäftigt war, oblag die Sorge um das Geflügel. Die jüngste war vielleicht 14, die älteste 30 Jahre alt.

Es dauerte ziemlich lange, bis ich die Mädchen, ohne die Namen zu verwechseln, richtig ansprechen konnte. Sie zeigten sich da empfindlich, behandelten mich überhaupt zunächst mit spöttischer, wenig liebenswürdiger Überlegenheit, aber als sie sahen, daß ich mir Mühe gab, es allen recht zu machen, ging es besser. Gleichwohl fühlte ich mich unter neugierig-ironischer Beobachtung, die meine Sicherheit beeinträchtigte und zusätzlichen Streß hinzufügte. Um mich gerade vor den Mädchen zu bewähren, leistete ich mir einen wütenden Ehrgeiz. Er wurde einmal ungerecht und verletzend getroffen, als eine der Töchter aus der Stadt zu

Besuch da war. Sie traf mich an, wie ich in einen hölzernen Heurechen einen ausgebrochenen Zahn wieder einzufügen versuchte. Hochmütig tat sie, als hätte ich den Rechen durch Ungeschick oder sogar absichtlich beschädigt, und sagte: »Es ist leicht, sich aus anderer Leut' Leder einen Riemen zu schneiden.« Von diesem Fall abgesehen, hatte ich in den Mädchen dann keine Aufpasser mehr, sondern gutherzige, fröhliche Helferinnen.

Ich mußte jeden Morgen um 4 Uhr aufstehen. Ich schlich schlaftrunken die Stiege hinunter und gesellte mich im Pferdestall zu den beiden Russen Nicolai und Fedor, die hier ihr Lager hatten. Nicolai, klein, gedrungen, dabei lebhaft und stets zu Scherzen aufgelegt, spielte in freien Stunden Violine. Fedor, wohl etwas älter, schlank und drahtig, sprach nur wenig, er schien unter Heimweh zu leiden. Beide wurden gut behandelt. Sie neigten zur Lässigkeit, taten aber, was man ihnen auftrug, so willig, daß ihnen angesichts ihres Loses Rücksicht und Zuneigung gezeigt wurde.

Ich lernte den vier Pferden, deren Pflege mir zugeteilt wurde, mit dem Eimer Wasser zu geben, ihre Raufen mit Heu zu füllen und in die Futterrinne Haferkörner zu schütten, mit Mistgabel, Schaufel und Besen umzugehen und auf das gereinigte Lager Stroh zu schütten, später, im Lauf des Vormittags, die Pferde zu bürsten, ihre Hufe zu säubern und beim eifrigen Striegeln nicht die Geduld zu verlieren. Noch in der Frühe hatte ich zwei Pferde eingespannt, Heiner fuhr mit mir zum Akker, er mähte und ich lud, wie ich es das Jahr zuvor in Utting getan hatte, den taunassen Klee auf den Wagen, brachte ihn zum Hof zurück, wo ihn Nicolai und Fe-

dor entluden. So gegen 6 Uhr versammelte man sich in der Stube zum Frühstück.
Bei der Heu- und später bei der Getreideernte brachte ich den Vormittag und Nachmittag draußen zu. Immer war das schwere Arbeit, auch als ich im Herbst mit dem Ochsenwagen auf die Äcker zog, um zu pflügen, oder wenn ich mit Heiner im Wald war und beim Bäumefällen und Verladen der Stämme half. Bei diesen Arbeiten stellte sich Hunger ein. Ich hatte bis dahin nicht gewußt, was wirklicher Hunger ist. Zu Hause, in der Stadt, hatte man sich in diesen Kriegszeiten an die Lebensmittelmarken und damit an etwas weniger und einfacheres Essen gewöhnen müssen. Man hatte vielleicht ein bißchen gesteigerten Appetit, aber bei weitem nicht das peitschende Begehren, das echtem Entsagenmüssen folgt. Daß es ausgerechnet das Leben auf einem Bauernhof war, das mich mit nagendem Hunger bekannt machte, hätte niemand gedacht. Aber es war so, denn da auf fremde Knechte und Mägde nicht geachtet werden mußte und für alles, was der Hof an Eßbarem abwarf, in der Stadt hohe Preise bezahlt wurden, war die Kost auf wenig und dazu fleisch- und fettarmes Essen gestellt. In der Stube hing an der Wand ein Schränkchen. Wir sahen zu, wie Suttor, wenn er von Donauwörth oder gar von Augsburg zurückkam, das Schränkchen aufschloß und Bündel von Banknoten hineinschob. Das Geld kam vom Schwarzmarkt. Ich und selbstverständlich auch die Russen bekamen nie Butter aufs Brot, mit Butter schmierte man die Schuhe und Stiefel, damit man nicht gezwungen war, Schuhfett zu kaufen.
So kam es, daß ich beim Arbeiten ungeduldig auf die

Mahlzeiten wartete, mich der peinigenden Vorstellung vom Essen hingab und mich zudem sehnlich auf das Glück der kleinen Ruhepause freute. Doch jeden Tag erlebte ich von neuem, mit welch schwindelnder Eile jene Viertelstunde und mit ihr der Genuß der Sättigung und der gleichzeitigen Erholung verstrich, bis ich wieder hinaus mußte, bei der Heuernte in die Wiesen, auf die die Sonne herabbrannte und das Gras trocknete, das gemäht, ausgebreitet und später gewendet worden war. Das erinnerte an Utting, doch hatte alles viel größere Ausmaße. Standen Gewitterwolken am Himmel und zuckte nachmittags fernes Wetterleuchten, nahm das Zusammenrechen des trockenen Heus zu großen Haufen, das Beladen des mit nervösen Pferden bespannten Leiterwagens ein fast erstickendes Tempo an. Die Wagen fuhren in rascher Folge zwischen den Wiesen und dem Hof hin und her. In der Tenne wurde das Heu von den Wagen in die Tiefe des Stadels gereicht, wo es flinke Arme entgegennahmen und kunstgerecht stapelten. Manchmal dauerte das Einbringen der Mahd bis in die Nacht hinein. Hitze, Staub und Schweiß setzten uns so zu, daß man danach gierte, den nackten Körper am Brunnen mit kaltem Wasser zu übergießen. Die Mädchen wuschen sich in der Küche oder im Stall.

Ich rückte auf und führte ein Soldbuch als Oberknecht. Der Sold war mit einer Mark je Tag bescheiden. Doch das Vertrauen, das ich genoß, ging so weit, daß ich die Aufsicht über die zwei Russen erhielt.

Die Getreideernte begann Anfang Juli an einem Montag. Es gab noch keine Mähmaschine; wie bei der Heumahd hatte man von anderen Schwaigen Helfer bestellt, die mit uns die riesige, mit Sommerweizen bestandene Fläche mit der Sense mähen sollten. Es kam auf jede Kraft an. Als ich am frühen Morgen, noch in der Dämmerung, in den Stall kam, um das Holzgelaß der Russen aufzuschließen und die beiden zu wecken, war Nicolai fort. Durch das Loch, das er in die Holzwand gebrochen hatte, und das Fenster des angrenzenden Raumes war er geflohen. Fedor, noch wortkarger als sonst, zuckte die Achseln.

Bedrückt erstattete ich dem Bauern von der Flucht Nicolais Bericht, und bedrückt ging ich mit den anderen aufs Feld hinaus, die Sense über der Schulter. Das im Morgenwind leicht wogende Meer der Ähren war mir noch nie so riesenhaft erschienen.

Neben Heiner, mit dem ich Schritt halten sollte, bekam ich ein etwa gleich breites Stück Acker zugewiesen. Das Mähen von Gras hatte ich weder in Utting noch auf Bartelstock gelernt, denn da es dabei darauf ankam, den Schnitt bei flach liegendem Sensenblatt tief anzusetzen, blieb man ohne ausreichende Übung mit der Sensenspitze immer wieder in einem Grasstock hängen. Unter dem Gebot der Stunde lernte ich das Getreidemähen schnell, man mußte nur die Sense mit weit ausholendem Schwung so führen, daß die Höhe der Stoppeln nicht zu groß und möglichst gleichmäßig ausfiel. Das war einfacher als das Mähen von Gras, erforderte aber mehr Kraft, weil die Halme ja nicht dünn und weich, sondern von gehörigem Querschnitt und vergleichsweise hart und steif waren. Auch im Umgang mit dem Schleifstein, mit dem die Sense von Zeit zu Zeit geschärft werden mußte, zeigte ich mich nicht ungeschickt; das Dengeln, mit dem Beschädigungen und

Aufrauhungen der Schneide beseitigt wurden, besorgte abends auf dem Hof der Onkel.
Hinter jedem Mäher nahm ein Mädchen den geschnittenen Weizen auf und band die Halme zu einer Garbe. Selbst nach zwei, drei Tagen breitete sich der noch unversehrte Teil des Weizenfeldes so unermeßlich aus, als wäre überhaupt noch nichts geschehen.
Auf die Ernte des Sommerweizens folgte die der Wintersaat, des Korns, des Dinkels, dann kam die Gerste, schließlich der Hafer. Als ich beim Hereinholen der Gerste die Garben dem Mann auf dem Wagen entgegenhob, hatte ich das Mißgeschick, daß ich eine Granne, einen der langen, zwar biegsamen, aber doch harten Ährenstacheln, ins Auge bekam. Es gelang weder mir noch den anderen, den Eindringling aus dem Auge zu entfernen. Nach einer langen Nacht marschierte ich nach Buttenwiesen, wo der Arzt die Granne herausholte.
Gegen Ende der Ernte sahen wir eines Vormittags drei Leute vom Wald her sich der Schwaige nähern. Sie gingen langsam, um die kleine Gruppe war eine eigentümliche Traurigkeit. Zwei Landsturmleute, alte Männer, zu denen Uniform und umgehängtes Gewehr nicht mehr recht passen wollten, brachten Nicolai zurück. Er war auf der Flucht nicht weit gekommen. Wir setzten ihm nicht mit Fragen zu. Vom nächsten Tag an machte er seine Arbeit wieder wie zuvor, war aber verstört und niedergeschlagen. Er spielte nie mehr Violine. Was wir nicht verstehen konnten, war, daß er den Eindruck machte, als schäme er sich zutiefst.
In diesem Sommer strömte aus Hof, Haus und Landschaft soviel auf mich ein, daß mir das Leben trotz des

kurzen nächtlichen Schlafs und der Überanstrengung, noch dazu bei knappster Ernährung, nicht nur erträglich, sondern farbenreich und reizvoll erschien. Im Vordergrund stand natürlich die Familie mit ihren Menschen und deren bei aller Einfachheit planvoll kreativem Schaffen. Das Erleben bewegte mich besonders gegen den Herbst, als die Arbeit an Hektik verlor und die erworbene Übung alles erleichterte und Ungewohntes so zu Gewohntem geworden war, daß sich der Blick vom Enggebundenen löste und neuen Räumen zuwandte.

Es war der Gutsherr selbst, der mir das Pflügen beibrachte. Mit einem Gespann von zwei kräftigen Ochsen hatte ich den Pflug über den Ackerboden zu führen, die Erde aufzureißen und die saftig glänzenden Schollen so umzulegen, daß schnurgerade Furchen entstanden. Schwierig war das Wenden am Rand des Ackers und das Wiedereinsetzen der Pflugschar. Es durfte kein Stück Boden frei bleiben, und die neue Schollenzeile mußte sich schlank und ordentlich an die letzte schmiegen. Als ich zum erstenmal ohne fremde Hilfe mit dem Gespann auf den Acker zog, glaubte ich mich mit einem Piloten vergleichen zu können, der zum ersten Alleinflug ansetzt.

Vor mir breitete sich das ebene Land, nach der einen Seite vom Wald begrenzt, nach der anderen vom niederen Wall, der den Blick auf die Donau auffing. Ziemlich weit weg sah man die nächst gelegene Schwaige, dann wieder Wiesen und Äcker, darüber ein Himmel mit manchmal strahlender Bläue, manchmal mit weißen, weich geballten, langsam nach Osten ziehenden Herbstwolken. In der Luft sammelten sich

Stare zum Zug nach dem Süden, hinterm Pflug her trippelten drei oder vier Krähen und pickten Würmer aus der Furche auf.
Die Luft war kühler geworden. Nachts hörte man Äpfel mit sanftem Plopp auf den Wiesenboden fallen. Morgens griff man sie sich, auch Birnen und blaue Pflaumen, mit dem Hunger hatte es ein Ende. Die Speicher waren voll mit Heu, Getreide und Stroh. In der Tenne wurde, um an die Körner zu kommen, einmal zur Probe gedroschen. Es machte Spaß, den Dreschflegel im Takt zu schwingen, das Stroh wegzukehren und die Körner in Säcke zu füllen. Zum eigentlichen Dreschen kam eine von einer Dampflokomobile angetriebene Dreschmaschine auf den Hof. Ich hatte bei dem recht staubigen Geschäft nichts zu tun, ich war mit den Ochsen draußen beim Pflügen.
Zu Beginn des Herbstes, also nach der Zeit des unbändigen Hungers, geschah mir etwas, das nicht vom Hunger, sondern von nicht beherrschbarer Eßlust diktiert war. Das Brot, das wir auf Bartelstock aßen, wurde im Backofen eines Bäckers im Dorf Tapfheim aus unserem Korn gebacken. Ich war wieder einmal mit dem Einspänner hinübergefahren und hatte sechzehn große Laibe eben aus dem Ofen gekommenen Schwarzbrots in Säcken auf den Wagen geladen und die Rückfahrt angetreten. Da merkte ich, daß ein Brotlaib gerade aus einem Sack herausrutschte. Ich hielt an und stieg ab, um das wieder in Ordnung zu bringen. Als ich das noch warme Brot in den Händen hielt, erlag ich dem verführerischen Duft. Vom Knäuzchen bröckelte ich ein Stück ab und versuchte es. Das hätte ich nicht tun sollen. Zwar stieg ich wieder auf, machte: »hüh«

und fuhr weiter, aber ich hatte den angebrochenen Brotlaib mit auf den Bock genommen, er lag auf meinem Schoß. Mit der linken Hand hielt ich die Zügel, mit der rechten rupfte ich zögernd, aber unaufhaltsam einen Bissen Brot nach dem anderen aus der immer weiter klaffenden Wunde. Die Fahrt dauerte eine schwache Stunde, und es war eine schwache Stunde, denn bis wir ankamen, war von dem großen Laib nichts mehr übrig. Frau Suttor und eines der Mädchen nahmen die 15 Brote in Empfang. Zerknirscht gestand ich. Die Bäurin vermochte nicht zu fassen, daß ich den ganzen Brotlaib vertilgt hatte, sie lachte, verzieh und schwieg.

Einmal fiel schwerer Regen, die Arbeit im Freien war unterbrochen. Als das auf den Wiesen stehende Wasser abzog, blieben Tümpel zurück, und Berta kam von draußen und trug im Schurz, den sie in den ausgebreiteten Händen hielt, einen dicken, schweren Karpfen, der aus einer der Kuhlen nicht mehr zurückgefunden hatte. Berta war die hübscheste der Töchter. Wie sie da, vor Glück strahlend, den großen, silbrig glänzenden Fisch vor sich hertrug, war das ein Bild von so strotzender Lebensfreude, daß die Schönheit sich mir mit dem ländlichen Dasein verband.

Auch Eugen mochte ein Gefühl für das ganz Andere dieses Landlebens haben. Er besuchte mich, wohnte ein paar Tage bei uns, machte Spaziergänge oder saß auf der Bank unter den drei Linden, sann nach und machte sich Notizen.

Umgekehrt war ich ein paarmal, etwa über einen Sonntag, zu Hause in Augsburg. Nach Monaten gestand mir Mama, daß ich einen nur schwer zu beseitigenden Stallgeruch mitgebracht hätte, kein Wunder, da ich nur dann und wann im Weiher hatte baden und mich sonst nur unterm Brunnen hatte waschen können, ohne Gelegenheit, Wäsche und Kleider oft genug zu wechseln und auszulüften.

Im folgenden Jahr, 1918, wurde ich zum Kriegsdienst eingezogen. Die Bartelstockschwaige forderte mich an, so daß ich vor dem Auszug ins Feld noch einmal mehrere Wochen auf dem Hofgut sommerlichen Dienst machte. Da ereignete sich etwas, das das Dasein der Menschen auf der einsamen Schwaige und die Art, wie sie sich zum Leben verhielten, beleuchtete.

Gerade jene Tochter, die mich im Vorjahr durch eine Bemerkung beleidigt hatte, war hochschwanger aus der Stadt zurückgekehrt, um heimlich, in aller Verborgenheit, niederzukommen. Die Stunde rückte näher, der Bauer durfte nichts erfahren. So riefen die Geschwister nach vorausgegangener Abmachung aus den entlegenen Höfen befreundete junge Burschen. Sie kamen mit Ziehharmonika und Zither, mit Geige und Mundharmonika. Da ging es in der großen Stube unten fröhlich zu, heiter und so laut, daß der Bauer, den man in der Mitte festhielt, nicht die Schreie der Gebärenden aus dem Zimmer oben hören konnte.

In der Zeit des ausgehenden Kriegs und in den Folgejahren überlagerten sich im Haus Brecht mehrere Wandlungen.

Wegen Mamas Leiden hatte sich das Leben in der Familie geändert. 1910 war, um Mama von den Mühen des Haushalts zu entlasten, Marie Roecker als Stütze eingetreten. Etwa 25 Jahre alt, hatte sie eine gute Erziehung genossen, besaß Kenntnisse im Englischen und Französischen und hatte sich in einem großen Ulmer Hotel zu einer vorzüglichen Köchin ausgebildet. Sie stand dem Dienstmädchen vor, half, da sie auch nähen konnte, mit vielerlei aus, ging überhaupt in der Pflege von Mama und der Sorge um alle völlig auf.

Eugen mußte ihr sein Zimmer in der Wohnung des ersten Stocks überlassen, er zog ins Dachgeschoß, in die Mansarde, die, für ihn atelierartig eingerichtet, ein Wohnzimmer und daneben ein schmales Schlafzimmer umfaßte. Beide Räume hatten ein Fenster zur Bleichstraße. Im Wohnraum stand gleich neben der Tür eine eiserne Liege, den meisten Raum nahm der große, mit Büchern und Manuskripten bedeckte Tisch ein. Eine aufgeschlagene Partitur lag auf dem Notenständer in der linken hinteren Zimmerecke. Einige Stühle vervollständigten die Einrichtung. Am Gestell der Liege hing die Gitarre. Schriftsätze und Zeitungsausschnitte lagen auf dem Boden herum, es herrschte wilde Unordnung, in der sich aber Eugen erstaunlich gut zurechtfand. An die Wände waren Blätter mit Auszügen aus Schriften, auch Entwürfe von Bildern geheftet.

In die Mansarde kam viel Besuch. Es war Fräulein Roecker nicht zu verdenken, daß sie dem Auf und Ab über die Treppen des Stiegenhauses bisweilen mit Unmut zusah, wollte sie doch von Mama Unruhe und Lärm fernhalten. Auch nahm sie an der Freizügigkeit Anstoß, mit der Eugens Freunde und Freundinnen das obere Stockwerk geräuschvoll bevölkerten. Sie versuchte im Haus so zu walten, wie sie glaubte, daß es zu Papas und Mamas Bestem wäre. Obgleich sie auch

Eugen mit allem Nötigen versorgte, blieb es nicht aus, daß sie manchmal Papas Standpunkt kräftig vertrat.
Mamas Leiden verschlimmerte sich, zwang zu Operationen mit oft wochenlangen Aufenthalten im Diakonissenhaus, zu immer längerer Bettlägerigkeit und damit zur bitteren Preisgabe der Aufgaben des Haushalts. Marie Roeckers Rolle in der Familie gewann an Gewicht. 30 Jahre lang, über den Tod von Mama und Papa hinaus, war sie dem Haus eine ergebene Helferin.
An warmen Sommernachmittagen hatte man Mama noch in den Garten bringen können, wo sie im Liegestuhl mit Besuchern und uns Brüdern sprach oder im Schatten der Gartenlaube las. Als sie das Bett nicht mehr verlassen konnte, spielte sich ihr Leben im hinteren Zimmer der Wohnung ab, das ein Fenster zum Garten mit seinen Bäumen und Büschen hatte, ein zweites, aus dem man auf die Vorgärten zwischen unserem und dem Nachbarhaus blickte.
Wenn wir nachts vom Theater, Konzert oder vom Beisammensein mit Freunden heimkamen, brannte in ihrem Zimmer noch Licht. Dann wußten wir, daß sie seit Stunden wach lag. Wir machten uns schweigend den Vorwurf, die Mutter im Stich gelassen zu haben, beschwichtigten das Gefühl aber mit der fatalen Ausrede, die Kranke wünsche nicht, daß durch ihr Leiden unser Tun und Lassen geschmälert würde. Dennoch blieb die Vorstellung, daß Mama in ihrer Stille des Wachseins den Klängen einer lautlosen Musik ausgeliefert war, die sie nicht befreiend, sondern mit Angst, vielleicht mit Verzweiflung erfüllte. So schlichen wir ins Haus und achteten beim Schließen der Türen darauf, jedes Geräusch zu vermeiden.

Sicher nahmen unter den Sorgen unserer Mutter die um ihren Sohn Eugen einen beklemmenden Raum ein. Niemand wußte um sein Anderssein besser Bescheid als sie, hatte er ihr doch selbst gesagt, daß er das als unverkennbares, offensichtliches Merkmal seines Wesens empfände. Mag er aber dieses Anderssein als Preis für die mit Lust genossene Überlegenheit betrachtet haben, mit der er sich über das Alltägliche hinausgehoben sah, so ahnte sie die Härten, die ihn im Leben erwarten würden. Doch von seiner Berufung war sie völlig überzeugt und hat als Begnadung empfunden, diesen schwierigen Sohn geboren zu haben.
Sie wußte, daß er sich Andersdenkenden widersetzte. Oft genug war sie bekümmerte Zeugin der aggressiven Äußerungen gewesen, mit denen Eugen seinem grundkonservativen Vater in politischen Gesprächen widersprochen hatte. Wie aber würde es ihm ergehen, wenn er es wagen sollte, sich öffentlich gegen die bürgerliche Denkungsart zu bekennen? Sie lebte nicht mehr, als ihr Sohn dieses Bekenntnis ablegte. In einem Gedicht schwor er der bürgerlichen Klasse feierlich ab:

Verjagt mit gutem Grund

Ich bin aufgewachsen als Sohn
Wohlhabender Leute. Meine Eltern haben mir
Einen Kragen umgebunden und mich erzogen
In den Gewohnheiten des Bedientwerdens
Und unterrichtet in der Kunst des Befehlens. Aber
Als ich erwachsen war und um mich sah
Gefielen mir die Leute meiner Klasse nicht
Nicht das Befehlen und nicht das Bedientwerden

Und ich verließ meine Klasse und gesellte mich
Zu den geringen Leuten.

Was hätte sie dazu gesagt?
Vielleicht hätte sie es zunächst als lieblose Herabwürdigung der Eltern empfunden, daß er an erster Stelle sie als Leute der von ihm abgelehnten Klasse bezeichnete. War es denn nicht ein unverständlicher Widerspruch, daß er den Gründen für seine Abkehr Worte fast der Verachtung gab, während er in ein Heim geboren worden war, wo man das Kind mit Wärme umgeben, sorgsam gepflegt und umsichtig erzogen hatte.
Aber noch im selben Augenblick hätte sie vielleicht klopfenden Herzens erkannt, daß das Gedicht sachlich, mit klarer Stimme, Privat-Persönlichem völlig enthoben, jenem Gerechten zugewandt war, das sie selbst zuinnerst billigte. Denn es war oft geschehen, daß sie bei Auseinandersetzungen am häuslichen Tisch, schweigend, in der Sache der »geringen Leute« ganz auf seiner Seite gewesen war. So als hätte sie verstanden, daß er mit der Abkehr von seiner Klasse niemals die Trennung von den Eltern gemeint haben konnte. Er hat sie nicht gemeint, denn niemals wäre sonst die Verehrung für die Mutter durch viele Gedichte, durch Zartheit und Liebe bekundet worden. Und wenn er in Papa nur den Bürger, den Vertreter einer abzulehnenden Klasse, gesehen hätte, wäre unverständlich, daß er nie aufgehört hat, ihn als liebenswerte, mit Humor, Charakterstärke und großer Hilfsbereitschaft ausgestattete Persönlichkeit anzuerkennen. In dem Brief, den er ihm zu seinem 50. Geburtstag, am 6. November 1919, schrieb, erwähnte er nicht nur die gesunde geistige At-

mosphäre im Hause Brecht, sondern hob hervor, wieviel er dem Vater verdanke, wieviel von seiner Art er übernommen habe.

Ode an meinen Vater

Unter dem breiten Dach des Hauses am
Marktplatz
Aufgewachsen im zitronenfarbenen Lichte der
Frühe
Kind mit vielen Kindern – mit fröhlichen
Gliedern.
Früh schon über den kindlichen Stirnen Schatten
der Sorge.
Aber immer doch blieb den tüchtig Gestriegelten
Freude am Leben und im Ernste die
Fröhlichkeit.
Frühe(r) als andere dann auf eigenen Beinen
Als sie noch zitterten. Aber der Wille
Trieb ihn zum Kampfe. In Jahren der Arbeit
Vorschauend und kühn kämpft er sich vorwärts.
Alles verdankt er sich selbst: nichts ward ihm
geschenkt.
Dann die Familie und Kinder! In fremder Stadt
Gründet er Heimat, wo über das Haus
Stürme und Regen gehn können, das sicher
gebaut ist.
Er, der nicht immer frei war, machte die Kinder
frei.
Zeigte ihnen im Beispiel, nicht durch Geschwätz,
Einfachheit
Größe und Tapferkeit.

Und das gesunde Gesetz des ehrlichen Kampfs.
Vorsichtig und kühn, der eigenen Kraft bewußt
Kämpfte er rastlos und klug um das Mögliche
Und das Errungene nützte er dankbar und
vornehm.
Nie bekämpfte er je das Natürliche
Sondern er nützte es aus für sich und für andere.
Seinem Einfluß gehorchten schweigend wir alle –
Aber die Macht ließ er fühlen uns nie.

Ist also eine Abkehr von den Eltern nie vollzogen worden, so gilt das gleiche für die Freunde, die weder nach Herkunft noch Stand zu den »geringen Leuten« zählten. Ja, selbst bürgerlichen Formen war er nicht abgeneigt. Denn als er eine Familie um sich hatte, verzichtete er nicht aufs Bedientwerden, sondern nahm ein Mädchen aus Vaters Haushalt nach Berlin mit und ließ es bald danach auf der Flucht über die Grenze folgen. Was sie ihm an Diensten leistete, hat er genau beschrieben und mit dem *›Dankgedicht an Mari Holt‹* ihr allerdings ein grandioses Denkmal gesetzt.

Eugen ging viel ins Theater, nahm mich auch manchmal mit. Die Plätze auf der Galerie waren erschwinglich, sie kosteten 30 Pfennig. Ich mußte jedesmal die Erlaubnis meines Klassenlehrers einholen. Einmal zögerte er, schüttelte mißbilligend den Kopf. »Was ist das? Die Kameliendame? Nie gehört. Wird halt wieder so ein Unsinn sein.«
Ab und zu durften wir Papa begleiten, wenn er, von dem einen der beiden Firmenchefs, Herrn Clemens

Haindl, eingeladen, abends nach dem Nachtessen dessen Orgelsaal besuchte. Die Villa lag ziemlich nahe bei der Papierfabrik an einer breiten Auffahrt, die von der Sebastianstraße durch ein niederes langes Gittertor hereinführte. Wir betraten das im französischen Mansardenstil gehaltene Haus und fühlten uns, nicht ohne Beklommenheit, von der Eleganz gefangen. Die Behaglichkeit der schönen Räume bezeugte die hohe Wohnkultur des alteingesessenen Großbürgertums. An den Wänden hingen Bilder, vor denen man respektvoll stehenblieb, kleine, in dicke, schwere Rahmen gefaßte, und großflächige, nicht minder prachtvoll gerahmte Ölstücke der großen Münchner Schule der Jahrhundertwende. Sanfte Teppiche, weiche Stoffläufer, die in den Nischen der Treppenstufen durch Messingstäbe festgehalten wurden, machten den Schritt weich. In einem der unteren Zimmer lag dicht am Kachelofen Waldi, der Hund des Hauses, ein drolliger schwarzer Rauhaardackel, der uns aber völlig unbeachtet ließ.
Oben, im ersten Stock, nahm die volle Länge und Breite des Hauses das große Rechteck des Orgelsaals ein. Auch hier beeindruckte uns ein Gemälde. Noch heute erinnere ich mich an den Glanz der Verklärung, der von dem Werk Max von Gabriels ›Isis und Osiris geleiten eine Seele zum Erwachen‹ ausging. Nahe an die Mitte der einen Schmalseite gerückt, stand auf einem erhöhten Podest die Orgelbank, davor der Spieltisch mit der Tastatur, den Manualen und dem Register, darunter die Pedale. Den üblichen, mit dem Fuß getretenen Blasebalg gab es nicht, denn die Orgel war eines der ersten deutschen Instrumente mit elektrischer Fernbedienung. Vom Organisten durch die ganze Länge

des Saales entfernt, erhob sich an der anderen Schmalseite das mächtige, mit beeindruckender Schönheit gegliederte Gebäude der fahlsilbernen Orgelpfeifen. Nachdem Herr Haindl auf der Orgelbank Platz genommen und den Deckel des Spieltischs fast feierlich zögernd gehoben hatte, setzten wir uns auf Stühle, die in dem sonst leeren Saal an der einen Längswand aufgestellt waren. Da saßen wir, sahen und hörten. Clemens Haindl spielte nur selten nach Noten. Meistens fantasierte er und führte sich und uns aus der Gegenwart heraus in andere Räume. Für die Stunden, die wir so mit dem alten Herrn verbringen durften, dankte Eugen mit dem Gedicht

Die Orgel

Wenn der preisende Orgelton aufschwillt,
dunkelt der Raum
Schweben die Decken lautlos empor, werden
gläsern die Wände und weisen das dunkle
Land:
Erde. Meer. Äcker. Wälder. Darüber ein
endloser Himmel gespannt.
Blau wölbt sich über Erde und Meer der Traum.
Donnernd Gestampf
Dröhnt unter der Erde auf und füllt ehernen
Himmel.
Massen von Regimentern fluten über die Äcker
zum Kampf.
Hoch wächst der Krampf
Über Leichen und Brand das wild verworrne
Getümmel.

Aber über aller Not und über allem Drang
Geht wie über donnernde Wogen ein schwerer
Klang
Über die Erde: Im ehernen Himmel
Läuten Erzglocken. Und grüßend schwillt Sang
Heller und heller empor im Sturm und weht
Hochauf und klingt
Über dem Haß der Orgelton ewiger Liebe und
singt
Dankgebet.

Berthold Eugen
Januar 1916

Herr Clemens Haindl war ein bemerkenswerter Mann. Während vieler für die Entwicklung des Hauses Haindl wichtiger Jahre lag in seinen und den Händen seines älteren Bruders Friedrich die Leitung des Unternehmens. Herr Friedrich Haindl, eine Unternehmerpersönlichkeit von Weitblick, hatte den kaufmännischen Teil der Geschäftsleitung inne, Clemens den technischen. Sein Lebensstil lag nicht in der durch unermüdliche Arbeit geprägten nüchternen, fast spartanischen Art des Bruders, sondern in der einer weit stärkeren kulturellen, aber auch kulinarischen Genüssen zugewandten Bonhommie.

Von untersetzter Gestalt, breitschultrig, stets bestens, aber leger gekleidet, ging von ihm ein Fluidum gütigen Wohlwollens aus. Er trug das früher schwarze, jetzt ergraute Haar in der Mitte gescheitelt, kurz geschnitten, das breite, offene Gesicht schmückte ein in den späteren Jahren weißer Schnurrbart, zu dem in der Kinnfalte eine kleine Stelle krausen Haars gehörte. Unter den dunkel gebliebenen Brauen schauten fast schwarze lebhafte Augen mit einem gleichwohl oft träumerischen, in sich versunkenen Blick. Der kräftigen, sehr korpulenten Erscheinung spürte man die Feinfühligkeit des Mannes an. Ein kleiner Tick, der in einem vom Zurückwerfen des Kopfes begleiteten leichten Zucken der Schultern bestand, fiel nur wenig auf. Diesem Mann, der sich so gerne in seine Welt der Musik verlor, stand die künstlerisch wirksame Einbildungskraft auch im täglichen Leben freundlich zur Seite. Zu erzählen machte ihm Vergnügen, und nicht selten ließ er die Grenzen zwischen Tatsächlichem und Wahrscheinlichem verfließen.

Da war die Sache mit der gefährlichen Verschlammung in einem Wasserlauf des Lechs vor dem großen Wehr in Gersthofen, nördlich von Augsburg. Die Herren vom Flußbauamt hätten ihn angerufen und gebeten, ihnen zu sagen, ob die Maßnahme, mit der sie den Durchbruch des errichteten Notdammes zu verhindern versuchten, seine Billigung fände. »Na gut, da habe ich halt den Bastian rufen lassen und bin noch am gleichen Tag hingefahren. Ich habe mir alles angesehen. Leider mußte ich dann den Herren sagen, daß der Damm nach meiner Meinung falsch gebaut und sein Zusammenbruch mit allen seinen Folgen stündlich zu erwarten wäre. Wie wir wieder zu Hause waren, hieß es, von Gersthofen sei soeben schon angerufen worden. Und dann teilten sie mir aufgeregt mit, daß zehn Minuten, nachdem ich weg war, tatsächlich der Damm geborsten sei und jetzt katastrophale Zustände herrschten. Sie bedauerten, daß sie mich nicht früher gefragt hätten, wie sie es hätten machen sollen.«

Nicht weniger spannend muß das Erlebnis gewesen sein, das ihm einmal an der Nordsee vergönnt war. Die Admiralität der Kriegsmarine habe ihn, als sie erfuhr, daß er sich zur Erholung in Borkum aufhalte, zu einem Scharfschießen auf hoher See eingeladen. Er wurde, was einiges Aufsehen erregte, mit einem Kanonenboot abgeholt und durfte dem von einer ganzen Anzahl meist kleinerer Kriegsschiffe bestrittenen Manöver zusehen. Man habe auf ein fernab verankertes leeres Zielboot geschossen. Doch die Schüsse seien alle danebengegangen, sie lagen zu kurz oder zu lang, keiner habe getroffen. Da sei vom kommandierenden Kapitän durch Blinkzeichen dem Kanonenboot, auf dem sich Haindl befand, ein seltsamer Befehl erteilt worden. »Bei Ihnen ist doch der Herr aus Augsburg an Bord. Jetzt spielt es keine Rolle mehr, wenn auch dieser Zivilist aus dem Flachland einen Schuß abgibt. Geben Sie ihm einen Schuß frei.« Herr Haindl erzählte das Weitere etwa so: »Mit einem verquälten Lächeln wandte sich der Offizier an mich: ›Herr Haindl, jetzt sind Sie dran, also bitte, los!‹ Ich trat hinter das Geschütz, schaute mir alles genau an und machte meine Angaben für das Einrichten auf das Ziel. Dann sagte ich, daß alles fertig sei. Er befahl ›Feuer‹. Das Zielboot flog in einem enormen, hochaufrauschenden Wasserschwall in tausend Fetzen in die Luft.«

Einmal wollte er für ein paar Wochen nach Amerika. Die Reise wurde bis ins kleinste vorbereitet. Dann war es soweit, er verließ Augsburg. Zum Erstaunen aller ließ er wenige Tage danach aus Überlingen am Bodensee wissen, daß er auf den Rest der Reise verzichte und morgen wieder heimkomme.

Clemens Haindl war ein Sonderling, einer der liebenswertesten. Als reicher Fabrikant und Verantwortung tragender Ingenieur, zugleich ein Musiker, stellte er, Grandseigneur urbanster Art, die Verkörperung einer verehrungswürdigen Stütze der Gesellschaft dar.
Die Besuche des Orgelsaals waren natürlich selten, vielleicht ein- oder zweimal im Jahr. Sie reichten bis 1910, dem Einbaujahr der Orgel, zurück. Das Gedicht entstand im Januar 1916.

Als ich 1917 auf dem Hofgut Bartelstockschwaige arbeitete, war Eugen in den großen Ferien am Tegernsee, wo er einem Realgymnasiasten, dem Sohn des Kommerzienrates Kopp, in einem schön gelegenen Landhaus gut bezahlten Nachhilfeunterricht gab. Ende September mietete er in München ein Zimmer und schrieb sich in den ersten Oktobertagen an der Universität als »Student der Philosophie und Medizin« ein. Das Zimmer in München wechselte er oft, er fuhr viel zwischen Augsburg und München hin und her, denn sein erster Wohnsitz blieb das elterliche Haus in Augsburg, zum Wochenende war er stets daheim.
In der Dachmansarde ging es lebhaft zu. Dorthin kehrte spät nachts die Clique zurück, die am Nachmittag ins Griesle am Lech, in den späten Abendstunden an den Stadtgraben zum Kahnfahren und später mit Lampions und Gitarre durch die Stadt gezogen war. Mit Neher, den das Militär nach einer Verschüttung für ein paar Sommermonate beurlaubt hatte, waren alle Freunde beisammen. An dem die Mansarde bevölkernden Kreis nahmen jetzt auch Mädchen teil.

Begegnungen zwischen schüchternen Gymnasiasten und Töchtern der Höheren Mädchenschulen wurden zu Bindungen, die dem Leben Eugens eine erregend neue Farbigkeit hinzufügten. Es kam zu einer Liebesbeziehung mit Paula Banholzer, der Tochter eines angesehenen Augsburger Arztes. Vorher hatte er die Schülerin Marie Rose Aman kennengelernt. Freundschaften entstanden mit Ernestine Müller, der Cousine Rudolf Hartmanns, verliebte Verehrung brachte er Marietta, der Schwester Cas Nehers, entgegen. Mit unverhohlener Verächtlichkeit wies Fräulein Roecker den Mädchen den Weg nach oben, von denen manche es sich dennoch nicht nehmen ließen, Mama um die Erlaubnis eines Besuchs zu bitten. Mama sagte selten nein, fand es interessant, sie kennenzulernen, und unterhielt sich gern mit den Mädchen. Vor allem Paula Banholzer war sie zugetan.
Da ich nicht um die Wege war, habe ich von alldem nur soviel erfahren, wie mir Mama erzählte, bis mich später seine Liebesgedichte den Reichtum dieser Zeit erkennen ließen.
Mitte 1916 gab er das bisherige Pseudonym Berthold Eugen auf und zeichnete seine Veröffentlichungen mit Bert Brecht.
Die durch den Besuch der Universität in München verursachte Kürzung seines Aufenthaltes in Augsburg intensivierte Eugens Leben zu Haus. So mögen vielleicht auch seine Gespräche mit Mama, wenn nicht häufiger, so doch unmittelbarer, dichter geworden sein. Es hat sie in ihrem bedrohlicher gewordenen Leiden sicher mit Befriedigung erfüllt, daß Eugen Medizin als Studienfach gewählt hatte, nicht nur, weil sie viel-

leicht mit dem ihm zuwachsenden ärztlichen Wissen eine Hoffnung auf Besserung wahrzunehmen glaubte, sondern einfach deshalb, weil seine Wahl ein Versprechen zu sein schien, ihr mit seinem Denken und seiner medizinischen Arbeit ganz nahe sein zu wollen.
Auch Papa hatte gegen das Studium der Medizin nichts einzuwenden. Sosehr sein Denken und Wünschen mit dem ganzen Elan des patriotischen Bürgers auf die Mobilisierung aller Kräfte gerichtet war, um zu einem, wenn auch nicht mehr siegreichen, so doch nicht glücklosen Ausgang des Krieges beizutragen, hatte er gleichwohl wiederholt seine Beziehungen spielen lassen, um seinen Sohn vom Militärdienst befreien, wenigstens aber zurückstellen zu lassen. Denn er kannte Eugens Haltung zum Krieg und unterlag außerdem in der Beurteilung von dessen Eignung zum kämpfenden Soldaten keinen optimistischen Vorstellungen. Bei dem großen Bedarf des Heeres an Ärzten waren Medizinstudierende noch immer vom Waffendienst freigestellt, und da das Medizinstudium ein Brotstudium war und er bei allem inneren Stolz auf die Begabung seines Sohnes an eine aus Mitteln der Kunst gesicherte Zukunft nicht glauben konnte, hatte Eugens Wahl sein Einverständnis gefunden, das er mit der Zusage, alle Kosten tragen zu wollen, verband.
Es war jedoch eine nur dünne und zudem bald fast ganz verlöschende Spur, die zu Eugens Teilnahme an den medizinischen Vorlesungen und den Praktika führte; Fächer der Anthropologie, der Philosophie und der Literatur überwogen von Anfang an, das beherrschende Interesse galt schon in den zwei ersten Semestern den Vorlesungen von Professor Kutscher über Stilkunde

und Theaterkritik, ferner dem Besuch der Kutscherschen Seminare.
Den Widerspruch hinzunehmen, der in der tiefen zärtlichen Verehrung der Mutter, wie sie durch Gedichte belegt wird, und dem raschen Aufgeben des von ihr mit soviel Hoffnung gesegneten Studiums der Medizin besteht, ist nicht leicht.
Die Gedichte, die ich meine, entstanden erst nach ihrem Tod, und vielleicht hat sich in die Trauer auch ein Tropfen der Reue gemischt, nicht das für sie getan zu haben, was sie erwartet hatte. Mag diese Vermutung stichhaltig sein oder nicht – fest steht, daß die Gedichte erst nach ihrem Tod entstanden, ferner, daß sich sein Verhalten zu ihr kurz vor ihrem Tod gegenüber früher nicht geändert hatte. Es war nicht inniger und zärtlicher geworden. Es konnte Eugen nicht verborgen geblieben sein, wie das Leiden enden würde, und daß er mit oder ohne Studium der Medizin Eingreifendes nicht für sie tun konnte. Und als er in den Bannkreis der Universität trat, als er zu Menschen Zugang fand, die seinen Gesichtskreis erregend erweiterten, kurz, als dieses Münchner Leben zu dem vertrauten Leben in Augsburg hinzukam, brach Neues in ihm auf, das mit seinen Herausforderungen zu Kritik, vor allem zu künstlerischer Stellungnahme, den Weg zur Medizin verschüttete. Auch jetzt wurde das Kategorische der ihn erfüllenden Berufung und damit das Gebot, liegenzulassen, was ihm für seine Aufgabe nicht brauchbar erschien, zum entscheidenden Prinzip.

Für Eugen, der in der Familie nach wie vor so genannt wurde, änderte sich auch im ersten Teil des Jahres 1918 nichts an dem zwischen Augsburg und München geteilten Leben. In Augsburg war er von seinen Freunden und Freundinnen umgeben. Man füllte die Dachmansarde mit Lärm und Musik und zog nachts durch die Stadt. Dabei blieb für ihn Zeit genug, sich seiner Bi zu widmen. In München nahm ihn die Universität voll in Anspruch. Meist allein, verbrachte er die ihm verbleibenden Stunden mit Theaterbesuchen und Lesen. Als Wedekind, dem er ganz besonders zugetan war, starb, rief er in Augsburg zu einer Totenfeier auf, nahm am 12. März an der Beisetzung teil und schrieb am selben Tag in einer Augsburger Zeitung einen Nachruf von funkelnder Eindringlichkeit.

Zu den Anstößen, die er vom Theater her erhielt, gehört die heftige Ablehnung der Idee, der Hauptfigur des Johstschen Grabbestückes ›Der Einsame‹, der jeglicher Realität beraubt war, eine der Realität verhaftete, alles Bürgerliche verneinende Gegenfigur entgegenzusetzen. Aus ihr wurde der *›Baal‹*. Das Manuskript, an dem er den ganzen Mai hindurch arbeitete, lag Mitte Juni fertig vor.

Der Krieg kroch in seinem fünften und letzten Jahr auch an Eugen näher heran. Eugen wurde am 14. Januar gemustert und für den Garnisonsdienst ausgehoben. Vater bemühte sich mit zwei Gesuchen um die Zurückstellung. Das erste wurde genehmigt, das zweite, vor der abgelaufenen Frist gestellt, abgelehnt. Von Mitte August an mußte Eugen mit seiner Einberufung rechnen.

Die Härte, mit der der Krieg in viele Familien eingriff,

wuchs besorgniserregend. Das in Augsburg beheimatete 3. Bayrische Infanterieregiment erlitt in diesem Frühjahr um Verdun schwerste Verluste.
Eines Morgens, gegen 7 Uhr, stand unten, vor der Tür unseres Hauses, der Sanitätsrat Dr. Fikentscher. Er war gekommen, um mir, dem Freund seines Sohnes Walter, die Nachricht von dessen Tod zu bringen.
Meine Freundschaft mit Walter Fikentscher hatte in der ›Wehrkraft‹ begonnen, einem auf vormilitärische Ertüchtigung ausgerichteten Pennälerverband, der aus Schülern der höheren Klassen aller Augsburger Gymnasien bestand. Man trug einheitlich einen dunkelgrünen Anzug mit weichem Hut gleicher Farbe; ein Ledergürtel mit schwerem Metallschloß betonte das Uniformhafte. Man versammelte sich an den Mittwoch- und Sonntagnachmittagen. Unsere Gruppe zählte 40 bis 50 Gymnasiasten, die sich ihren Obmann gewählt hatten. Bei besonderen Gelegenheiten erschien der alte, längst pensionierte Generalleutnant Exzellenz von Hößlin und hielt vom Pferd herab eine Ansprache. Ständiger Begleiter, Betreuer und Ausbilder war der gleicherweise im Ruhestand lebende, noch recht vitale Feldwebel Hafner, dem es Vergnügen und Befriedigung bereitete, mit den Schülern umzugehen und an ihren Späßen teilzunehmen. Er hielt Exerzierübungen mit uns ab und führte in der weiteren Umgebung Kriegsspiele mit lehrhaft eingebauten Patrouillengängen durch; auch übernahm er in den Schulferien bei ausgedehnten mehrtägigen Wanderungen die Aufsicht und Verantwortung. Er hatte nichts Martialisches an sich, wir waren für ihn die Jeunesse dorée, deren Schulbildung und Umgangsformen ihn beeindruckten. Wir

lachten mit ihm und über ihn, z. B. wenn er beim Baden in der Wertach einen mißglückten Kopfsprung ins Wasser getan hatte und dann prustend verkündete: »Meine Schinkel brinnen!«
Auch Eugen war, jedoch nur kurze Zeit, bei der ›Wehrkraft‹.
Meist blieben die Klassenkameraden unter sich, doch kam es auch zu Freundschaften, die über die eigene Schule und den gewohnten Kreis hinausgingen. Zu meinen engen Klassenfreunden, dem Xaver Schaller und Heini Götzger, trat Hermann Lechner vom Realgymnasium. Er wohnte am Jakobertor, wo wir in der elterlichen Wohnung ebensooft beisammen waren wie in der Bleichstraße 2. Ein Jahr älter als ich, etwas größer, stämmig und breitschultrig, in seinen Bewegungen eher langsam, überhaupt ruhig und besonnen, war er der Beste in seiner Klasse. Mit seiner ehrenhaften Zuverlässigkeit, Gutmütigkeit und grenzenlosen Hilfsbereitschaft bedeutete er mir viel.
Walter Fikentscher, auch er Schüler von St. Anna, nahm den vorlauten Toni so, wie wir ihn alle nahmen, vielleicht, daß er sich noch mehr über ihn amüsierte. Beide erwähnten oft ihre Schule, ahmten Lehrkräfte, besonders den Religionslehrer nach, den sie, auch der dialektischen Färbung seiner Sprache wegen, die ›Gebetsmiehle‹ nannten.
Was mir Walter Fikentscher zum begehrten Freund machte, war sein Sinn für Humor, sein grüblerischer Intellekt, seine vornehme, doch herzliche Haltung. Ich lernte seine Eltern kennen, den beliebten Ohrenarzt Dr. Fikentscher, die stille, kultivierte Mutter. Mit Walters Bruder wurde ich nicht bekannt.

Wir waren viel beisammen, machten in der schulfreien Zeit Spaziergänge an den Lech und in die westlich Augsburgs gelegenen Wälder. 1918 war ein Maikäferjahr. Wir liebten die ausschwirrenden braunen Tierchen, standen frühmorgens auf, um sie von den Birkenbäumen zu schütteln, brachten sie den Hühnern in die Marienanstalt oder füllten die Briefkästen von Bekannten. Gemeinsam leisteten wir in Utting bei der Heuernte Kriegshilfsdienst und trafen abends am See zum nächtlichen Schwimmen zusammen.
Einmal erhielt einer der anderen den Besuch seiner Freundin. Im weißen Sommerkleidchen, mit weißen, fast bis zu den Ellenbogen reichenden Handschuhen und einem breitkrempigen feschen Strohhut stand sie, ein bißchen kokett ihren Sonnenschirm schwingend, vor uns, die wir zu siebt oder acht vor der Badehütte auf einem Holzgeländer saßen, mit ungeniert, ja herausfordernd burschikos baumelnden Beinen. Jedoch nicht lang, da krachte es, der Balken brach, wir fielen nach hinten über die Böschung hinunter ins Wasser. Die junge Dame hatte zuerst einen Angstschrei ausgestoßen, brach aber dann in anhaltendes gellendes, uns völlig unangebracht und stupid erscheinendes Lachen aus. Das war im Juni.
Wieder in Augsburg, zogen Walter und ich auch Hermann Lechner zu uns heran, wir mochten ihn, nur trat einmal eine, allerdings bald wieder behobene Verstimmung ein. Aus einem mir nicht mehr erinnerlichen Grund vermied es Hermann eine Zeitlang, uns zu sehen und zu treffen.

Es mag Ende 1917 gewesen sein, als sich Walter bei dem, von seinen Verlusten hart getroffenen, 3. Bayrischen Infanterieregiment in Augsburg freiwillig als Fahnenjunker meldete und bald darauf einberufen wurde. Es war nicht blinde Begeisterung, nicht patriotische Euphorie. Der Tod vieler, nur wenig älterer Freunde gab uns in der Situation des zu einem bitteren Halt gekommenen Kriegs das Empfinden ein, das Vermächtnis der Gefallenen heiße, wie sie und zu ihren Ehren draußen zu sterben. Es beherrschte uns der zwiespältige Wunsch, der Krieg solle nicht zu Ende gehen, bevor es nicht auch uns beschieden sei, unseren tödlichen Beitrag zu leisten, während wir, in einem anderen Winkel des Herzens, zu überleben hofften.

Was Vater Fikentscher aus den Briefen von Walters Hauptmann und den Kameraden über die Umstände des Todes seines Sohnes erfuhr, stimmte in überraschender, ja geheimnisvoller Weise mit der Legende überein, die Eugens schon drei Jahre zuvor geschriebenen ›*Ballade*‹ zugrunde lag.

Ballade

Als die Trompeten hell das Sturmsignal riefen, sprang der Fahnenjunker mit behendem Schritt vor die dem Schützengraben enttauchende Linie. Schmal, klein und aufrecht stand er eine Sekunde lang in der klaren Frühlingslandschaft, neben dem hellen Birkenbäumchen, auf das die Nachmittagssonne Kringel malte.

Die ganze Kompagnie sah ihn, denn sie liebten ihn alle ob seiner frischen, stummen, genügsamen Tapferkeit,

die den schmächtigen Körper zum letzten Kraftaufwand anspornte.
Vielleicht wußte er auch, während der paar Momente, daß er beobachtet wurde. Seine Haltung war gerade, schmiegsam. Die linke Hand hielt er in die Seite gestemmt, mit einer natürlichen, ebenso selbstsicheren als unbewußten Grazie. Er lächelte. Dieses feine, kluge Jungengesicht, dem die mageren Kadettenjahre anzusehen waren, schien ganz zusammengezogen und gespannt, und das Lächeln, das vielleicht den surrenden Kugeln galt, war dennoch echt. –
Dann brach die Kompagnie im Sturm vor.
Kugelpfeifen ... Gewehrklirren ... Geschrei ... Signal ... alles überbrescht vom anschwellenden Hurra der Truppe ... der jagende Rhythmus des Sturmes ... man vergaß den andern, einzelnen. Man fühlte sich als Gesamtheit.
Aber das sahen, wußten, fühlten sie alle:
Der Fahnenjunker war ihnen voran.
Seine helle, schmale Gestalt, der klingende, blitzende Degen in der Hand, die wehende Schärpe, das waren alles Teile, Erscheinungen ihrer Seele, ihrer aller Seele. Der kleine Fahnenjunker, der in die Schlacht stürzte wie in einen tiefen, rauschenden Brunnen, der seine Jugend schmalbrüstig gegen den Tod warf, beherrschte sie ganz. Er war die Verkörperung ihrer Tapferkeit, ihrer Sehnsucht, ihrer Treue.
Und während rings alles um sie versank, verrauschte, sahen sie ihn immer noch gleich frei und adlig vor sich herstürmen, sahen ihn dann im letzten Sprung, im Handgemenge, fühlten seine Not, seine Siege, feierten in ihm, ihnen selbst unbewußt – denn sonst hätten

sie sich geschämt – den Preis ihrer Begeisterung. –

Dann, am Abend, da das Kämpfen vertost war und sein kleines, tapferes Herz lange ausgetickt hatte, trugen ihn die Todmüden, Verwundeten noch zwei Stunden zurück, betteten ihn auf Reisig und legten Blumen in seine weißen Kinderhände.
Sie saßen um ihn herum den ganzen Abend, ohne daß einer etwas zu sagen gewußt hätte oder daß einer sich Klagen oder auch nur sentimentalen Gefühlen hingegeben hätte. –
Aber als einer von ihnen, spät nachts, bevor sie ihn in die Grube senkten, ihm mit scheuer, täppischer Hand über das blonde, feinwehende Haar strich, unsicher und plump, da fühlten die Männer alle, daß die Nacht um sie stehe.

Für mich war der Appell so stark, daß ich mich bei meiner Musterung im März 1918 auf das mir als mehrjährigem ›Wehrkraftler‹ zugebilligte Recht der freien Wahl der Truppengattung berief und zum Erstaunen der Kommission nicht etwa Artillerie, Pioniere oder das Fernmeldewesen, sondern das 3. Bayrische Infanterieregiment nannte. Am 25. Juni 1918, vier Tage bevor ich 18 Jahre alt wurde, rückte ich in die alte Infanteriekaserne im Süden Augsburgs ein.
Es war die Zeit, als die große Grippeepidemie grassierte, und als einer der ersten Eindrücke, die ich als Soldat empfing, blieb mir in Erinnerung, wie man nachts einen in hohem Fieber sich auf der oberen Liege eines Schlafgestells aufbäumenden Erkrankten ins Lazarett wegschaffte, wo er anderntags starb. Es kamen

drei oder vier Verwandte, Bauersleute aus seinem Heimatdorf, um die Kleider, Schuhe und seine anderen Sachen zu holen. Sie standen in ihrem ländlichen Trauerzeug eine Weile schweigend, bescheiden und betreten herum, ohne Worte auch, als man ihnen sagte, die Kleider und Wäsche – er hatte sich, als er sich hinlegen mußte, hier im Mannschaftsraum ausgezogen, die Uniform erhielten wir erst am anderen Vormittag –, der Anzug und die Schuhe seien nicht mehr da; sie seien verschwunden, gestohlen worden.
Es begann der Ausbildungsdienst in der Kaserne. Der Tag fing ungewohnt hart an: um 5 Uhr früh, halb noch schlafend, hörte man, wie auf dem Korridor der Unteroffizier vom Dienst von Zimmer zu Zimmer näher kam, wobei er jedesmal, und jedesmal näher, die Tür aufriß, laut ins Zimmer schrie: »Aufstehn!« und die Tür zuknallte, bis wir an der Reihe waren. Ungewohnt war auch die Latrine, eine sternförmig um eine dicke Säule angeordnete Anzahl von zehn nach außen offenen Zellen, die nach innen, zum Sitz hin, verengend zuliefen. Man konnte mit dem Nachbarn in den angrenzenden Zellen sprechen.
Draußen herrschte heißes Sommerwetter. Das Exerzieren forderte Mühe und Schweiß, aber da man abends nach Hause gehen durfte, ließ sich alles ertragen, man dachte kaum an anderes als an den Abend daheim, im Ohr klangen tagsüber unausgesetzt, berauschend süß die Worte: »Heut abend wirst du im Paradiese Bleichstraße 2 sein.«
Auf dem langen Weg von der Kaserne in der Von-der-Tannstraße hinunter in die Bleich verging kostbare Zeit, zumal es geraten war, einen Umweg zu gehen,

denn auf dem kürzesten Weg konnte es, besonders in der Bismarckstraße, passieren, daß man einem alten General begegnete, der darauf aus war, junge Infanteristen – bei alten hätte er es wohl nicht gewagt – anzuhalten und wegen angeblich ungenügend strammen Grüßens zusammenzustauchen, sie drohend anzuschreien, um sie »zur Meldung zu bringen«.

Mitte Juli forderte mich Herr Suttor für das Hofgut Bartelstockschwaige als Hilfe beim Einbringen der Ernte an. Das waren aber nur zwei Wochen, in denen der Umgang mit den vertrauten Menschen und Tieren, das Atmen des Sommerdufts in der Landluft, das trotz seiner Kargheit geliebte Essen den Krieg noch eine Weile auf Distanz hielt.

Wieder zurück in der Kaserne, sah alles anders aus. Eines Nachmittags wohnte ich dem Ausmarsch meines Klassenkameraden Wilhelm Vogt bei. Ein Jahr älter als ich, hatte er schon schweren Kriegsdienst geleistet. Zum Auskurieren einer Verwundung in die Heimat geschickt, war es jetzt wieder soweit. Inzwischen zum Vizefeldwebel befördert, hatte man ihn einer an die Westfront abkommandierten Marschkompanie zugeteilt.

Vogt kam aus der Augsburger Vorstadt Oberhausen, wo sein Vater eine Metzgerei besaß. Vogt war ein guter Schüler gewesen, ruhig, unauffällig, zurückhaltend. Es mag sein, daß er mich, wie andere Mitschüler, die aus gehobeneren Kreisen stammten, als nicht seinesgleichen empfand, wir waren uns immer etwas fremd geblieben.

Nun stand ich mit anderen Soldaten am Kasernenhoftor. In gewohnter Ordnung zogen die Viererreihen an uns vorbei. Wenn ich in der ausmarschierenden Truppe ein bekanntes Gesicht sah, rief ich dem Freund gute Wünsche zu. Alles war uns vertraut, das Trappen des Gleichschritts, das Knarzen des Lederzeugs, der Geruch nach Schweiß, Leder und Männern. Sie waren mit Blumen geschmückt, Blumen wurden ihnen zugeworfen.

Jetzt kam, außen an einer Viererreihe, ganz nahe heran, der Vizefeldwebel Willi Vogt. Ich rief ihn an, er schaute unter seinem Stahlhelm auf und sah mir für ein paar Schritte des Vorbeimarschierens fest in die Augen. Wir waren, wie gesagt, nie Freunde gewesen, jetzt aber wandte er sich mir zu, als hätte er niemand anderen. Sein Blick war nicht furchtsam, doch ernst und verzweifelt, wie im Wissen um ein unausweichliches Schicksal. Meinem glückwünschenden Ruf und dem Ausdruck meines Gesichts, in dem der Frohmut wahrscheinlich sehr schnell der Bestürzung gewichen war, begegnete er mit Trauer, die mich, wie mir schien, nur noch ganz von fern erreichte. Es dauerte keine zehn Tage, bis die Nachricht von seinem Tod eintraf.

Unerwartet bald kam auch für meine Kompanie der Befehl zum Ausmarsch. Ein Abend blieb noch für den Gang nach Hause. Für Mama war es schwer. Ich saß an ihrem Bett, meine Hände lagen auf der Decke, sie hielt sie mit ihren schlanken, zarten Händen fest.

Mit Papa geschah etwas Merkwürdiges. Er konnte es einfach nicht fassen. Seine Erregung über meine Abkommandierung machte sich in zornigem Schimpfen Luft. Er, der Vaterlandsgläubige, fand es schmachvoll, daß man, wie er schrie, Kinder an die Front schicke, nur kümmerlichst, ja eigentlich überhaupt nicht militärisch ausgebildet. In seiner schmerzlichen Betroffenheit hatte er den kompromißlosen Patriotismus vergessen. Ich fühlte natürlich die Sorge, die ihn bewegte, und verübelte es ihm nicht.

Mit Eugen sprach ich an diesem Abend wenig, er überließ mich ganz den Eltern; doch anderntags stand er mit Vater unter den vielen, die sich vor dem langen Transportzug zum Abschied zusammengefunden hatten.

Als ich ging, verließ Mama das Bett, kam ins Wohnzimmer und winkte mir vom Fenster aus lange nach. Am Ende der Allee erwartete mich Emma Wild, der ich vom Ausmarsch hatte Nachricht zukommen lassen. Als ich ihr die Hand reichte, legte sie ihren Kopf an meine Brust und küßte mich zum erstenmal. Sie küßte mich lange und weinte dabei.

Am andern Tag, dem 24. September 1918, trat die Kompanie um ein halb zwölf Uhr auf dem Kasernenhof an. Keine Musik, nur eine Gruppe von acht Trommlern begleitete den Zug durch die von vielen Menschen belebten Mittagsstraßen. Am Bahnhof standen Vater, mager und abgehärmt, Eugen, Emma und Käthe Hupfauer, die Bibliothekarin. Eine alte Exzellenz beaufsichtigte das Verladen. Auch die Chargen, die uns ausgebildet hatten, waren gekommen und nahmen von uns Abschied. Der Gefreite Ruch, ein älterer, vom Krieg so mitgenommener Mann, daß er nur in der Heimat noch Dienst tun konnte, weinte. Die Unteroffiziere Erdt und Poeschl, nach Verwundung als Ausbilder in die Garnison abgestellt, machten in dieser Stunde keinen Hehl daraus, daß sie uns mochten. Erlösung war da, als der Zug anrollte.

Mai 17.

Lieber Neher,

Ich komme gerade von der Musterung und will Dir selbst schreiben weil jemand anders das nicht gut kann. Ich wurde also höflich herein geschickt in das Lokal voll Jünglingen, man schaute mich bewundernd an und der Arzt wollte mich zärtlich an seinen Busen drücken. Da sagte ich zu dem alten [illegible] ganz erblaßt: Tut mir leid. Ich hätte Ihnen gern gedient, Herr, aber es ist mir leider unmöglich. Denn ich hab keine Zeit, Herr. Aber ein andermal wieder, in 2 Monaten oder in 5 Monaten .... Machen Sie sich nichts daraus, Herr! Der Oberstleutnant lächelte traurig und sagte müd: Oh, das ist doch eine [illegible]. Aber wenn Sie gestorben wären .... Sie stellen Sie zurück, bevor Sie [illegible]. Aber es will uns schier das Herz brechen. Dabei schauen mich alle bellend an und wollen mich ver-[illegible]. Aber sie hätten ein besseres Herz als ich. Und das war noch ein kleiner [illegible] wenn sie mich nicht [illegible] hielten. Also z. u. b. z. w.

Und jetzt geht der Frühling an und ich [illegible] wieder [illegible] und freue mich auf dein [illegible] Antlitz.

Eugen.

Die landwirtschaftliche [illegible] bleibt weil noch genügend [illegible] zu [illegible]. [illegible] Landwirtschafts-[illegible] (Goessler) [illegible] v. [illegible] zu dirigieren. Ich werde mich diesem Konzert entziehen.

Sehe doch bitte, nicht auf die Eier die Du mitbringst und [illegible] sie irgendwo anders mehr unterbringen kannst, trage sie lieber in der Hand als in der Schultasche. [illegible] kannst Du die Butter stecken. [illegible] die [illegible] so [illegible] sie in einer Zeitungspapier-[illegible] ich denke, da werden sie hinein gehen. Nimm alles mit, sonst [illegible] es den [illegible] so [illegible]. [illegible] Dich ein [illegible] Mensch fragt, warum Dein [illegible] so [illegible], dann sage ihm, daß sein [illegible], die Dir Dein [illegible] geschenkt habe.

Dein Vater hat [illegible] daß Du nicht mehr brauchst [illegible]. [illegible] zu der [illegible] Schulkörper gezählt wird.

Eugen

Lieber Walter,

vielen Dank für Brief und Karte. Ich denke, dass du dich besorgt ist – ich selbst bin auch besorgt. Man fand mich vor Monaten plötzlich im 45 Lazarett, Schillerschule. Ich sass auf einem Stuhl und schrieb Krankengeschichte. Die ersten Abende war ich – gottseidank ganz allein – in dem grossen Zimmer mit 8 Betten sass und zum Fenster hinaus den Himmel anschaute – von 6–10, fiel mir mancherlei ein. Jetzt gefällt es mir (noch) ganz gut. Hoffentlich bist du bald Lieutenant, ich brauche einen Protektor. Ich habe den Titel „Krankenwärter." – Ich glaube trotz deiner Briefe nicht, dass es dir gegenwärtig gut geht, aber ich glaube: du wirst schon gut gehen und dass du wieder heimkommst, weiss ich gewiss. Der Krieg ist jetzt ein Winterkrieg. Jetzt aber eine Frage: siehst du mit mir auf die Universität hin?

Es ist schon ganz Herbst. Nebel. Kälte. [illegible]. [illegible]
sorgt sich um Dich, sie [illegible] sehr und [illegible] sie noch im
[illegible] liegt. – Aber Du [illegible] [illegible] [illegible] ich Dir [illegible]
[illegible] will ich Dir [illegible] [illegible], wenn ich [illegible] [illegible]
[illegible] [illegible] [illegible] [illegible] [illegible] [illegible].
[illegible] Schatz, [illegible] das ist [illegible] [illegible] für Dich.

Also [illegible] [illegible] und auf Wiedersehen

Dein [illegible] [illegible] Eugen.

Absender: Krankenwärter Brecht Augsburg
Reservelazarett B Schillerschule

AUGSBURG 1
5 OKT. 18
Vor. 9–10

Feldpostbrief

Dem Infanteristen Walter Brecht

2. bayr. Infanteriedivision

Feldkrankenkraftwagenkolonne N. 5.

Deutsche Feldpost 104.

Angeb. 12.10.18 abends 6 Uhr
Laz. B

Lieber Walter,

ich hoffe dass du schon längere Nachricht von mir hast. Es geht dir recht nicht gut? Wir hoffen immer auf den Frieden und ich glaube jetzt sicher dass es bald Wirklichkeit wird. Die Lazarette werden schon alle möglichst frei gehalten. Ich habe es gut getroffen, aber es hat seine Schattenseiten, außer Operationen und Verbindungen zu sehen und dabei [illegible] zu hören. Aber ich lerne schon dabei schlafen. Mama geht es ein wenig besser und [illegible] noch [illegible] im Bett. Sieh nur zu dass du nicht die Grippe kriegst, nur gleich Aspirin ein[illegible] und schwitzen – es ist keine leichte Krankheit mehr. Wir haben ganz Lazarett [illegible] voll bekommen. Ich glaube nicht dass du noch viel [illegible] brauchst. Ich freue mich wenn [illegible] auf den [illegible], auch darauf, dass wir 2 eventuell zusammen studieren könnten und ich glaube dass 2 [illegible] in der Hand gut miteinander auskommen. Aber trotz aller [illegible] haben wir doch gegen andere [illegible] gehalten. Jetzt ist Appell und ich grüße dich herzlich, lieber Walter! Dein Eugen. Grüße an [illegible]!

Formular 88 b. [illegible]-Verlag des K. B. K.-M., München

Lieber Walter,

Ich danke Dir für Deinen Brief, der mich sehr bedrückt. Wenn ich auch sicher glaube, daß der Krieg bald zu Ende geht, so weiß ich nicht ob Ihr Euer Leiden so lang aushalten werdet. Ich danke Dir für die [illegible] Weisheit. Es ist darin eine Idee, die so stark ist wie die einer antiken Tragödie und das Erschütternde ist das wie sie sich aufrichtet (wie ich vermute): diese unbedingte Notwendigkeit einer Idee im äußersten Elend. Ich glaube auch daß Du stolz und Du auch die Krise [illegible] [illegible] [illegible] und am Alten stärker werden. Es muß ein grauenhaftes Schicksal sein, manchmal sich in Nacht, Regen, Unglück und in Arbeit und Armut [illegible], die Lügen [illegible] wie immer. Der Schreiber muß und [illegible] [illegible] und zu wissen daß man noch da ist, wie noch da, und Lieder [illegible] und getrost mit wenig Hoffnung. Das Schreiben an der Front ist nicht so schwer wie Du [illegible] mußt. [illegible] und [illegible] [illegible] [illegible] daß die deutsche Front erschüttert, aber [illegible] [illegible] ist und die Wirklichkeit in guter Ordnung erfolgt. Hier wartet Alles auf den Frieden. Es sind sonnige Herbsttage, die [illegible] der Bäume ist [illegible] wie Gold und die Morgen über den [illegible]

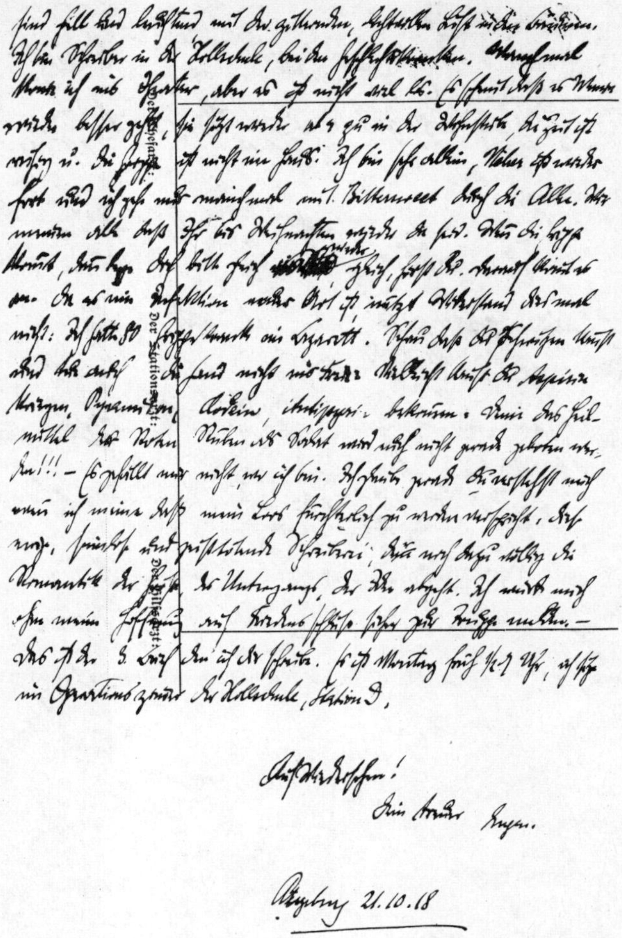
Der Chefarzt:
Der Stationsarzt:
Der Hilfsarzt:
Auf Wiedersehen!
Dein treuer Eugen.
Augsburg 21.10.18

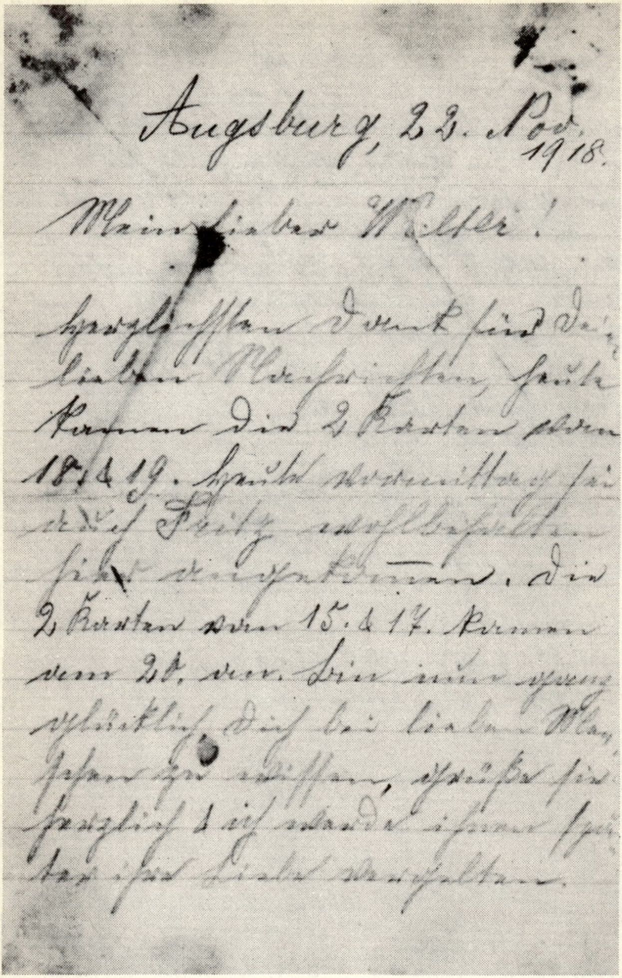
Augsburg, 22. Nov. 1918.

Mein lieber Walter!

Herzlichsten Dank für die lieben Nachrichten, heute kamen die 2 Karten vom 18. & 19. heute vormittag hier auch Fritz wohlbehalten ist angekommen. die 2 Karten vom 15. & 17. kamen am 20. an. Bin immer ganz glücklich dich bei lieben Menschen zu wissen, grüße sie herzlich & ich werde ihnen später ihre Liebe vergelten.

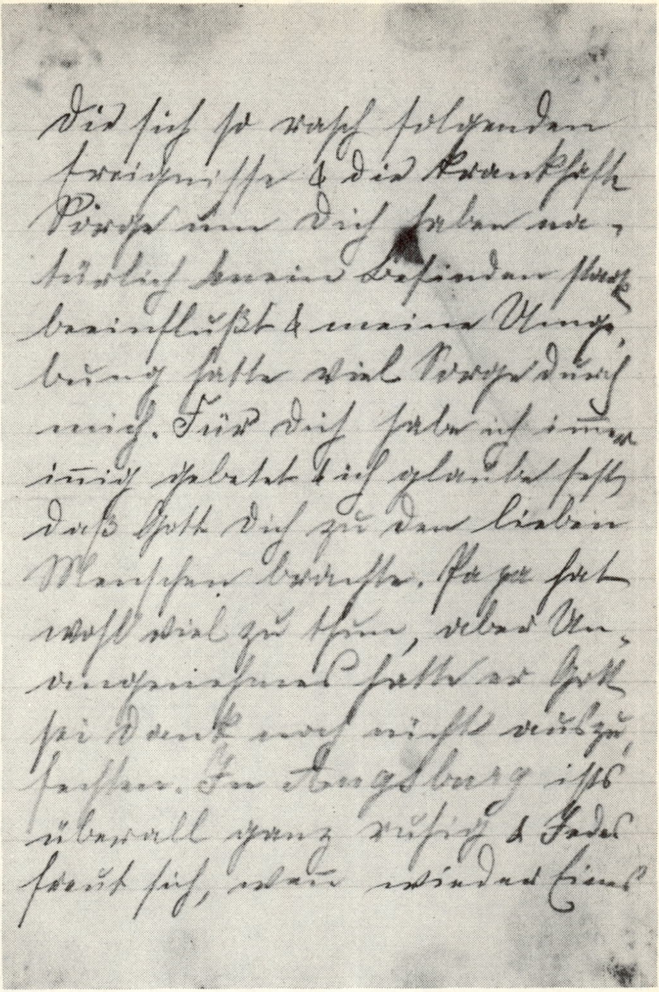
die sich so rasch folgenden
Ereignisse & die Krankheit
Sorge um dich haben un-
säglich mein Befinden stark
beeinflußt & meine Umge-
bung hatte viel Sorge durch
mich. Für dich habe ich immer
innig gebetet & ich glaubte fest,
daß Gott dich zu den lieben
Menschen brächte. Papa hat
noch viel zu thun, aber Un-
angenehmes hatte er Gott
sei Dank auch nichts auszu-
stehen. In Augsburg ist
überall ganz ruhig & Jeder
freut sich, wenn wieder Ruhe

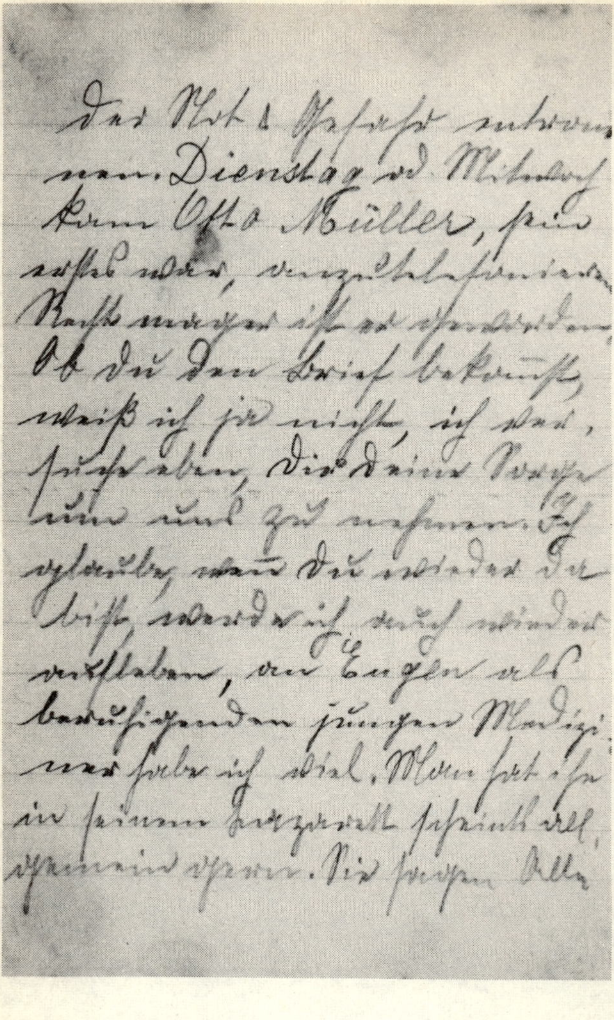
[illegible]
[illegible]. Dienstag od. Mittwoch
kam Otto Müller, [illegible]
[illegible]
[illegible]
ob du den Brief bekommst,
weiß ich ja nicht, ich [illegible],
[illegible]
[illegible] zu nehmen. Ich
glaube, wenn du wieder da
bist, werde ich auch wieder
[illegible], an Eugen als
[illegible] jungen Mädchen
[illegible]. Man hat ihn
in seinem [illegible]
[illegible]. Die [illegible] Alle

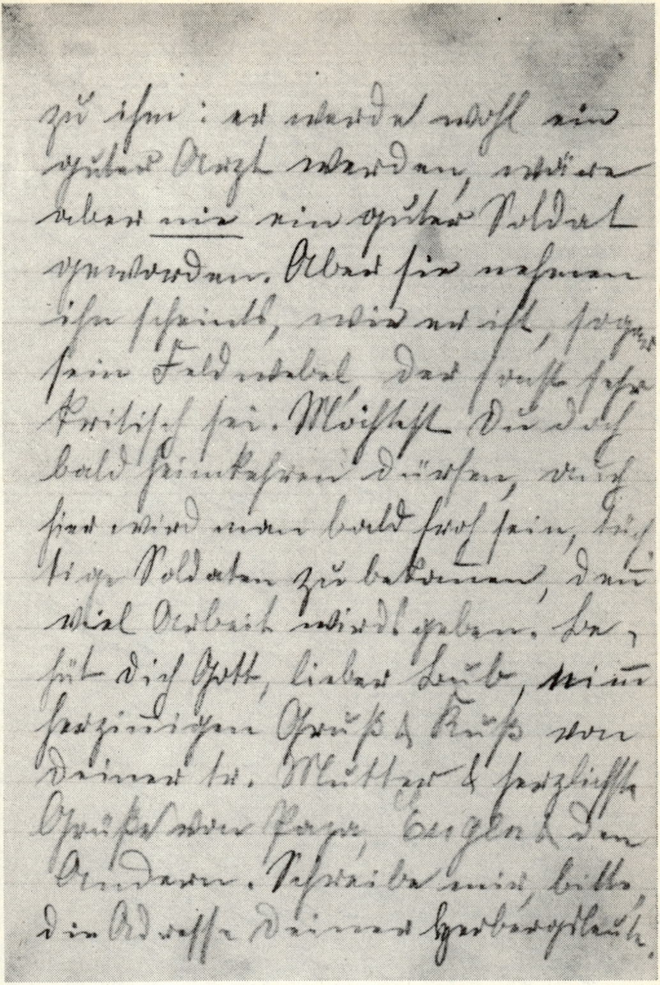
zu ihm: er werde noch ein
guter Arzt werden, würde
aber nie ein guter Soldat
geworden. Aber sie nehmen
ihn scheint's, wie er ist, sogar
sein Feldwebel, der sonst sehr
kritisch sei. Möchtest Du doch
bald heimkehren dürfen, auch
hier wird man bald froh sein, tüch-
tige Soldaten zu bekommen, denn
viel Arbeit würde es geben. Be-
hüt dich Gott, lieber Bub, meine
herzinnigsten Grüß & Küß von
Deiner tr. Mutter & herzlichste
Grüße von Papa, Engler & den
Andern. Schreibe mir bitte
die Adresse Deines Herbergsplatzes.

Lieber Walter!

Den Inhalt Deines Telegramms hat mir Frl. Ohe gestern nachmittag sofort zutelefoniert, worauf ich mich bei der Post wegen der Versendungsmöglichkeit erkundigt habe. Leider besteht augenblicklich keine Möglichkeit, dein Buch zu verschicken, denn wir haben Beschlagnahme für alle nicht volkswirtschaftlich wichtigen Güter.

Wie lange dieser Zustand andauert ist nicht abzusehen, wahrscheinlich wird es so schnell nicht besser, denn der Kohlen- u. Transportmangel ist heute größer denn je. Es bleibt also nur übrig, daß du am nächsten Sonntag hierherkommst u. das Buch mitnimmst. Inzwischen werde ich in der Abendzeitung ein Buch-Kaufgesuch aufgeben und sehen, daß ich für Dich etwas ermittle.

Hoffe Dich am Sonntag hier zu sehen und begrüße Dich indessen herzlichst Dein liebender Vater

B. Brecht

Augsburg,
18. November 1919

Aus Tagebuchblättern entnehme ich Aufzeichnungen von der Fahrt, der Ankunft im Feldrekrutendepot Hussigny und dem Leben in dem nordfranzösischen kleinen Bergwerksort:

26. 9. 1918. Der lange Transportzug ist dicht gefüllt mit jungem, lärmendem Militär. Nach der ersten Verpflegung, schon in Neu-Ulm, folgt das zweite längere Halten nachts 1/2 1 Uhr in Bietigheim. Abgeblendete Lichtkegel der Baracken. Der Kaffee fließt an den Wänden der Verpflegungsstation aus Wasserhähnen. Für die weitere Fahrt in der Nacht strecken wir uns auf den Bänken aus oder liegen auf dem Boden. Im Morgengrauen verlassen wir Württemberg und passieren Baden, die Gegend der Ferienheimat. Fern blaut im Frühdunst der Schwarzwald. Im Abteil liegen überall auf den Bänken und dem Boden verwelkte Blumen.
Auch in Rastatt hält der Zug längere Zeit. Ein bewegendes Erlebnis: Wir waren am Fenster; ziemlich nahe saß auf einer Bank des Bahnsteigs eine Schwester vom Roten Kreuz, mittleren Alters, schlank, fast hager, müde und ernst vor sich hinsehend, ohne von der winkenden und rufenden Jugend Notiz zu nehmen. Als der Zug zu fahren beginnt, schwillt das Rufen der sich aus den Fenstern Beugenden mächtig an. Zwischen Walter Brügel und Karl Entenmann stehend, starre ich in das blasse, feine Gesicht der Schwester. Mir ist, als müßte ich gerade sie, diese rätselhafte Teilnahmslose, zur Trägerin der brennenden Botschaft machen, die in die Heimat meiner nun versinkenden Jugend hinüberdringen will. Schon ist der Zug ein Stück gefahren, da schaut sie auf, ihre Augen gleiten an den mit Soldaten

prall gefüllten Fenstern vorbei und treffen mit einem Mal auf mich und bleiben an mir hängen. Das Gesicht scheint zu erwachen, ohne mich aus dem Blick zu lassen, steht sie auf, und während wir immer weiter und schneller von ihr wegfahren, hebt sie ihren Arm und noch immer, ohne selbst das leichteste Lächeln auf dem Gesicht, winkt sie mir, zuerst mit der Hand, dann mit einem weißen Tuch. Brügel und Entenmann wenden sich mir zu, sie haben es wahrgenommen und mehr betreten als scherzend fragen sie, warum gerade mir dieser ernste, fast trauervolle Gruß gegolten habe.

28. 9. 1918. Da Fliegergefahr bestand, fuhren wir diese Nacht höchstens zwei Stunden und völlig ohne Licht. Wieder auf dem Boden des Waggons gelegen. Wir haben längst die deutsch-französische Grenze hinter uns und stehen im Bahnhof der Stadt Audun-le-Roman. Sie ist ausgebrannt. Die Häuser haben alle kein Dach mehr. Neben uns hält ein Lazarettzug, der in die Heimat fährt. Er ist so lang wie unser Zug. Das Bild der beiden sich begegnenden Transporte läßt keinen ungetrübt. Wie uns, trotz allem betont munteren Gefaßtseins, ums Herz ist, bringt Walther Brügel, der denn auch gleich zurechtgewiesen wird, etwas hysterisch zum Ausdruck, als er sagt: »Hier möchte ich nicht sterben. Auf dieser roten Erde sieht man ja unser Blut nicht.« Das war, als wir an Bergen mit herbstfarbenen Laubwäldern und eisenhaltigem Boden vorbeifuhren.
Vormittags 1/2 11 Uhr. Aufenthalt in Longuyon. Auf den Gleisen standen riesige, für die Truppentransporte dienende Lokomotiven. Von der Stadt sah man nichts

als zerschossene Häuser. Über den Talkessel kam ein Geschwader von vielleicht 20 feindlichen Flugzeugen angeflogen und hielt auf den Bahnhof zu. Die Lokomotiven stießen heisere Alarmschreie aus. Wie mit einem Schlag war der Bahnhof von dem feldgrauen Getümmel der Soldaten leer. Eine Maschine löste sich aus dem Geschwader und kam, heftig beschossen, nieder über den Zug. Die nächsten Sekunden waren voll peinigender Spannung. Doch der erwartete Detonationsdonner blieb aus. Langsam rollte der Zug aus der dachlosen Halle und bog, schnell an Fahrt gewinnend, in das Waldtal ein.

Dann kam Hussigny, unser Bestimmungsort. Von dem tiefen Tal mit dem Bahnhof führten die beidseitigen Höhen stufenförmig empor. Der Marsch ging steil bergauf. Unter der Last von Stahlhelm, Tornister, Gewehr und Munition keuchend, stiegen wir an. Auf halbem Weg wurde Halt gemacht. Der Oberleutnant, der uns in Empfang nahm, hielt eine seltsame Ansprache. Untersetzt, eher klein, mit hartem, verschlossenem Gesicht, die Uniform von äußerster Korrektheit, an der linken Brustseite das Eiserne Kreuz 1. Klasse, sprach er keineswegs zackig, eher halblaut und in fast verächtlichem Ton. Alles war mäuschenstill, er erschien uns in seiner bestimmten, fast drohenden Haltung, der an sich schon Respekt zukam, wie die Verkörperung des militärisch in hohen Ehren gewonnenen und nun ebenso militärisch zur Hoffnungslosigkeit verdammten Krieges. Er sagte, daß das Leben der Jugend und der Heimat unwiderruflich hinter uns läge, daß in der Tat alle Brücken abgebrochen wären. Er selbst, schon vor zwei Jahren zum Krüppel geschossen, leiste den ihm noch möglichen Dienst der letzten Betreuung an den wie wir in dieses Niemandsland Gekommenen. »Vor uns, so nahe, daß ihr es ja deutlich genug rollen hört, steht die Front, die auf euch wartet. Durch meine Hände ist Jahrgang um Jahrgang, Transport um Transport von Infanteristen gegangen, die in Hussigny ›frontreif‹ gemacht worden sind. Frontreif heißt soviel wie reif zum Sterben, und gestorben sind auch die meisten, die, an uns vorbei, einmal, wie jetzt ihr, den Hang herauf und in einigen Wochen wieder herab marschiert sind. Was von euch verlangt und mit letzter Härte gefordert wird, ist eine Haltung, die euch ebenso aufrecht ins Sterben ziehen läßt, wie es bei denen vor euch zutraf.«

Dann kamen wir oben in den Bergwerksort. Von den meisten Häusern standen nur noch verfallene Mauerreste. In der Ortsmitte ein Ziehbrunnen. Wenige Zivilisten, kleine, schmächtige Kerle in weiten pludrigen Tuchhosen, die Mütze ins Genick geschoben, um den Hals einen dunklen Schal, die Zigarette im Mund – wohl alles Bergleute, vor oder nach der Schicht. An der Kirche, deren Turm in mittlerer Höhe abgebrochen und deren Giebeldach verschwunden war, lungerte eine Gruppe solcher, meist junger Männer. Sie ließen uns unbeachtet, warfen uns höchstens einen hämisch-verächtlichen Blick zu. Hinter jeder Mauer lauerte fühlbar etwas uns feindlich Gesinntes. Beherrscht war das Bild jedoch von Soldaten. Der merkwürdig lose, wenig kasernenhofmäßige Ton fiel auf. Sie hatten die Hände in den Hosentaschen, die feldgrauen Uniformen waren schäbig, ins Farblose verwaschen.

Schließlich hielten wir vor einem alten engbrüstigen Haus. Die eine Seite war mit Wellblech verschalt, weil die Steinmauer fehlte. Steile, krachende Holztreppen mit zerbrochenem Geländer. Stube 4 im 2. Stock hatte die 12 Mann meiner Korporalschaft aufzunehmen. Ein schmaler Tisch, eine Bank, die nur für 7 Leute reichte, ein kleiner eiserner Ofen und die Pritschen, doppelstöckige Brettergestelle, auf denen mit einer dünnen Lage von Hobelspänen gefüllte Papiersäcke lagen. Die Zimmerdecke war zerrissen, das Lattenwerk lag, vom Verputz entblößt, offen. Durch das zerschossene Dach konnte ich in wolkenloser Nacht von meiner Liege aus die Sterne sehen.

Am anderen Vormittag wurde uns im Wachhaus Unterricht erteilt. Der Feldwebel – für uns neu wie alle Chargen – machte keinen unguten Eindruck, aber der Offizierstellvertreter war widerlich. Von gedrungener Gestalt, mit gezwirbeltem Schnurrbart im Kommißgesicht, wulstigem Stiernacken, würdigte auch er uns einer Begrüßungsrede. Das Klima hier sei ungeheuer gesund, wir könnten uns im Revier davon überzeugen, daß es so gut wie keinen Kranken gäbe. Was er nicht sagte, war, daß das Revier, wie wir bald erfuhren, unter jammervoller Verkommenheit litt, daß bei der Verteilung der Verpflegung an die Kranken eine unvorstellbare Durchstecherei herrschte, so groß, daß die Leute lieber krank zum Dienst als voll Angst ins Revier gingen.

Um 11 Uhr mußten wir die Uniformen abgeben, die wir vor der Ausfahrt ins Feld gefaßt hatten. Im rieselnden Herbstregen zogen wir vor den schmalen Bergwerkshäuschen am Hochhang die guten Waffenröcke aus, legten die Hosen ab und standen in Hemd, Unterhose und Socken wartend da. Aus einem Fenster im Obergeschoß eines als Lager dienenden Hauses warf ein Soldat ein Kleiderbündel nach dem anderen herab. Die abgelegten Uniformstücke wurden zusammengeknotet und gegen eines dieser anderen Bündel ausgetauscht. Eine Anprobe gab es nicht. Als ›Exerzieruniform‹ erhielt ich eine Jacke und eine Hose, unbeschreiblich verdreckt und verschlissen. Der Rockkragen starrte innen von einem schmierigen, Modergestank ausströmenden Belag aus Schmutz und eingetrocknetem Schweiß. Der Augenblick, in dem ich in die zerrissene Hose schlüpfte, die keinen einzigen Knopf mehr besaß, wurde zu einem Jahr unaussprechlichen Ekels. Die Uniformen, in denen wir ausgezogen waren, auch sie altes, gebrauchtes, aber doch instandgesetztes, gesäubertes Material, gaben wir jetzt ab, versehen mit einem Zettel, auf dem unser Name stand, und trennten uns davon, als wäre es ein Hochzeitsanzug gewesen. Beim Abmarsch aus dem Rekrutendepot an die Front würden wir die Uniformen, die geschont werden mußten, wiederbekommen. Schon beim Weggehen scheuerte sich mein Genick an dem scheußlichen Halskragen wund.

Hinter unserem Haus lag die Mannschaftslatrine, ein offener Bretterverschlag mit einem auf zwei Holzbökken ruhenden Querbalken. In der Mulde darunter befand sich ein Mischmasch von ölig schillerndem Schlamm, aufgeweichtem, beschmutztem Papier, breiigem Kot und Speiseresten, ein elender Gestank.

Keine fünf Schritte entfernt davon war die Küche unserer französischen Quartiergeber.
Unsere Lage, mit allem, was das Leben ausmacht, ist in eine von allem Früheren fast unbegreiflich unterschiedene Form eingespannt. Wir sehen nach Westen, über Waldhöhen hin, hinter denen sich die Front erstreckt. Der mal schwächer, mal stärker rollende Orgelton ist, eingestandenermaßen, der uns ängstigende Kern des Bewußtseins. Der Blick zum Himmel, heimatwärts, reißt hoffnungslose, tränentreibende Sehnsucht auf. Ohne die ins gleiche Schicksal geschmiedeten Kameraden wäre es nicht zu ertragen.
Da ist Walther Brügel, der Schulfreund, Sohn des Pfarrers, der uns in der Oberrealschule Religionsunterricht erteilt hatte. Walther: aus einer vielköpfigen protestantischen Familie kommend, nicht sonderlich gescheit, aber bei leicht beleidigtem, fast herausforderndem Sinn für Gerechtigkeit, beweglichen Geistes, neigt er zu Schwermut. Obwohl mir innerlich nahe, ist er gleichwohl der einzige in der Korporalschaft, der mir durch Aufbegehren und manchmal grobe Ungehörigkeiten Schwierigkeiten macht. Einmal wachte ich nachts auf und sah seine dunkle Gestalt gegen den leicht leuchtenden Himmel im Fenster stehen, wie er in großem Bogen hinunterpißte. Dann Richard Schatz: alles andere als körperlich robust, leidet er besonders unter den Entbehrungen und Strapazen. Er ist intelligent, aber er denkt nicht methodisch. Er nörgelt und schimpft, erweist aber jedermann rührende Hilfsbereitschaft.
Zum engeren Kreis gehören auch Entenmann und Reinbold.

Vetter Fritz, der im gleichen Transport mit uns Augsburg verlassen hatte, ist schon bald wegen Geschwüren an den Beinen in das berüchtigte Revier gekommen. Einige Zeit hielt er sich, ohne Dienst tun zu können, in der Stube seiner Korporalschaft im gleichen Hause wie wir auf, wo ich ihn öfter besuchte. Man besitzt kein richtiges Verbandszeug für ihn und verwendet daher Papier, mit dem man seine von eitrigen Geschwüren bedeckten Beine umwickelt.
Ein amüsanter Bursche ist Sepp Mellinger, gelernter Kellner, der ehedem als Pikkolo im Hotel ›Drei Mohren‹ gearbeitet hat. Er erzählt vom Hotelleben hinter den Kulissen und schildert, wie unter dem Lichterglanz festlicher Bankette, bei sanftem Geklirr silberner Bestecke und edler Gläser, die Kellner sich heimlich an den Resten nichtausgetrunkener, schnell abgeräumter Sekt- und Weinflaschen gütlich getan hatten.

Bei uns sieht es anders aus. Wecken morgens 1/2 6 Uhr, um 6 Uhr wird Kaffee gefaßt, dann das Quartier hergerichtet. Es folgt das Antreten in der Ortsmitte um 7.15 Uhr, ›Exerzieranzug, Obergewehr‹, Marsch auf den Exerzierplatz außerhalb Hussignys. Alles wurde wieder von Anfang an geübt – Grüßen, Grundstellung, Gewehrgriffe – und das 7 km hinter der zusammenbrechenden Front. 1/2 11 Uhr Heimmarsch. Die Zeit bis zum Essenholen benutzte ich in den ersten Tagen, um Nägel zu suchen, denn wir hatten keine Haken an der Wand, wo wir unsere Gewehre, Uniformröcke und Mäntel hätten aufhängen können. Nachmittags Innendienst mit Zimmerschrubben. Das Wasser holt man in Kübeln vom Dorfbrunnen. Während vier Mann die

Stube putzen, müssen die andern in den Wald zum Holzsammeln, damit abends geheizt werden kann. Manchmal rückt die Kompanie zum Scharfschießen nach Morfontaine aus. An den Samstagen finden große Märsche mit schwerem Gepäck statt.

Das alles wäre zu ertragen, selbst der nie gestillte Hunger. Schon die täglichen Brotrationen sind viel zu klein. Gegen die Qualität des gewohnten Kommißbrotes läßt sich nichts sagen. Auch über das Essen, das zumeist aus Eintopfgerichten oder Klippfisch besteht, gibt es kaum Klagen, einfach des großen Hungers wegen. Ich bin selber Zeuge der Korruption geworden, die sich nicht nur an den Kranken, sondern an uns allen vergeht. Neulich wurde auch ich einmal zu der begehrten Arbeit des Kartoffelschälens in die Mannschaftsküche befohlen. In zwei Riesenkesseln brodelte das Essen. Das mit dem wenigen Fleisch eingebrachte Fett bildete obenauf eine dünne Schicht. Zwei Unteroffiziere, die hereinkamen, kurz bevor der Eintopf fertig war, schöpften aus der Fettschicht ihre Eßgefäße voll und verschwanden wieder, wobei den Worten, die sie mit dem Koch wechselten, zu entnehmen war, daß es sich bei diesem vormittäglichen Besuch um eine Gepflogenheit handelte.

Außer Hunger quält uns Kälte und Nässe, doch das schlimmste sind nicht einmal die Läuse, deren wir nicht Herr werden, sondern die Flöhe, die uns vor allem nachts martern. Dazu kommt die Krätze, die so juckt, daß morgens beim Aufwachen die Fingerspitzen, die Fingerknöchel und der ganze Handrücken vom Kratzen blutig sind.

Soweit die Eintragungen des Tagebuchs aus Hussigny.
Ich bin nie krank geworden. Mit allen anderen verließ ich am Tag des Kriegsendes, dem 9. November 1918, die Bergwerkstadt Hussigny, die uns mit einem Feldrekrutendepot Quartier geboten hatte – es war derselbe Tag, an dem wir an der Front hätten eingesetzt werden sollen. So blieb uns der wahre Schrecken des Kriegs erspart. Er hatte sich am dichtesten an uns herangetastet, als wir immer wieder Truppenteile an die Front ausrücken sahen, meist ältere und alte Soldaten, die, zwischen vorderer Linie und der Etappe, hier bei uns ein paar Ruhetage verbringen durften. Sie waren vor der verstümmelten Kirche in Zweierreihen angetreten; feldmarschmäßig bepackt, standen sie, vor dem Kommando »Achtung stillgestanden« gelockert, das Gewehr neben sich, auf der Brust die Gasmaske, den Kopf mit dem Stahlhelm meist tiefgebeugt, die Gesichter nicht nur blaß und ausgemergelt, sondern verschattet, grau. Sie wußten, was sie erwartete. Die Befehle wurden auch nicht laut und markig, sondern ruhig, eher wie beiläufig gegeben, fast wie von Verstehen getragen.
Unser Heimmarsch ging in Ordnung vor sich. Wir marschierten ein Stück durch Belgien, durch einen Zipfel Moselland, in nicht zu langen, nicht mehr beschwerlichen Tagesmärschen bis weit den Rhein hinauf. In Gau-Algesheim wurden wir in einen Transportzug verladen, der uns nach vielem Stehen und Warten in die Heimatgarnison brachte.
In all dieser Zeit spürte ich mit dem Gefühl von Glück, Heimweh und Trauer, wie Mamas Gedanken um mich

waren. Ich hatte ihr geschrieben, als ich, wieder auf deutschem Boden, bei rührend guten Leuten im Quartier lag. Sie antwortete mit ihrem Brief vom 22. November 1918.

Es waren verwilderte kommunistisch-spartakistische Soldatenräte, die sich der Garnison bemächtigt hatten und die daheim angelangten Frontsoldaten aus dem Militärdienst entließen. Die Offiziere, durch Rebellion der Achselstücke beraubt, mußten froh sein, wenn sie nur angepöbelt und nicht mißhandelt wurden.

Obwohl eine Kommißwelt hinter mir lag, in der an täglichen Demütigungen nicht gegeizt worden war, betrachtete ich das alles doch als unangemessenen Verstoß gegen den Ernst und die Disziplin, die das selbstverständliche Fundament unsäglicher Opfer gewesen waren. Ich sah darin die Unterhöhlung einer haltgewährenden, verläßlichen Lebensform.

Ich freute mich daher über alles, was an Liebenswertem unverändert geblieben war, vor allem über das Wiedersehen mit Mama, deren Leiden sie allerdings noch fester in die Arme genommen und sie noch zarter, noch durchsichtiger gemacht hatte. Das galt gleichermaßen für den Händedruck, mit dem mich Papa, seine Bewegung nicht verbergend, empfing. Er war noch magerer, unter dem von ihm bitter empfundenen schlimmen Ausgang des Kriegs sichtbar älter geworden, doch mit dem gewohnten Regelmaß seines Lebens und Arbeitens war er der in seiner Haltung wie eh und je Verläßliche geblieben.

Meine erste Wiederbegegnung mit Eugen verlief nicht

ohne Trübung. Nachdem ich beim Betreten der Wohnung zuerst zu Mama geeilt war, kehrte ich in mein, zwischen dem Wohnzimmer und Papas Schlafzimmer gelegenes Zimmer zurück, um für eine kleine Weile in Freude und Dankbarkeit niederzusitzen und mich umzusehen. Mein Blick suchte die geliebte, mit Seidenbändern vieler Freundschaften geschmückte Gitarre, ein altes, aus Ahornholz gefertigtes portugiesisches Instrument von großem Wohlklang. Sie hing aber nicht an ihrem Platz, links neben der Türbrüstung zu Papas Schlafzimmer. Eugen hatte sie, da er sie seiner eigenen Gitarre vorzog, zu sich hinauf in die Mansarde genommen.

Ich mußte ihm aber manches zugute halten, mit Bewunderung zum Beispiel die Ode *›Luzifers Abendlied‹*, die er Ende September geschrieben und mit einer kongenialen Melodie singbar gemacht hatte. Mit schwingender Leichtigkeit und Schönheit der Sprache ging er in diesem Aufruf *›Gegen Verführung‹*, wie er das Gedicht später nannte, gegen alles Frömmelnde mit Verachtung vor.

Aus dem handschriftlichen Liederbuch von Walter Brecht

Luzifers Abendlied

Laßt euch nicht verführen, es kommt keine
Wiederkehr!
Wollt ihr den Tag verlieren? Ihr könnt schon
Nachtwind spüren
Es kommt kein Morgen mehr.

Laßt euch nicht betrügen, daß Leben wenig ist,
Schlürft es in vollen Zügen. Es wird euch
nicht genügen
Wenn ihr es lassen müßt.

Laßt euch nicht vertrösten. Ihr habt nicht
soviel Zeit!
Laßt Moder den Erlösten, das Leben ist am
größten
Es steht nicht mehr bereit.

Laßt euch nicht verführen zu Frohn und
Ausgezehr.
Was kann euch Angst noch rühren? Ihr sterbt
mit allen Tieren:
Und es kommt nichts nachher.

Ich hielt ihm natürlich auch zugute, daß sich seiner der Krieg in den letzten Monaten bemächtigt hatte. Er war am 1. Oktober 1918 als Militärkrankenwärter eingezogen worden und betreute als Sanitäter im Tag- und oft auch im Nachtdienst geschlechtskranke Soldaten, die in den Baracken eines im Hofe der Elias-Holl-Schule untergebrachten Lazaretts lagen. Eine Erleichterung bedeutete es für ihn, daß die Abteilung von dem mit Vater bekannten Augsburger Medizinalrat Dr. Raff geleitet wurde, dem Eugens literarische Arbeit wohl nicht fremd war und der für sein völlig unmilitärisches, salopp-exzentrisches Verhalten einiges übrig hatte, ihn wahrscheinlich sogar schätzte, weil er seinen Dienst samariterhaft mit großem Ernst versah. Man entließ ihn erst Januar 1919 und bescheinigte ihm eine ›sehr gute Führung‹.

Er mußte seine Entlassung als Glücksfall auffassen, denn ein von der Münchner Regierung verfügter Demobilmachungsplan sah für den Jahrgang 1898 zunächst keine Entlassung vor. Dabei war Ende November (28. 11. 1918) ein dem Arbeiter- und Soldatenrat einverleibter Lazarettrat ins Leben gerufen worden, dem Eugen einige Zeit angehörte, ohne jedoch irgendwie tätig zu werden.

Ich sah ihn um die Jahreswende nur selten. Auch für mich war es eine sonderbare Zeit. Hinter uns lag der viereinhalb Jahre lange Krieg. Nun tat sich mir ein von Bedrohung befreites, neues Weiterleben in einer befriedeten Welt auf, das mit zwar noch nebelhaften, gleichwohl aber vorstellbaren Versprechungen lockte. Der schnell wieder aufgenommene Schulbesuch schien mir, anders als ehedem, als ein guter Weg nach vorne.

Die Mutter. Bleistiftskizze von W. B.

Die Mutter. Bleistiftskizzen von W. B.

Der Vater. Bleistiftskizzen von W. B.

Der Bruder. Bleistiftskizze von W. B.

DANACH

Was sich für Eugen und mich in diesem Jahr 1919 ereignete, schuf Eindrücke und Erkenntnisse, die zu Entscheidungen für unser künftiges Leben zwangen. Zwar wölbte sich über allem der Friede, unter seinem großen Dach aber kamen, als Nachwehen des Kriegs, regionale politische Wirrnisse zu tumultuöser Entfaltung. Da sie hier und dort mit militärischen Mitteln ausgetragen wurden, war, besonders in der Osterzeit, der verklungen geglaubte Lärm von Gewehr- und Maschinengewehrfeuer, von explodierenden Handgranaten, ja von Kanonendonner, wieder zu hören, und dies jetzt in der Heimat.
Nachdem am 7. November 1918 auch in Bayern die Revolution ausgebrochen war und sich zwei Tage später der Augsburger Arbeiter- und Soldatenrat mit dem Aufruf ›Gewalt in unseren Händen‹ an die Bevölkerung gewandt hatte, ging es den Aufständischen vor allem um die Sicherung ihrer Position, während das Bürgertum zunächst schweigend verharrte, dann aber ordnende Gegenkräfte mobilisierte.
Eugen fühlte sich von diesen Dingen stark angesprochen, er nahm an Wahlversammlungen der USPD (Unabhängige Sozialdemokratische Partei Deutschlands) teil und soll im Februar, jedoch nur für kurze Zeit, Parteimitglied gewesen sein.
Schwere, sich rasch ausbreitende Unruhen ereigneten sich, als in München am 21. Februar der bayerische Ministerpräsident Kurt Eisner einem Attentat zum Opfer fiel. Am folgenden Tag kam es auch in Augsburg zu

Schießereien. Gesindel hatte nachts in mehreren Straßen Ladengeschäfte aufgebrochen und ausgeraubt und in der Redaktion der ›München-Augsburger Abendzeitung‹ die Einrichtung zerschlagen. Eine Matrosenabteilung des Soldatenrats versuchte die Ordnung wiederherzustellen, doch sah sich die Stadt zur Verhängung des Belagerungszustandes gezwungen.
Noch bedrohlicher wurde alles, als die aus Oberbürgermeister, Magistrat und Gemeindebevollmächtigten bestehende Stadtverwaltung einem kommunistischen Stadtkommandanten weichen mußte, kurz darauf die Landesregierung abtrat und die Bayerische Räterepublik ausgerufen wurde.
Schon bald setzten Bemühungen um die Rückeroberung Münchens und Augsburgs ein. Von Norden her näherte sich das Freikorps des General Epp, nachdem die Reichsregierung von der nach Bamberg geflohenen Landesregierung um bewaffnetes Vorgehen gebeten worden war.
Vor der Besetzung Augsburgs durch die konterrevolutionären Truppen kam es in der Stadt zu Unruhen, bei denen geschossen wurde. Der Wunsch zu hören und zu sehen, was vorging, führte auch mich in die die Hauptstraßen durchflutende Menschenmenge. Auf einem Tisch im Hof des Polizeipräsidiums lag ein Toter, ein Arbeiter mittleren Alters, den in der Bürgermeister-Fischer-Straße eine Kugel getroffen hatte. Er lag da, auf dem Rücken, die Arme ausgebreitet, mit wächsernem Gesicht. Die Leute schauten sich ihn neugierig an, doch kümmerte sich weiter niemand um ihn. Als ich anderntags aus der unteren Stadt hinter dem Rathaus das steile Judengäßchen zum Merkurbrunnen hinaufstieg, sik-

kerte ein schmales Blutrinnsal zwischen den Pflastersteinen herab, oben war wieder geschossen worden. Das Gefühl, das mich in der gaffenden, sich aber ziemlich lautlos bewegenden Menge beschlich, war ein von Angst nicht freies, abenteuerhaftes Abgerücktsein vom gewohnten Alltag, war der innere, keineswegs lustlose Ruf ›Wer Wind sät, wird Sturm ernten‹, war die Befriedigung, Zeuge einer turbulenten Unordnung zu sein, in der es von Gefahr knisterte. Niemand wußte, wohin alles führen werde.
Am Ostersonntag, dem 20. April, besetzten die Soldaten Epps die Stadt, nachdem der letzte Widerstand an der verbarrikadierten Wertachbrücke zusammengebrochen war.
Von Eugen sah ich wenig. Er war beim Mittag- und Abendessen, das schweigend, bedrückt eingenommen wurde, nicht da; er hielt sich wohl bei seinen sich zur Flucht rüstenden spartakistischen Freunden auf. In der Bleichstraße ging das Gerücht, aus seinem Mansardenfenster sei ein Schuß gefallen. Ich habe ihn nicht gehört, doch wurde mir später bekannt, daß Eugen, ohne in irgendeiner Weise aktiv dabei gewesen zu sein, einem der führenden Köpfe der Revolution, dem Kommunisten Georg Prem, zwei Nächte lang Unterschlupf geboten hatte.

Weil in München noch immer die Spartakisten an der Macht waren, wurde in Augsburg die Jugend aufgerufen, dem Freikorps beizutreten, das sich in Augsburg und Umgebung zum Vormarsch auf München vorbereitete. Mit Xaver Schaller trat auch ich dem Freikorps bei, das uns in den Ballonzug Gareis aufnahm. Der

Entschluß fiel uns nicht schwer. Handel und Industrie leisteten jede mögliche Beihilfe. Wir hatten eine vorzügliche Verpflegung, der Kommißton war erträglich, da die Mannschaft fast ausschließlich aus Gymnasiasten und Studenten bestand. Zu einer guten Einkleidung kam eine Ausrüstung, die eine am Gürtel zu tragende schwere Pistole umfaßte. Der Dienst hätte kaum leichter sein können. Was besonders ins Gewicht fiel, war, daß an die Stelle des Abiturs, das uns erlassen wurde, das letzte Zeugnis trat.

Mit dem Fesselballon, der das Hauptstück des Zuges Gareis bildete, hatten wir wenig und dazu nur Angenehmes zu tun. Jeder durfte einen Aufstieg mitmachen. Wir waren zu viert im Korb und gehorchten dem Unteroffizier aufs Wort, der uns in etwa 800 m Höhe ermahnte, von der Mitte weg und mehr zur Wandung hinzutreten, weil es ein alter Korb sei, der leicht durchbrechen könne. Zwei Dinge machten mir haftenden Eindruck. Mir war immer schwindlig geworden, wenn ich aus größerer Höhe aus einem Fenster oder von einem Brückengeländer hinunterschaute, oder, was das Schlimmste war, wenn ich oben in einem Kesselhaus auf einem Rost stand und durch die Gitter der Stufen in die Tiefe blickte. Jetzt blieb das Schwindligwerden, vor dem ich Angst gehabt hatte, gänzlich aus. Ich begriff, daß es sich nur dann einstellt, wenn der Blick nach unten nicht frei ist, sondern anhand von Wänden, Felsen, Pfeilern die Höhe ermessen kann. Daher also hat man auch nie davon gehört, daß es jemandem im Flugzeug schwindlig geworden wäre.

Eine andere, nicht minder verblüffende Erscheinung bestand darin, daß beim Einholen des Ballons, als wir uns dem Boden näherten und ich mich, zum Absprung bereit, auf den Korbrand setzte, der Erdboden zu meiner Überraschung doch noch etwa zehn Meter entfernt war und wir keineswegs schon unten waren. Ich hatte mich verschätzt. Man sagte mir, daß es Autorennfahrern ähnlich ergehe, wenn sie nach beendetem Rennen, aus hoher Geschwindigkeit heraus, den Wagen auslaufen ließen und, in der Meinung, unmittelbar vor dem Halt zu sein, sich anschickten auszusteigen, obwohl doch das Fahrzeug immer noch mit 15-20 km in der Stunde rollte.

Leider verließ uns der zu Erkundungszwecken dienende Ballon schon nach zwei Tagen, nachdem etwas Wind aufgekommen und das Halteseil zerrissen war. Wir sahen der in östlicher Richtung, feindwärts verlaufenden Fahnenflucht des Ballons zuerst erschrocken, dann mit Heiterkeit zu, hatten wir doch in seinen Wert für unsere militärische Aufgabe keine große Erwartung gesetzt.

Wir lagen in der westlichen Umgebung Augsburgs, während von München, das noch umkämpft war, schwach, doch erregend, der Kanonendonner herübertönte. Die Stadt war noch keineswegs frei von roten Kräften, die sich in einzelnen Stadtvierteln hielten und aus verbarrikadierten Häusern schossen, als am 2. Mai die Bayerische Räterepublik zu bestehen aufhörte.

Am 3. Mai wurden wir verladen und vor Pasing in Stellung gebracht. Ich gehörte zu einer mit einem schweren Maschinengewehr ausgerüsteten Gruppe und mußte unter Beschuß die Munitionskästen über einen Streifen ungedeckten Geländes nach vorne tragen. Die Kugeln sirrten um mich. Wo sie auf den Boden trafen, stoben

Spritzer von Sand und Erde auf. Die schweren Munitionskästen mehr schleifend als tragend, kroch ich, von schrecklicher Angst erfüllt, von einer schutzbietenden Holzhütte zur Erdmulde vor, wo man mich erwartete. Nach einiger Zeit hörte das gegnerische Feuer auf, der Übermacht weichend, krochen die Rotgardisten zurück. Wir zogen dann in Marschkolonne weiter. Gerüchte wurden kolportiert, wonach die Roten jeden Gefangenen verstümmelt und dann erschossen hätten.

Es mag sein, daß dies neben Abscheu, Furcht und Haß in manchem von uns Vergeltungsgedanken wachrief. Zunächst marschierten wir, ohne auf Widerstand zu stoßen, in München ein, gerieten in einen Hinterhalt und wurden aus großer Nähe beschossen. Ich rannte zu der Eingangspforte des Kapuzinerklosters. Auf unser aufgeregtes, polterndes Klopfen und Läuten wurde die Tür nur einen Spalt weit geöffnet. Hinter uns krachte und knatterte es, aber man bedeutete uns, dies sei geweihter Boden, der von Waffentragenden nicht betreten werden dürfe. Wir ließen uns jedoch auf nichts ein und erzwangen Eintritt und Schutz durch lautstarkes Ungestüm. Später bezogen wir in einer Schule Quartier für die Nacht, doch ehe wir zum Schlafen kamen, ereignete sich noch manches.

Obwohl an mehreren Stellen der Stadt weitergekämpft wurde, es aber in unserer Gegend ruhig war, ließ man uns ausgehen. Wir begaben uns zu einem ummauerten Gartenstück oberhalb der Theresienwiese. Hier lagen in mehreren Reihen, dicht an dicht, feindliche Gefallene und Erschossene. Wir mußten mit ansehen, wie sich Leute von uns an die Toten heranmachten und, vielleicht getrieben von dem Schauerlichen, das man uns von den Spartakisten erzählt hatte, sie übel schändeten. An den Uniformen erkannten wir, daß es sich bei vielen Leichen um Russen handelte. In Puchheim hatten die Gegner die Insassen eines vom Krieg her verbliebenen Gefangenenlagers mitgenommen und sie durch Versprechen oder Drohungen zur Teilnahme an den Kampfhandlungen veranlaßt. Erneut, jetzt von Truppen der Freikorps, waren sie überwältigt und gefangengenommen worden. Man hatte mit ihnen kurzen Prozeß gemacht. Auf die von Blut, Kot und Urin Besudelten wartete das Massengrab. Die Zahl der Toten der zwei vergangenen Tage und Nächte wurde auf achttausend geschätzt.

Als wir jetzt spät abends erfuhren, daß die letzten in offenen Feuergefechten kämpfenden Einheiten der Gegner vernichtet waren, machten wir uns zu dritt zu einem Gang in die befreite Stadt auf. Nach Passieren ganz unmünchnerisch menschenleerer Straßen läuteten wir bei der ›München-Augsburger Abendzeitung‹, denn Vater war ein guter Freund des Vertriebsleiters. Als ängstlich aufgemacht wurde, zeichnete sich beim Anblick der Uniformen auf dem Gesicht des Öffnenden zuerst Schrecken ab, doch dann erkannte man die weiße Binde an unserem Arm. Da sie noch nicht wußten, daß das bedrohliche Ringen zu Ende und München frei war, erblickten sie in uns die ersten Befreier, so daß der Empfang laut und herzlich ausfiel und mit rasch herbeigeholtem Wein begossen wurde.

Der Dienst, den wir zu verrichten hatten, bestand in der Bewachung bei Wohnungsdurchsuchungen und Verhaftungen, ferner in der Hilfe bei Transporten von

Verwundeten zu Lazaretten. Was man bei solchen Vorgängen sah, bei denen Menschen erschreckt, eingeschüchtert und gedemütigt wurden, war quälend. Als wir einmal einen auf einer Bahre festgebundenen Rotgardisten vom Lastauto zum Aufnahmeraum eines Krankenhauses trugen, hatte man ihn ganz ohne Zweifel absichtlich so entblößt, daß seine Geschlechtsteile mit dem eiternden Penis als Blickfang wirkten. Man hatte uns glauben gemacht, daß die rote Miliz die gefangengenommenen Weißen bestialisch behandelt hatten, was wir aber nun von ihr zu sehen bekamen, waren, oberflächlich als Militär kenntlich gemacht, zum Fürchten verwahrloste Gesellen.

Zusammenzustehen gegen ihre Absicht, die Welt des Bürgertums abzutun und an ihre Stelle die Räteregierung des Proletariats zu setzen, erschien uns Söhnen des Bürgertums als selbstverständliche Aufgabe. Aber meine Freunde und ich hatten ebenso selbstverständlich geglaubt, daß dem Feind zwar mit der Waffe zu begegnen sei, nicht aber mit der Absicht, Greuel an ihm zu verüben. Wir waren in geordneten Kolonnen dahermarschiert, aus dem Krieg entlassene Studenten, Fähnriche, Fahnenjunker und Offiziere, junge Leute der gebildeten Klasse, und es hatte sich gezeigt, daß sie grausamer, entsetzlicher Handlungen fähig waren und einzelne sich nicht gescheut hatten, selbst an Toten ihren Haß schandbar auszulassen.

In schweren Zweifeln fragten wir uns, ob wir mit dem freiwilligen Beitritt zum Freikorps der Weißen das Rechte und nicht nur das Richtige getan hatten. Uns wurde schaudernd klar, daß in der Ungunst der Verhältnisse Grausamkeit und niedrigste Gemeinheit aller-

orten anzutreffen waren, selbst da, wo Bildung davor hätte bewahren müssen.
Wir mußten in München bleiben. Wir hatten gewisse Mühe, die viele freie Zeit auszufüllen. Wir suchten römisch-irische Dampfbäder, auch Schwimmbäder auf und wurden in Bierwirtschaften und Cafés Stammgäste. Irgendwo mußte man von der Straße ein paar Stufen hinuntersteigen, um in ein Speiselokal zu kommen, das wir ein oder zwei Wochen lang wegen der ausgezeichneten dicken und fetten Pfannkuchen frequentierten, bis wir eines Tages durch Zufall einen Blick hinter den Vorhang in die Küche warfen. Sie starrte so von Schmutz, daß uns der Appetit auf lange Zeit verging.
Unser Dienst bestand jetzt vornehmlich aus Wache stehen an Plätzen oder Straßenecken, an denen sich vielleicht noch etwas ereignen konnte. Die letzten Einheiten der Spartakisten waren zwar schon am 4. Mai zerschlagen worden, dennoch hielten sich einzelne Freischärler oder Gruppen von ihnen in Häusern auf und wagten vor allem nachts Angriffe gegen Weißgardisten oder Passanten. Als mich am 8. Mai Eugen besuchte, stand ich nachts auf Wache. In der Nacht vorher war der Posten erstochen worden, einfach so, ein Zivilist war gekommen und hatte ihn um Feuer für seine Zigarette gebeten. Ich war jetzt mit einem Kameraden als Doppelposten abgestellt worden. Eugen zeigte sich vom Reiz der Situation beeindruckt. Vielleicht nicht so sehr seine Sympathie, doch sein politisches Bekenntnis galt rückhaltlos den Roten. Aber gefährliche Tätigkeiten, in die man selbst hätte verwikkelt werden können, waren nicht sein Geschmack.

Eugen, der sich in den unruhigen Zeiten der ersten Jahreshälfte abwechselnd in München und Augsburg aufhielt, war weniger durch seinen Universitätsbesuch in Anspruch genommen, der mehr formaler Natur war, als durch seine literarische Arbeit und das Interesse an den politischen Ereignissen; aber auch durch die Beschäftigung mit persönlichen Problemen. Sein akademisches Leben hatte am 24. Januar begonnen, als er sich für ein Kriegsnotsemester, das bis Mitte April reichte, einschrieb. In dieser Zeit begann er an den ›*Trommeln in der Nacht*‹ zu arbeiten. Im April lag schon die zweite Fassung vom ›*Baal*‹ vor. Er arbeitete angestrengt, Freunde erzählen, daß er von morgens 6 Uhr bis mittags 12 Uhr schrieb und erst dann das Zimmer verließ.

Man sah ihn in Wahlversammlungen. Sich ganz der radikalen Linken zuwendend, besuchte er z. B. am 6. Februar die von der USPD zu Ehren der ermordeten Rosa Luxemburg und Karl Liebknecht veranstaltete Trauerfeier; am 26. Februar reihte er sich nach Eisners Ermordung in den zum Ostfriedhof führenden Trauerzug ein. Seine weit mehr dogmatische als kämpferische Haltung zeigte sich deutlich in den Tagen, als es in Augsburg um die Einrichtung und die Beseitigung der roten Stadtverwaltung ging. Er nahm an Beratungen des Arbeiter- und Soldatenrats teil, blieb aber ganz im Hintergrund, als es zu Schießereien und Blutvergießen kam. Er hielt Abstand zu Ereignissen, die ihm nicht unter die Haut gingen. Überhaupt gehörte es zu seinem Wesen, mit Leidenschaft die Wahrheit zu suchen und zu proklamieren, und nicht minder leidenschaftlich einen Bogen um alles zu schlagen, was ihm zuwiderlief.

In den Tagen um den 10. Mai, als nach dem Zerbrechen der roten Machtergreifung in München immerhin noch nachts Menschen hinterrücks umgebracht wurden, hatte in Augsburg der Plärrer wieder seine Karussells und Zelte aufgestellt, und Eugen, meist von Freundinnen begleitet, genoß den Rummelplatz wie eh und je. Begeistert fuhr er mit den Mädchen Schiffschaukel, hingerissen von der Schönheit der Bewegung, mit der ihre Körper, warm und geschmeidig und voll Kraft, die auf und ab jagende Schaukelfahrt beschleunigten.

Eine andere Freude bereitete ihm und uns die Wolfshündin Ina, von der niemand wußte, wie er zu ihr oder sie zu ihm gekommen war. Es scheint, daß sie ein Soldat heimgebracht, sie aber dann freigegeben hatte. Jedenfalls hing sie mit großer Liebe an Eugen, begleitete ihn überallhin und ließ sich, wenn er in Augsburg war, nicht von ihm trennen. Er war immer gut zu ihr, kümmerte sich aber nicht weiter um sie, nahm sie auch nicht nach München mit, wie er überhaupt ihre Pflege uns überließ.

Ina war schön, zärtlich und im allgemeinen zu jedermann freundlich. Zu ihren Eigenarten gehörte, daß ihre Freundlichkeit vor Menschen, die eine Uniform trugen, jäh haltmachte. Sie zog den Schwanz ein und schlich, sich so wenig wie möglich bemerkbar machend, davon. Offensichtlich hatte sie beim Militär schlechte Erfahrungen gemacht. Große Ergebenheit und Zuneigung zeigte sie Mama, sie saß oder lag stundenlang vor ihrem Bett, erhob sich aber dann und wann und legte die Pfoten auf Mamas Bettrand, sah ihr in die

Augen und ließ sich von den zarten Händen streicheln.

Es schien uns interessant, ihre Wachsamkeit auf die Probe zu stellen. Als das Haus zur Beseitigung von Mauerschäden eingerüstet und eine Leiter aufgestellt wurde, die von der Mauer schräg empor am Fenster unseres Wohnzimmers vorbei nach oben führte, machten wir einen Versuch. Während Ina auf ihrem Platz zwischen Klavier und Vaters Sessel schlief, stieg ein ihr fremder Mann zuerst leise, dann mit Lärm die Leiter hinauf. Ina schien ihn im Schlaf gehört zu haben, denn ihr linkes Ohr zuckte – doch sonst blieb jede Reaktion aus, sie schlief ungestört weiter. Nichtsdestotrotz lehrte Vater sie, zwischen dem kleinen, der Frühlingsstraße zu gelegenen Holztor über seinen hochgehaltenen Spazierstock zu springen. Selbst wenn die Höhe immer größer wurde, nahm das Tier das Hindernis in elegantem, wunderschönem Sprung. Und Ina ging das schmale Tor von jetzt an niemals ohne den Sprung an, auch ohne quergehaltenen Stock.

Erst Mitte Juni nahm die Universität den Betrieb wieder auf. Eugen begab sich schon am 12. Juni nach München, bat aber bereits kurz darauf, ihn vom Belegen weiterer Vorlesungen zu entbinden.

Ohne sich jedoch ganz von der Universität abzuwenden, füllte er seine Zeit bis zum Rande mit literarischer Arbeit; Einakter, Geschichten und Gedichte entstanden. Auch schrieb er das ganze Jahr über an den Neufassungen und Überarbeitungen des *›Baal‹*. Später äußerte er sich über das Besondere seines Schaffens. *»Ich suche herum nach neuen Formen und experimen-*

tiere mit meinem Gefühl wie die Jüngsten. Aber dann komme ich doch immer wieder darauf, daß das Wesen der Kunst Einfachheit, Größe und Empfindung ist und das Wesen der Form Kühle.«
Er fand damals Eingang in das Haus von Lion Feuchtwanger. Wegen der Aufnahme seiner Stücke war er mit Theatern und Redaktionen in Verbindung. Die Unruhe und Wechselhaftigkeit dieser Zeit war aber nicht zuletzt auch auf Beziehungen zu Frauen zurückzuführen.
Mit Bi (Paula Banholzer), die er schon 1916 kennengelernt hatte, ging er ins Kino, ins Theater. Ihre Eltern sahen das nicht gern, aber für sie, die ihn überaus höflich, ja galant, geistreich und dabei warmherzig fand, war er die große Liebe. Anfang 1919 erwartete sie ein Kind von ihm. Ihre Eltern brachten sie aus Augsburg weg nach Kimratshofen im Allgäu, ins Haus einer Hebamme. Eugen, oft von Freunden begleitet, besuchte Bi. Am 2. August kam ein Söhnchen zur Welt, das bei der katholischen Taufe die Vornamen Frank, nach Wedekind, Otto, nach Müllereisert, und Walter, nach mir, erhielt. Es gibt eine Niederschrift, die von einem Abend bei Bi in Kimratshofen berichtet, wo Cas Neher und Müllereisert dabei waren, Pfanzelt Orgel spielte und Eugen dazu ›*Luzifers Abendlied*‹ und Baals ›*Choral*‹ sang. Erst im September erfuhr Großvater Brecht von Franks Existenz. Er erwies sich für Frank, der zunächst in Kimratshofen blieb, als hilfreich, er holte ihn ab und zu zu sich. Dann im Herbst, als Marianne Zoff ans Augsburger Stadttheater kam, trat zu Eugens Liebe für Bi die für die wunderschöne Sängerin hinzu und brachte neue Verwicklungen.

Zur Zeit des Geschehens hörte ich nur wenig davon, denn ich war nach Ende der Münchner Bürgerkriegstage in eine neue Phase meines Lebens getreten, die mich nur noch selten in Augsburg festhielt.

Die Oberrealschule lag hinter mir, vor mir eine Zukunft, die ohne die Möglichkeiten zur Entfaltung persönlicher Fähigkeiten und Neigungen keine gewesen wäre. Für die Wahl eines geeigneten Berufes fehlte mir jedoch jede Erfahrung. Ich nahm daher Vaters Rat an, der meinte, daß es gut wäre, wenn ich nun, nach der Oberrealschule, an der Technischen Hochschule studieren und Ingenieur werden würde; die an der Technischen Hochschule Darmstadt vertretene Papier- und Zellstoff-Technologie böte gute Aussicht. Er versicherte, daß er für jedes Studium, zu dem ich mich entschlösse, die Kosten zu tragen bereit sei, doch ebenso bestimmt machte er klar, daß dies nicht mehr gälte, wenn ich von dem gewählten Fach abspringen und ohne festes Ziel anderes studieren würde.
Meine Freunde, Heini und Xaver, die gleichermaßen die Frage der Berufswahl zu lösen hatten, sahen andere Wege vor sich. Xaver stammte aus einer alten Lehrerfamilie, wollte auch selber Lehrer werden und hatte für sein Studium das Lehrerseminar in Pasing im Auge. Heini war der geborene Architekt. Er entschloß sich zum Besuch der Technischen Hochschule München, um dort Bauingenieurwesen zu studieren.
Bevor sich jedoch unsere Wege trennten, wollten wir noch in Freiheit etwas unserer Freundschaft Angemessenes gemeinsam unternehmen.

Noch am Tag des 15. Juli 1919, als die neunte, die Abiturklasse, zu Ende war, traten Heini, Xaver und ich aus dem Freikorps Epp aus und ließen uns nach Forchheim entlassen, denn von Forchheim aus sollte die drei Wochen lange Wanderung beginnen. Wir sparten auf diese Weise die Kosten für die Eisenbahnfahrt von Augsburg nach Forchheim.
Die Wanderung ging durch die Fränkische Schweiz, durch den Thüringerwald bis nach Eisenach, dann zurück nach Süden zum Main. Von Schweinfurt aus durften wir auf dem Anhänger eines den Main abwärts fahrenden Lastkahns fahren. Er brachte uns bis Würzburg, von wo aus es wieder zu Fuß weiterging, über Rothenburg ob der Tauber und Bopfingen bis Nördlingen. Wir wären gerne noch weiter bis nach Augsburg marschiert, da aber Heini wegen der Unklarheit über einen Brief schleunigst heim nach Lindau mußte, brachen wir in Nördlingen die Fußreise ab und fuhren mit der Bahn nach Hause.
Obwohl wir an Bekleidung und Wäsche nur das Notwendigste dabei hatten – jeder trug einen leichten Regenmantel und einen Rucksack, ich hatte dazu noch die Gitarre umhängen –, waren wir doch gut ausgerüstet. Geld besaßen wir nicht viel, aber vom ersparten Sold genug, und da man damals noch Lebensmittelmarken brauchte, hatten wir uns bei der Entlassung mit den und jenen Ausweisen so reichlich ausstatten lassen, daß bei den Bürgermeisterämtern unterwegs immer einer auch gleich für die beiden anderen die Marken ausgehändigt bekam, während die zwei anderen eine andere Bürgermeisterei aufsuchten.
Bei ununterbrochen heißem, schönem Wetter mar-

schierten wir fürbaß, genossen die Wälder in dem flachen Land und den Bergen, die Bäume entlang unserem Weg, die von der Sommersonne beschienenen Getreidefelder und grünen Wiesen, wandten, mit Ausnahme der Wartburg, baulichen Sehenswürdigkeiten nur mäßiges Interesse zu, erfreuten uns aber an den Städtchen und Dörfern mit ihren Menschen, erlebten Späße und blieben nicht ohne Erfahrungen. Die Nacht wurde meist bei Bauern im Heustall oder in billigen Dorfgasthöfen verbracht, das eine oder andere Mal machten wir unzulässigen Gebrauch von Wandervogel-Nachtherbergen, denn wir gehörten dem Bund der Wandervögel nicht an, riefen aber einen so überzeugenden Eindruck von Gleichgesinnten hervor, daß uns ohne Fragen und ohne Entgelt Gastfreundschaft gewährt wurde.

Vergnügen bereitete uns ein Landgendarm, der uns in der Nähe von Coburg von der Landstraße weg zur Gendarmeriestation ins nächste Dorf abführen wollte, damit aber wenig Glück hatte. Die Straße war an einer Seite von prächtigen Kirschbäumen gesäumt, die voll reifer Kirschen hingen. Abwechselnd waren zwei von uns oben in einem der Bäume und schlugen sich den Bauch mit Kirschen voll, während der dritte unten am Stamm saß und auf unsere Sachen aufpaßte. Fahrzeuge, die die Straße entlangkamen, störten uns nicht, die Fuhrleute schauten nicht nach oben. Anders war es, wenn Bauersfrauen dem nächsten Ort zustrebten. Um ihre Aufmerksamkeit abzulenken, machte der unten Anstalten, als wolle er hinter dem Baum ein Geschäft, und zwar das größere, verrichten. Verstört und schimpfend stoben die Frauen von der obszönen Stätte

weg. Nicht so der Landjäger. Er erfaßte die Lage, rief Xaver und mich vom Baum herunter und nahm, als wir die Rucksäcke geschultert hatten, mich links, Xaver rechts am Arm, während Heini, der unten gesessen und zu spät Alarm gegeben hatte, frei mitging. Doch schon nach einer kurzen Strecke sagte er: »Mein Weg geht dort« und entfernte sich mit raschen Schritten. Nun besonders aufgebracht, denn er konnte, ohne uns loszulassen, Heini nicht nachrennen, führte der Gendarm Xaver und mich zum Dorf. Inzwischen war ihm seine prekäre Lage bewußt geworden. Knapp vor dem Ortseingang hielt er an, ließ uns los und schickte uns mit den Worten fort: »Euch kann i' lauf'n lass'n, ihr seid ja ordentliche Leut', aber den, den mecht' i' krieg'n!« Das gelang ihm aber nicht.
Eine der Erfahrungen wurde uns in einem Dorfwirtshaus zuteil, das wir in einem abgelegenen Gebiet des Frankenlandes spät nachts besuchten, nachdem uns vom protestantischen Pfarrer des Ortes, den wir, zu später Stunde und noch dazu an einem Sonntag, um Quartier gebeten hatten, ziemlich schroff die Tür gewiesen worden war. Wir saßen also am Biertisch, unweit einer Gruppe von Bauern, die, ohne uns mehr als einen Blick zu gönnen, debattierten und dabei ihr Bier tranken. Wie wir hörten, ging es darum, ob ein ziemlich junger Mann zu Recht oder zu Unrecht Alimente zahlen mußte. Das Gespräch weitete sich ins Allgemeine aus, und einem uralten Bauern, der in sich zusammengesunken hinter seinem Bierkrug saß, wurde die Frage zugerufen: »Hör du, du stirbst ja doch bald, und wenn du so auf dem Sargrand sitzt und über dein Leben nachdenkst, was tut dir dann mehr leid? Das,

was d'tan hast und hätt'st net tun dürfen oder das, was d'ausg'lassen hast?« Der Alte nickte ein paarmal, schwieg eine Zeitlang, sagte aber dann deutlich und bestimmt: »All's, was i' ausg'lassen hab!« Das Gelächter, das anhob, war deshalb so laut, weil die Antwort zwar nachdenklichem Zögern, dann aber ohne nur den Schatten eines Zweifels gefolgt war.

Als wir einmal in einer Jugendherberge, die in einem alten, in die Stadtmauer eingefügten Torturm untergebracht war, für die Nacht Aufnahme gefunden hatten und, auf dem Lager ausgestreckt, gerade einschlafen wollten, bereitete uns das immer wieder ertönende heftige Läuten der Nachtglocke Unbehagen. Die späten Gäste rissen am Klingelzug, der, an unserem Lager vorbei, nach oben führte. Eine Zeitlang hielten wir es aus, dann machten wir dem Lärm ein Ende und verschafften allen Ruhesuchenden einen ungestörten Schlaf: wir rissen den Klingelzug ab.

Es gab Tage, an denen wir 70 und 80 Kilometer zurücklegten. Wir büßten an Gewicht ein, und es konnte geschehen, daß wir uneins wurden und miteinander in Streit gerieten. Zweimal war es der Fall, daß wir dann beim Gehen Abstand voneinander hielten. Einer, der für den richtigen Weg Verantwortliche, ging voraus, mit großem Zwischenraum folgte der zweite, weit hinten der dritte.

Im großen und ganzen aber kamen wir gut miteinander aus. Dazu trugen meine Gitarrelieder bei, mit denen wir zudem bei Rasten und Unterkünften Freunde gewannen. Das waren Zuhörer in Wirtshäusern und Leute auf Bauernhöfen, die uns nicht selten mit Nahrhaftem beschenkten.

Das Repertoire meiner Gesänge war nicht klein. Vieles entstammte dem ›Zupfgeigenhansl‹. Nicht nur bei Heini, Xaver und mir selbst beliebt waren Gedichte von Hermann Löns, etliche davon von mir vertont. Ich sang das thüringische Landsknechtlied ›Vom Barette schwankt die Feder, wiegt und biegt im Winde sich‹, den Vagans scholasticus ›Der Sang ist verschollen, der Wein ist verraucht‹, den Spuk von Lübbenau ›Der Spuk von Lübbenau, höret an, der schreckt die Leute gern, wo er kann‹ oder ›Der Fahrende vor der Himmelstür‹, ›Ein Spielmann ist aus Franken kommen, den hat der Tod beim Schopf genommen‹. Von Wedekind stammte ›Der blinde Knabe‹, ›Oh, ihr Tage meiner Kindheit, nun dahin auf immerdar, da die Seele noch in Blindheit, noch voll Licht das Auge war‹, von den Gedichten meines Bruders sang ich *›Luzifers Abendlied‹* und das *›Philosophische Tanzlied‹: ›Wer nie sein Leben verachten darf, der ist vom Tod betört, wer nie sein Leben aufschnaufend wegwarf, dem hat es auch nie gehört‹*, und noch vieles andere.
Ich griff tief in den Schatz der in vergangenen Jahren eifrig gesammelten Lieder und erfüllte in ihnen einen sozusagen ganz auf mich bezogenen Teil meiner Jugend. Sie haben auch meinen zwei Freunden etwas bedeutet. Sie verbanden uns vom ersten bis zum letzten Tag der Reise.

Von der Wanderung zurückgekehrt, trat ich die erste der praktischen Tätigkeiten an, mit denen ich mich auf mein Studium der Technik vorzubereiten hatte. Bei Haindl in Augsburg lernte ich das Innere einer Papierfabrik kennen. Ihre Höfe und die nahe am Rande des Fabrikkerns gelegenen Werkstätten waren seinerzeit für die Buben Plätze des Vergnügens gewesen, jetzt näherte ich mich der Kenntnis vom Wesen des Papiers und dem Verlauf seiner einzelnen technischen Fertigungsakte. Auch mußte ich mich an die in drei Schichten geteilte Arbeitszeit gewöhnen. Zu tun hatte ich zwar nicht viel, wurde dennoch vom Anblick der sausenden Maschinen und vom dröhnenden Lärm müde. Einmal saß ich eingeschlafen im Zimmer des Betriebsleiters. Ausgerechnet da kam der Seniorchef, der alte Kommerzienrat Haindl, vorbei. Zweifellos sah er mich, aber er sagte nichts, weder jetzt noch später. Bei anderer Gelegenheit, als wir nahe am Fabriktor ein paar Schritte gemeinsam gingen, winkte er mich zu sich heran und bemerkte, daß er aus einer Sitzung komme, in der ein Vertreter der Arbeiter gesprochen habe, die Leute hätten mehr Lohn verlangt. »Stellen Sie sich vor, mehr Lohn! Was wollen denn die mit mehr Lohn anfangen, das soll mir einer sagen!« Damals betrug der Stundenlohn der Fabrikarbeiter in Bayern etwa 70 Pfennig.

Da ich zu Hause wohnte, wurde ich gewahr, wie Mamas Leiden immer tiefer von ihr Besitz ergriff. In diesem Sommer häuften sich die Besuche des Arztes Dr. Renner. Wieder wurde ein Eingriff nötig. Mama lag im Diakonissenhaus. Von da an war die offene Haltung ihr gegenüber durch die mit Mühe verhüllte Unaufrichtigkeit getrübt, mit der man der Kranken versicherte, daß nun alles gut werden würde, ein Spiel, das sie, manchmal lächelnd, mitmachte, ohne daß wir wußten, ob sie nicht in schlaf-

losen Nächten schutzlos mit der Wahrheit fertig zu werden versuchte.
Mit diesen Herbsttagen begann eine Zeit, in der zwar das Leben weiterging, in der aber über allem Denken und Fühlen ein Stück Finsternis lag.

Um im Maschinenbau, der wichtigsten Hilfsdisziplin der Papiermacherei, Vorkenntnisse zu erwerben, bedurfte es der praktischen Tätigkeit in Maschinenfabriken. Der Firma Haindl gelang es, mir eine Praktikantenstelle bei J. M. Voith in Heidenheim zu besorgen, wo man mit großem internationalem Ruf Papiermaschinen und alle anderen zur technischen Einrichtung von Papierfabriken gehörigen Anlagen baute.
Mein Leben in Heidenheim von September 1919 bis Ende 1920 war ohne Sensationen. Ich hatte im Souterrain eines einstöckigen Einfamilienhauses der Familie Deißinger ein kleines, aber behagliches Zimmer mit einem Fenster zu einer stillen, aus der Stadt herausführenden Straße. Die Eltern Deißinger waren brave Leute zwischen 55 und 60 Jahren, die Frau, die mir das Frühstück bereitete, mütterlich, dabei eigentümlich schüchtern, schüchtern auch die etwa 30jährige Tochter, von der ich aber nur wenig sah. Herr Deißinger hatte eine Meisterstelle in einem Heidenheimer Textilwerk inne. Aus der Bekanntschaft mit ihm erwuchsen mir Einsichten, deren Wert dem des fachlichen, in den Montagehallen der Maschinenfabrik erworbenen Wissens nicht nachstand. Seine Persönlichkeit lehrte mich, daß Klugheit durch Bildung weder gewährleistet, ja nicht einmal erlangbar, sondern eine angeborene Sache ist.

Als ich an einem Samstagmittag von der Fabrik heimkam und mir Herr Deißinger die Tür öffnete, sagte ich: »Grüß Gott, Meischder Deißinger, gell des isch gued, daß wieder a' mal a' Woch rum isch und der schöne freie Sonndag kommt!«
Er gab mir, den Gruß erwidernd, die Hand, meinte aber »den freien Sonndag, Herr Brecht, gönn' ich Ihnen. Aber wenn Sie älder wär'n, täten Sie des net sag'n, daß wieder a' Woch' Leben vorbei isch. Sie glaub'n noch, 's gibt Wochen wie Sand am Meer, und wenn eine net so angenehm isch, wär's besser, s' däd sie gar net geb'n. Doch 's isch anders, Herr Brecht, jedem isch nur a' b'schdimmde Zahl von Wochen zu'billigd, und was weg isch, isch auf immer weg, und harte Woche' sin' besser als keine. Sehen S', das macht den Unterschied aus zwischen Alt und Jung. Ihne' erscheine' die Woche' so im Überfluß, daß Sie gar net drüber nachdenke'. Mir dagege' mecht'n sparsam und geizig mit ihne' umgehe'.«
Nun waren aber die ersten Wochen meiner Arbeit in der Maschinenfabrik wirklich nicht erfreulich. Ich hatte zunächst in der Lehrlingswerkstätte am Schraubstock stehen und versuchen müssen, einen rohen Eisenwürfel so zu feilen, daß alle Kanten gleich lang und gleich scharf ausfielen. Bis ich das Stück fertig hatte, brauchte ich zwei Wochen. Quälend war weniger der Verlust an Zeit für einen mir nicht einleuchtenden Zweck, als daß ich, zwanzigjährig, von 14 Jahre alten Lehrlingen umgeben, froh sein mußte, wenn sie so taten, als gäbe es mich nicht. Für sie war ich ein überalterter, fremder Einzelgänger, aus einer anderen Welt kommend und für eine andere Welt bestimmt, sie viel-

leicht um eine Kopflänge, aber offensichtlich nicht an Geschicklichkeit überragend.

Anders wurde es, als ich einem Montagemeister in Halle 3 zugeteilt wurde und dort an einem Schraubstock Werkstücke zu bearbeiten hatte, die zu einer auf dem Probestand aufgebauten Papiermaschine gehörten. Das Gebäude umfaßte sieben der Quere nach parallel liegende Hallen, verbunden durch einen auf der linken Gebäudeseite entlangführenden Gang. Ein Laufkran, der hier fuhr, übergab die aus der Gießerei oder der Schmiede antransportierten Maschinenteile den Lastkranen, die die Halle bedienten.

Mein Meister war flink, klein und drahtig. Anhand der Blaupausen, die über den Werktischen an der Drahtwand hingen, erklärte er mir die Konstruktion der Papiermaschinenteile. Ich litt lange Zeit unter dem Gefühl, er habe etwas gegen mich und hielte mich für ungeeignet, denn er schimpfte viel und benutzte jede Gelegenheit, mich von seinem Können zu überzeugen.

Doch als ich ihn dann verließ, war er wie umgewandelt. Fast gerührt, versicherte er mir zu meiner Überraschung, daß ich von allen seinen bisher betreuten Praktikanten einer der brauchbarsten und fleißigsten gewesen sei.

Gleichzeitig mit mir, doch über das ganze Werk verteilt, arbeiteten sechs andere Praktikanten, Abiturienten, die, wie ich, ihr technisches Studium vorbereiteten. Man war bemüht, dem Leben in dem ziemlich unansehnlichen Städtchen, über das sich als einzig Imposantes eine malerische alte Burg erhob, sympathische Züge abzugewinnen.

Wir Praktikanten nahmen an den Tanzkränzchen der Höheren Töchter teil, nachdem man sich den Eltern mit einem Besuch vorgestellt hatte. Auch machten wir Ausflüge in die trotz ihres harten Klimas und ihrer kargen Landschaft sommers und winters reizvolle Schwäbische Alb.

Natürlich entwickelten sich unter uns engere Freundschaften, und eine Freundschaft, die mich besonders beschenkte, verband mich bald mit Roland Conz. Er hatte bereits mit dem Studium des reinen Maschinenbaus begonnen und kam aus Karlsruhe. Sein Vater war der Maler und Radierer Professor Walter Conz, der an der Karlsruher Akademie einer Meisterklasse vorstand.

Roland, hochbegabt, lebhaftesten Geistes, in allem dem Außergewöhnlichen zugetan und das Mittelmaß verachtend, lebte in Extremen. Der Krieg war sein Element gewesen. Er hatte es fertiggebracht, weit unter dem Mindestalter als Freiwilliger in die Armee aufgenommen zu werden, war dann, im Feld, seiner Kühnheit wegen bald zum Leutnant befördert worden und hatte auf verschiedenen Kriegsschauplätzen in vorderer Linie gestanden. Sie hatten ihn mit dem Eisernen Kreuz beider Klassen ausgezeichnet und als ›Tapferkeitsoffizier‹ in den schalen Frieden entlassen. Durch und durch Soldat und Offizier, gehörte er zu denen, die den ruhmlosen Ausgang des Krieges tief beklagten.

Er war Artillerist und saß einst in einer Abendrunde unter Fliegeroffizieren, die ihn hänselten, weil sich ihm soviel seltener als ihnen Gelegenheit bot, Furchtlosigkeit zu beweisen. Daraufhin ging er, der noch nie in einem Flugzeug gesessen hatte, mit ihnen eine Wette

ein. Er würde, wenn ihn einer von ihnen nach oben mitnähme, aus tausend Meter Höhe auf ein Zeichen von ihm mit dem Fallschirm abspringen. Sie hielten dies für ausgeschlossen und wetteten einen Korb Sekt dagegen. Schon am anderen Tag sprang er aus zwölfhundert Meter Höhe ab, wie er sagte, mit entsetzlicher Angst – den Korb Sekt bekam er nie zu sehen.
Es fehlte ihm nicht an künstlerischem Sinn und sicherem Geschmack, den er manchmal schweigend, manchmal herausfordernd verteidigte. Ich gab ihm zur Beurteilung eine Anzahl Blätter von Möbelentwürfen, die ich in Mußestunden mit Liebe angefertigt hatte. Er fand sie so abscheulich, daß er sie, ohne etwas zu sagen, samt und sonders verbrannte.
Auf seine Anregung ging zurück, wie wir einigen Mädchen der Tanzkränzchen abends Ständchen brachten. In einen geräumigen, aus Weidenruten geflochtenen Reisekorb versenkten wir ein Grammophon samt Platten und trugen ihn durch die Stadt, bis wir ihn unter dem Fenster des Mädchens niedersetzten, wo er dann Laut gab.
Zu den Geschichtchen, mit denen wir das Einerlei der Tage unterbrachen, gehörten auch die Späße, die wir bei gemeinsamen Eisenbahnfahrten nach Ulm inszenierten. In einem mit Sonntagsausflüglern voll besetzten Abteil saßen wir uns als zwei einander anscheinend fremde Leute gegenüber. Sichtlich wurde es dem einen schlecht, er fing bedrohlich zu würgen an. Der andere erhob sich, sagte: »Sie gestatten doch!« und führte den Erkrankten behutsam hinaus in Richtung Toilette. Nach einiger Zeit kamen wir wieder zurück, doch zur Verwunderung der Passagiere führte jetzt der, dem so

übel geworden war, vorsichtig den anderen, den ursprünglichen Samariter. Er gab sich große Mühe, den falschen Genesenen auf seinen Platz niederzusetzen, wobei er ihn fragte, ob er sich jetzt besserfühle.

Roland war ein schwieriger, sensibler Mensch mit brillanten Berufsaussichten, doch was er tat und dachte, war unberechenbar. Am Tage, der dem Abschluß seines Diplomexamens folgte, das er ›mit Auszeichnung‹ bestand, erschoß er sich. Das war für niemand zu verstehen. Einiges deutete darauf hin, daß er geglaubt hatte, ein von der Front aus in die Heimat gegebenes Versprechen unter den veränderten Verhältnissen nicht halten zu können, so daß ihm sein krankhaftes Ehrgefühl eine andere Lösung nicht erlaubte.

Rolands Tod machte mich mit seinen Eltern bekannt, mit seiner Mutter und dem feinsinnigen, ernsten und doch zu Humor und freundlicher Ironie geneigten Vater. Beide boten dem Freund ihres ältesten Sohnes liebevolle Gastfreundschaft. Nicht weniger herzlich wurde ich bei den Großeltern von Roland, den Eltern seiner Mutter, in ihrer von dichtem Weingeflecht überwachsenen Villa in Sasbachwalden aufgenommen, dem alten, bitter schwerhörigen, aber von Geist sprühenden Professor Dr. von Böthlink und seiner Gattin, einer verehrungswürdigen Greisin von kleiner, graziler Gestalt, die von ihm, zumindest in Gegenwart anderer Menschen, galant mit Madame und Sie angesprochen wurde.

Als ich von Heidenheim nach Augsburg heimkehrte, war fast ein Jahr vergangen, seit, mit der Wanderung ins Franken- und Thüringerland, das freie Gymnasiastenleben mit den zwei Freunden sein Ende gefunden

hatte. Die Tätigkeit als Praktikant in Fabriken besiegelte die Wahl des Berufswegs.
Mir träumte, ich säße mit Heini und Xaver in einem Kahn. Es war Nacht und eine Strömung des schwarzen Wassers trieb uns, so daß niemand zu rudern brauchte. Mit einem Sprung verließ ich das Boot, in dem jetzt ein Licht brannte, und schwamm hinterher. Die Strömung nahm zu, sie führte die Freunde, die ich mit großer Anstrengung wieder zu erreichen suchte, von mir fort, ich schrie. Was sie mir zuriefen, konnte ich in meiner Not, und weil das Wasser rauschte, nicht verstehen. Daß keiner von ihnen ein Ruder ergriff, um das Gleiten des Kahnes gegen die Strömung zu bremsen, erfüllte mich mit Schmerz. Mit der wachsenden Entfernung und dem enteilenden Boot erlosch jede Hoffnung auf Rettung, zumal in der rabenschwarzen Nacht kein Lichtschein mehr zu sehen war.

hatte Dr. [illegible] Frühling [illegible], [illegible]
[illegible] die Wand [illegible] betreten.
Mir [illegible] Kopf [illegible] Saft [illegible] meinem
Kamm. Es war Nacht und [illegible], dass ich [illegible]
Wasser [illegible], dass niemand [illegible] Frau [illegible]
Mit einem Sprung verließ ich das Bett, [illegible]
[illegible] und [illegible] Dr. Sommer
[illegible] zu [illegible], die ich [illegible]
[illegible] wieder [illegible] von mir [illegible]
[illegible]. Was sie mir zurief, [illegible]
[illegible], und weil der Wassereimer [illegible]
Dankbarkeit [illegible] des [illegible]
des Kahnes [illegible] zu [illegible]
[illegible]. Mit der [illegible]
[illegible] Erregung [illegible]
[illegible] zu [illegible]
[illegible]

MAMAS TOD

Das Leben in der Wohnung Bleichstraße 2 ging seinen Gang, aber es verlief nun anders als bisher. Mama lag hinten in ihrem Zimmer. Schon seit längerer Zeit konnte sie nicht mehr das Bett verlassen. Marie Roekker war hingebend um sie bemüht, auch in schwierigen Dingen, die viel Beherrschung erforderten. Im Haushalt arbeitete unter Fräulein Marie, wie sie allgemein hieß, Peppi Hold, die junge, schweigsame. Ihre Ergebenheit und Beflissenheit machten das einfache, sehr kluge Mädchen zu einem nur wenig in Erscheinung tretenden, aber gerade deshalb geliebten Teil der Familie.

Bald ging es nicht mehr ohne Pflegeschwester, zunächst nur bei Tag, dann wurde die Tagschwester abends von der Nachtschwester abgelöst. Es waren katholische Ordensschwestern vom St. Marienkloster, in schwarzem Ordenskleid mit großer, weißer, knatternd gesteifter Haube. Wir begegneten ihnen mit Ehrerbietung und Dankbarkeit. Sie wechselten oft, aber es machte keinen Unterschied. Immer freundlich, von äußerster Bescheidenheit, niemals Zeichen der Ermüdung oder gar der Unlust zeigend, lebten diese schlichten Frauen, die vom Land kamen, zwei Leben in einem – eines mit den Banden gläubigen Gelöbnisses nach innen, auf ihren Heiland gerichtet, das andere nicht ohne Gefallen am Leben des Tages und nicht ohne Fröhlichkeit. Dabei wurde uns nie klar, was ihnen dieses weltliche ›Gefallen‹ bedeutete. Wir wußten auch nicht, wie sie zum Tod standen, ahnten aber, daß sie sich in nichts so sehr von uns unterschieden als in dieser Haltung. Wenn sie mit dem Jenseits auf geheimnisvolle Weise vermählt schienen, so vermieden sie es doch, die ihnen anvertraute Leidende, die schon ins Grenzland der Nimmerwiederkehr eingetreten war, mit ihrer Gottes- und Todesvertrautheit zu ängstigen. Sie wußten natürlich, daß sie es bei Mama mit einer Protestantin zu tun hatten.

In den März- und Aprilwochen wurde es um die Kranke leiser, obwohl an ihr kaum eine Veränderung wahrzunehmen war. Sie klagte nicht. Wenn man zu ihr kam und sie nicht gerade schlief, lächelte sie wie eh und je. Wurden die Schmerzen heftiger, zog sie vielleicht die Schultern hoch, neigte den Kopf etwas auf die Seite und stöhnte, um uns gleich darauf, fast wie um Verzeihung bittend, mit einem Streicheln der Hände zu beruhigen. Dr. Renner kam alle paar Tage, er war liebenswürdig und ernst. Er half, soweit er helfen konnte, forderte uns aber schweigend zur Hinnahme dessen auf, was unwiderruflich kommen werde. Nicht selten erschien auch Pfarrer Kraußer von der Barfüßerkirche und unterhielt sich mit Mama, die ihn wegen seiner vornehm-weltmännischen Weise schätzte.

In diesem Jahr standen Ende April die Kastanienbäume in hinreißender Blüte. Die weißen Kerzen verwehrten in ihrer üppigen Fülle den Blättern den ihnen gebührenden Rang.

Am Abend des 1. Mai waren alle Fenster weit geöffnet. In der sich vertiefenden Dämmerung standen die drei großen Kastanienbäume wie die Träger von mattweißen Lichtern. Der Duft des Frühlings trat in das Zimmer. An diesem Abend schlief Mama, und ohne daß

etwas mit ihr vorgegangen wäre, starb sie in diesem Schlaf, still, wie sie immer gewesen war.
Später standen wir im Wohnzimmer. Es wurde nicht gesprochen. Doch wir drei, Papa, Eugen und ich, fühlten uns einander nah wie nie zuvor. Wenn sonst zwischen Vater und uns Brüdern, deutlich oder undeutlich, seine Autorität spürbar gewesen war, jetzt war sie einer uns wortlos vereinigenden Trauer gewichen.
Wie wir so nebeneinanderstanden, wandte sich Eugen mir zu, nestelte oben an meinem Hals an meiner Krawatte herum, richtete sie ungeschickt zurecht und sagte: »Sie hat sich verschoben.« Diese zärtliche Geste war wie ein letztes Geschenk, das die Mutter dem älteren Bruder für den jüngeren mitgegeben hatte.
Was er über seine tote Mutter schrieb, war auch dieses Gedicht:

Meiner Mutter

Als sie nun aus war, ließ man in Erde sie
Blumen wachsen, Falter gaukeln darüber hin ...
Sie, die Leichte, drückte die Erde kaum
Wieviel Schmerz brauchte es, bis sie so leicht
ward!

Kein Zweifel, daß er immer gut zu ihr gewesen war. Aber sie hatte ihn nicht nur deshalb geliebt, sie hatte ihn geliebt, weil er ihr Sorgenkind war. Es war ihr als Wunder erschienen, was da durch sie auf die Welt gekommen, vor ihren Augen aufgewachsen war – ein eng vertrautes und doch von ihr ganz unerwartet abrückendes Wesen.

Wo sie von ruhiger, stiller Gefaßtheit war, trieb es ihn zu Unbeherrschtheiten. Ihre Schamhaftigkeit hüllte sie ein wie ein sanftes Gewebe. Er hingegen scheute nicht vor Obszönitäten zurück, wenn sie ihm zur Verdeutlichung einer Wahrheit dienten. Die Mutter unterwarf sich Gott und dem Schicksal klaglos; ihr liebstes Kirchenlied war ›So nimm denn meine Hände und führe mich‹. Der Sohn hingegen verfuhr nach eigenem Gutdünken und in Selbstverantwortung. Sie verkörperte die Freundlichkeit; er empfahl Freundlichkeit und scheute sich nicht, Freundesleistungen hinzunehmen, ohne sich besonders verpflichtet zu fühlen. Ihr war äußerste Rücksichtnahme angeboren; er fand wenig dabei, in das Leben anderer, wenn es seinen literarischen Zwecken diente, verletzend einzugreifen.
Am Abend des Tages, der dem Tod der Mutter folgte, lud er seine Freunde in die Mansarde ein. Es ging so lärmend zu wie sonst. Wer weiß, mit welchen Gefühlen die Freunde dem extravaganten Verhalten zusahen, diesem Verhalten, das sich verächtlich jeder Gefühlsäußerung versagte. Wer weiß, warum er dies in seiner Trauer tat. Wir anderen, die das Haus bewohnten, waren stumm vor Schmerz.

Als Mama starb, war der Aufenthalt von uns Brüdern im Haus Bleichstraße 2 schon längere Zeit unstetig geworden, doch jetzt war unser gemeinsames Leben in Augsburg in einem tieferen Sinne beendet. Auch wenn uns der Vater die Tür des Hauses weiterhin mit Wärme offenhielt, besaßen Stadt und Haus nicht mehr die Kraft, die Reize zu mindern oder sie gar wegzuwischen, die von außen auf uns eindrängten. Die Zeit der Jugend lag hinter uns, die uns ein umsorgtes Zuhause gewährt hatte. Von einer Mutter und einem Vater war den Söhnen unter nicht immer leichten Verhältnissen in Liebe alles gegeben worden, was ihr, der Eltern, Wesen zu geben vermochte.

ANHANG

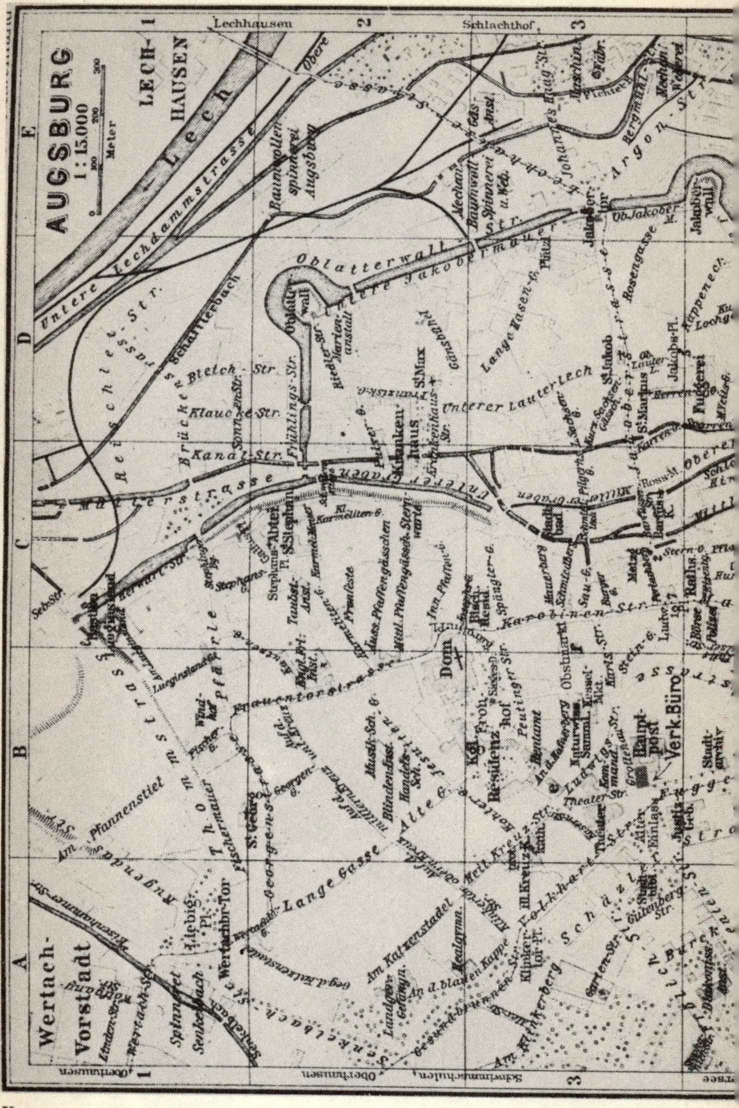

Karte um 1910

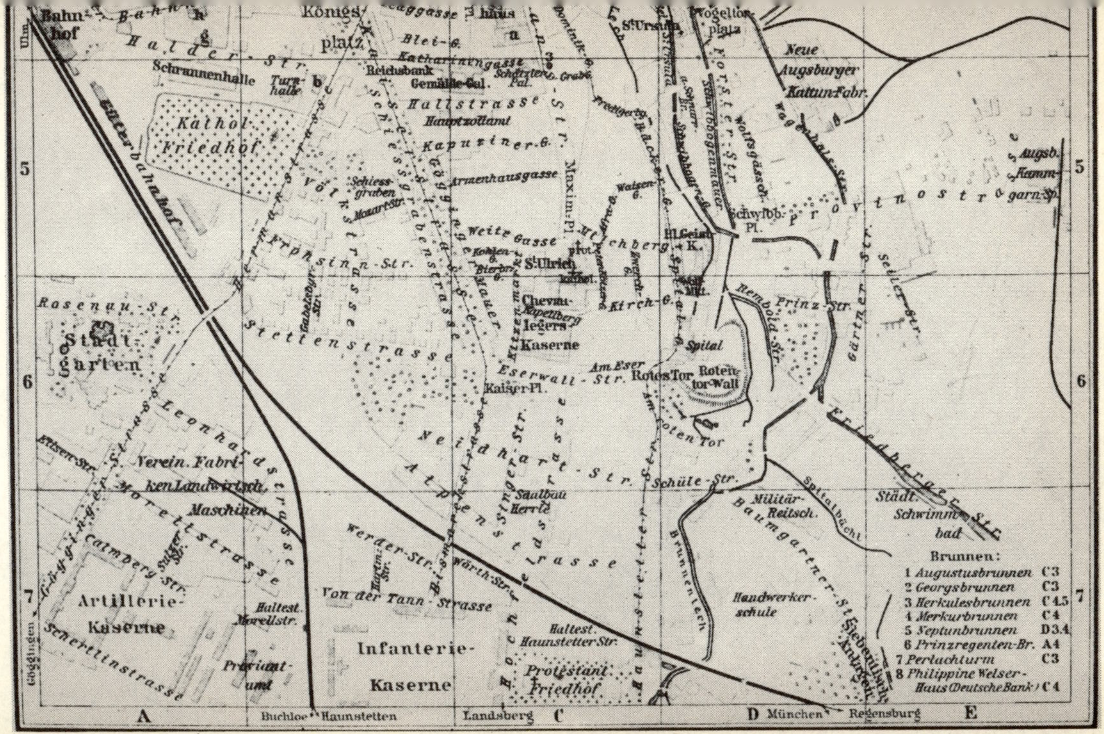
Königsplatz
Halder-Str.
Schrannenhalle
Turnhalle
Reichsbank
Gemälde-Gal.
Katharinengasse
Hallstrasse
Hauptzollamt
Kathol. Friedhof
Güterbahnhof
Kapuziner-G.
Armenhausgasse
Maxim.-Pl.
Völkstrasse
Schiessgraben
Schiessgrabenstrasse
Mozart-Str.
Weite Gasse
St. Ulrich
Frohsinn-Str.
Stettenstrasse
Rosenau-Str.
Stadtgarten
Kaserne
Eserwall-Str.
Kaiser-Pl.
Rotes Tor
Rotentor-Wall
Spital
Am Roten Tor
Leonhardstrasse
Verein. Fabriken Landwirtsch. Maschinen
Morellstrasse
Calmberg-Str.
Artillerie-Kaserne
Schertlinstrasse
Neidhart-Str.
Alpenstrasse
Werder-Str.
Von der Tann-Strasse
Infanterie-Kaserne
Haltest. Morellstr.
Proviant-amt
Haltest. Haunstetter Str.
Protestant. Friedhof
Saalbau Herrle
Schüle-Str.
Militär-Reitsch.
Baumgartner-Str.
Handwerker-schule
Brunnenlech
Spitalbächl
Städt. Schwimmbad
Friedberger-Str.
Prinz-Str.
Rembold-Str.
Gärtner-Str.
Seiler-Str.
Provinostrasse
Schwibb.-Pl.
Forster-Str.
Schwibbogenmauer
Wolfsgässch.
Vogeltor-platz
St. Ursula
Neue Augsburger Kattun-Fabr.
Wagenhals-Str.
Augsb. Kamm-garn-Sp.
Brunnen:
1 Augustusbrunnen C3
2 Georgsbrunnen C3
3 Herkulesbrunnen C4.5
4 Merkurbrunnen C4
5 Neptunbrunnen D3.4
6 Prinzregenten-Br. A4
7 Perlachturm C3
8 Philippine Welser-Haus (Deutsche Bank) C4
Ulm
Göggingen
Buchloe
Haunstetten
Landsberg
München
Regensburg
A
C
D
E
5
6
7

Vier Briefe des Bruders an Walter Brecht

Mai 1917

Lieber Freund,
Ich komme gerade von der Musterung und will Dir selbst schreiben weil jemand anders das nicht so gut kann. Ich wurde also höflich herein geführt in das Lokal voll Jünglingen, man schaute mich bewundernd an und der Arzt wollte mich jauchzend an seinen Busen drücken, da sagte ich wider aller Erwarten ganz eiskalt: Tut mir leid. Ich hätte Ihnen gern gedient, Herr, aber es ist mir leider unmöglich. Denn ich habe keine Zeit, Herr. Nun, ein ander mal wieder, in 2 Monaten oder in 5 Monaten ... Machen Sie sich nichts draus, Herr! Der Oberstleutnant lächelte traurig und sagte müd: Oh, das ist uns eine große Einbuße. Aber wenn Sie positiv wollen ... *Wir* stellen Sie zurück, seien Sie überzeugt. Aber es will uns schier das Herz brechen. Dabei sahen mich alle lockend an und wollten mich verführen. Aber sie hatten ein besseres Herz als ich. Und das war auch ein kleiner Grund warum sie mich nicht mit Gewalt hielten
Also: z. u. b. z. n.

Und jetzt geht der Frühling an und ich bekomme einen neuen Anzug und freue mich auf Deine ersehnte Ankunft.

Eugen.

Der Landwirtschaftliche Kurs blüht weil noch genügend und hinreichend Mist vorhanden zu sein scheint. Heute ist Liedertafel-Konzert und Gößler (Goessler) wird das Lohengrinvorspiel und ein Nachtlied von Ehrenberg dirigigerln Ich werde mich diesem Konzert unterziehen.

Setze Dich, bitte, nicht auf die Eier die Du mitbringst und wenn Du sie nirgends anders mehr unterbringen kannst, trage sie lieber in der Hand als in der Hosentasche. Dahinein kannst Du die Butter stecken. Was die Fleischmarken anbetrifft, so tue sie in einen Zeichenmappendeckel, ich denke, da werden sie hinein gehen. Nimm alles mit, sonst fährt es den Leuten so herum! Wenn Dich ein böser Mensch fragt, warum Deine Taschen so hinausstehen, dann sage zu ihm, das seien Kreisel, die Dir Deine Mama geschenkt habe.

Dein Rektor hat aus Gram darüber daß Du nicht mehr kommst, Selbstmord verübt. Wenn das keine Lüge wäre, wäre es ein erschütternder Beweis von der grenzenlosen Verehrung die Dir von Seiten Deines verwaisten Lehrkörpers gezollt wird.

Eugen

R. Okt. 1918

Feldpostbrief
Dem Infanteristen Walter Brecht
2. bayr. Infanteriedivision
Feldrekrutenkompanie N. 5.
Deutsche Feldpost 104.

Absender: Krankenwärter Brecht Augsburg
Reservelazarett B Schillerschule

Lieber Walter,
vielen Dank für Brief und Karte. Ich denke daß der Brief besorgt ist – ich selbst bin auch besorgt. Man fand mich am Dienstag plötzlich im B Lazarett, Schillerschule. Ich saß auf einem Stuhl und schrieb Krankengeschichte. Die ersten Abende wo ich – gottseidank ganz allein – in dem großen Zimmer mit 7 Betten saß und zum Fenster hinaus den Himmel anschaute – von 6-10, fiel mir manches ein. Jetzt gefällt es mir (noch) ganz gut. Hoffentlich bist Du bald Lieutenant, ich brauche einen Protekteur. Ich habe den Titel »Krankenwärter«. – Ich glaube trotz Deinen Briefen nicht daß es Dir gegenwärtig gut geht, aber ich glaube: *Du* wirst schon gut gehen und daß Du wieder heimkommst, weiß ich gewiß. Der Krieg geht im Winter aus. Jetzt über ein Jahr sitzt Du mit mir auf der Universität. Hm?
Es ist schon ganz Herbst. Nebel. Kälte. Blätterfall. Mama sorgt sich um Dich, sie lacht sicher nur wenn sie mich in Kluft sieht. – Wenn Du nur etwas hast was ich Dir besorgen kann, will ich das gern tun, wenn ich es mit meinen gebundenen Händen irgend wie fertig

bringe. Auch dem Schatz, das ist doch auch für Dich.

Also viele Grüße und nun auf Wiedersehen

Dein Freund und Bruder Eugen.

Augsb. 12. 10. 18 abends 6 im Laz. B

Lieber Walter,

ich hoffe, daß Du schon länger etwas von mir hast. Es geht Dir wohl nicht gut? Wir hoffen immer auf den Frieden und ich glaube jetzt sicher daß er bis Weihnachten da ist. Die Lazarette werden schon alle möglichst frei gehalten. Ich habe es gut getroffen, aber es hat seine Schattenseiten, nur Operationen und Verbindungen zu sehen und dabei Einiges zu hören. Aber ich darf schon daheim schlafen. Mama geht es ein wenig besser und es herrscht mehr Frieden im Haus. Sieh nur zu daß Du nicht die Grippe kriegst, nimm gleich Aspirin wenn erhältlich und schwitze – es ist keine leichte Krankheit mehr. Wir haben ganze Lazarettzüge voll bekommen. Ich glaube nicht, daß Du noch ins Feuer kommst. Ich freue mich enorm auf den Frieden, auch darauf, daß wir 2 eventuell zusammen studieren könnten und ich glaube daß 2 Leute von Humor in der Fremde gut mit einander auskämen. Denn trotz aller Balgerei haben wir doch gegen Andere immer zusammengeholfen. Jetzt ist Appell und ich grüße Dich herzlich, lieber Walter! Dein Eugen

Gruß von Lutz!

Lieber Walter,
Ich danke Dir für Deinen Brief, der mich sehr bedrückt. Wenn ich auch sicher glaube daß der Krieg bald zu Ende geht so weiß ich nicht einmal ob ihr Eure Leiden so lang aushalten werdet. Ich danke Dir für die Wahrheit. Es ist darin ein Zorn, der so stark ist wie der einer antiken Tragödie und das Erschütterndste ist das was Dich aufrichtet (wie ich vermute): diese unbedingte Verteidigung einer Idee im äußersten Elend. Ich glaube nicht daß Du stirbst und Du wirst die Grippe hinunter würgen wie Alles Andere und von Allem stärker werden. Es muß ein gewaltiges Gefühl sein, manchmal sich in Nacht, Regen, Unglück und von Rohheit und [?] umgeben, die Lungen frisch vollzupumpen wie immer. Der hinunter muß und einmal wieder heraufwill und zu wissen daß man noch da ist, *nur noch* da, und kaum verändert und getrost mit wenig Hoffnung. Das Zurückfluten von der Front ist nicht so schlimm wie Du aus Gerüchten meinst. Neutrale und Entente-Presse stellt neuerdings fest daß die deutsche Front erschüttert, aber keineswegs geworfen ist und der Rückzug in guter Ordnung erfolgt. Hier wartet Alles auf den Frieden. Es sind sonnige Herbsttage, das Kastanienlaub der Allee ist rotbraun wie Gold und die Morgen über den Syphilisbaracken sind hell und leuchtend mit der zitternden, lichtvollen Luft in den Bäumen. Ich bin Schreiber in der Hollschule, bei den Geschlechtskranken. Manchmal komme ich ins Theater, aber es ist nicht viel los. Es scheint daß es Mama wieder besser geht, sie sitzt wieder ab und zu in der Wohnstube, die Zeit ist ruhig u. die Grippe ist nicht im Haus. Ich bin sehr allein, Neher ist wieder fort und ich

gehe nur manchmal mit Bittersweet durch die Allee. Wir meinen alle daß Ihr bis Weihnachten wieder da seid. Wenn die Grippe kommt, dann lege Dich bitte gleich nieder, gleich, hörst Du. Darauf kommt es an. Da es eine Infektion neuer Art ist, nützt Widerstand diesmal nicht: Ich hatte 80 Grippekranke im Lazarett. Schau daß Du schwitzen kannst und tue auch die Hand nicht ins Freie: Vielleicht kannst Du Aspirin kriegen, Pyramidon, Codein, Antipyrin bekommen. Denn das Heilmittel der Roten Rüben als Salat wird auch nicht gerade geboten werden !!! – Es gefällt mir nicht, wo ich bin. Ich glaube gerade *Du* verstehst mich wenn ich meine daß mein Loos fürchterlich zu werden verspricht. Diese ewige, sinnlose und geisttötende Schreiberei, der noch dazu völlig die Romantik der Größe, des Untergangs, der Idee abgeht. Ich würde mich ohne meine Hoffnung auf Friedensschluß sicher zur Truppe melden. – Das ist der 3. Brief den ich Dir schreibe. Es ist Montag früh 1/2 7 Uhr, ich sitze im Operationszimmer der Hollschule, Station D.
Auf Wiedersehen!

Dein treuer

Eugen.

Augsburg 21. 10. 18

Brief der Mutter an Walter Brecht

Augsburg, 22. Nov. 1918.

Mein lieber Walter!
Herzlichsten Dank für Deine lieben Nachrichten, heute kamen die 2 Karten vom 18. & 19. Heute vormittag sei auch Fritz wohlbehalten hier angekommen. Die 2 Karten vom 15. & 17. kamen am 20. an. Bin nun ganz glücklich, Dich bei lieben Menschen zu wissen, grüße sie herzlich & ich werde ihnen später ihre Liebe vergelten. Die sich so rasch folgenden Ereignisse & die krankhafte Sorge um Dich haben natürlich mein Befinden stark beeinflußt & meine Umgebung hatte viel Sorge durch mich. Für Dich habe ich immer innig gebetet & ich glaube fest, daß Gott Dich zu den lieben Menschen brachte. Papa hat wohl viel zu thun, aber Unangenehmes hatte er Gott sei dank noch nicht auszufechten. In Augsburg ists überall ganz ruhig & Jedes freut sich, wenn wieder Eines der Not & Gefahr entronnen. Dienstag od. Mittwoch kam Otto Müller, sein erstes war, anzutelefonieren. Recht mager ist er geworden. Ob Du den Brief bekommst, weiß ich ja nicht, ich versuche eben, Dir Deine Sorge um uns zu nehmen. Ich glaube, wenn Du wieder da bist, werde ich auch wieder aufleben, an Eugen als beruhigenden jungen Mediziner habe ich viel. Man hat ihn in seinem Lazarett scheints allgemein gern. Sie sagen Alle zu ihm: er werde wohl ein guter Arzt werden, wäre aber *nie* ein guter Soldat geworden. Aber sie nehmen ihn scheints, wie er ist, sogar sein Feldwebel, der sonst sehr kritisch sei. Möchtest Du doch bald heimkehren dürfen, auch hier wird

man bald froh sein, tüchtige Soldaten zu bekommen, denn viel Arbeit wirds geben. Behüt Dich Gott, lieber Bub, nimm herzinnigen Gruß & Kuß von Deiner tr. Mutter & herzlichste Grüße von Papa, Eugen & den Andern. Schreibe mir, bitte, die Adresse Deiner Herbergsleute.

Brief des Vaters an Walter Brecht

Lieber Walter!
Den Inhalt Deines Telegramms hat mir Frl. Olga gestern nachmittag sofort zutelefoniert, worauf ich mich bei der Bahn wegen der Versendungsmöglichkeit erkundigt habe. Leider besteht augenblicklich keine Möglichkeit Deine Schi zu verschicken. Denn wir haben Bahnsperre für alle nicht volkswirtschaftlich wichtigen Güter.
Wie lange dieser Zustand andauert ist nicht abzusehen, wahrscheinlich wird es so schnell nicht besser denn die Kohlen- & Transportnot ist heute größer denn je. Bleibt also nur übrig daß Du am nächsten Sonntag hierherkommst & die Schi mitnimmst. Inzwischen werde ich in der Abendzeitung ein Schi-Kaufsgesuch aufgeben und sehen, daß ich für Dich etwas auftreibe.
Hoffe Dich am Sonntag hier zu sehen und begrüße Dich indessen herzlichst
Dein besorgter Vater

B. Brecht

Augsburg,
18. November 1919

Meinen Dank
Frau Elisabeth Borchers,
die mir hilfreich war.

NACHWEISE

Bildnachweise

Die Familienfotos sowie die der Bleichstraße und das Foto der Schwarzen Marie stammen aus dem Privatbesitz von Walter Brecht.
Seite 12: Der Abbildung der beiden Kirchen St. Ulrich liegt eine Postkarte von ca. 1910 zugrunde.
Seite 314-317: Die hier erstmals veröffentlichten Bleistiftskizzen von Walter Brecht entstanden Ende 1918. Die Zeichnung des Bruders wurde von ihm selbst mit »B. Brecht« signiert.

Quellenangaben

Alle von Bertolt Brecht stammenden Texte sind durch Kursivschrift gekennzeichnet:
S. 22: Gesammelte Werke (GW), Frankfurt: Suhrkamp Verlag 1967, Bd. IV, S. 27. – S. 23: GW IV, S. 77. – S. 23: GW IV, S. 77 f. – S. 45: Tagebücher 1920-1922. Autobiographische Aufzeichnungen 1920-1954, Frankfurt: Suhrkamp Verlag 1975, S. 234. – S. 47: GW IV, S. 580. – S. 187 ff.: GW Supplementband 2, S. 48. – S. 206 ff.: GW Supplementband 2, S. 49 ff. – S. 243: W. Frisch/K. W. Obermeier, Brecht in Augsburg. Erinnerungen, Texte, Fotos, Frankfurt: Suhrkamp Verlag 1976, S. 86 f. – S. 263 f.: GW IV, S. 721. – S. 265 f.: GW Supplementband 2, S. 53 f. – S. 268 f.: GW Supplementband 2, S. 25 f. – S. 280 ff.: Frisch/Obermeier, Brecht in Augsburg, S. 265 f. – S. 312: Bertolt-Brecht-Archiv 2175/22. Copyright © Stefan S. Brecht 1984. Alle Rechte vorbehalten durch Suhrkamp Verlag Frankfurt am Main 1984. – S. 330: Tagebücher 1920-1922, S. 13. – S. 337: GW Supplementband 2, S. 32. – S. 349: GW IV, S. 88.

Die Handschriften der Gedichte »*Der Geschwisterbaum*« (S. 203 ff.) und »*Luzifers Abendlied*« (S. 312) stammen aus dem Besitz von Walter Brecht und werden hier erstmals veröffentlicht.

Die Briefe

Die Briefe an Walter Brecht (Seite 287 ff. und Seite 357 ff.) werden hier erstmals veröffentlicht.
Copyright © Stefan S. Brecht 1984. Alle Rechte vorbehalten durch Suhrkamp Verlag Frankfurt am Main 1984.

INHALT

Bertolt Brecht
im Suhrkamp Verlag und
im Insel Verlag

Gesammelte Werke. Dünndruckausgabe in acht Bänden. Herausgegeben vom Suhrkamp Verlag in Zusammenarbeit mit Elisabeth Hauptmann. Leinen und Leder

Band I: Stücke 1. Stücke 1918-1931
Band II: Stücke 2. Stücke 1931-1945
Band III: Stücke 3. Stücke bis 1956. Bearbeitungen, Einakter, Fragmente
Band IV: Gedichte 1913-1956
Band V: Prosa 1
Band VI: Prosa 2
Band VII: Schriften zum Theater
Band VIII: Schriften zur Literatur und Kunst, Politik und Gesellschaft
Supplementband I: Texte für Filme 1920-1956
Supplementband II: Gedichte aus dem Nachlaß 1913-1956

Werkausgabe in zwanzig Bänden. Diese Ausgabe ist textidentisch mit der achtbändigen Leinenausgabe. Leinenkaschiert
– Supplementbände zur Werkausgabe. Leinenkaschiert

Arbeitsjournal 1938-1955. Herausgegeben von Werner Hecht. 3 Bände. Leinen
– Arbeitsjournal 1938-1955. 2 Bände. Leinenkaschiert

Briefe. Herausgegeben und kommentiert von Günter Glaeser. 2 Bände. Leinen

Tagebücher 1920-1922. Autobiographische Aufzeichnungen 1920 bis 1954. Herausgegeben von Herta Ramthun. Leinen, kartoniert und es 979

Versuche. 4 Bände in Kassette

Erste Gesamtausgabe in 41 Bänden von 1953 ff.:
Die Einzelbände dieser Ausgabe sind nur noch teilweise lieferbar, sie werden nicht mehr neu aufgelegt, da der Text für die Gesammelten Werke 1967 nochmals revidiert wurde.

Einzelausgaben:
– Aufstieg und Fall der Stadt Mahagonny. es 21
– Ausgewählte Gedichte. es 86
– Ausgewählte Gedichte Brechts mit Interpretationen. Herausgegeben von Walter Hinck. es 927
– Baal. Drei Fassungen. Kritisch ediert und kommentiert von Dieter Schmidt. es 170
– Baal. Der böse Baal der asoziale. Texte, Varianten und Materialien. es 248

11/1/4.86

Bertolt Brecht
im Suhrkamp Verlag und
im Insel Verlag

- Bertolt Brechts Dreigroschenbuch. Herausgegeben von Siegfried Unseld. 2 Bände. st 87
- Bertolt Brechts Gedichte und Lieder. Auswahl von Peter Suhrkamp. BS 33
- Bertolt Brechts Hauspostille. Gedichte. Mit Gesangsnoten. BS 4
- Bertolts Brechts Hauspostille (1927). Bibliothek deutscher Erst- und Frühausgaben in originalgetreuen Wiedergaben. Herausgegeben von Bernhard Zeller (Insel Verlag)
- – Mit Radierungen von Chr. Meckel. it 617
- Buckower Elegien. IB 810
- Das Badener Lehrstück vom Einverständnis. Die Rundköpfe und die Spitzköpfe. Die Ausnahme und die Regel. Drei Lehrstücke. es 817
- Das große Brecht-Liederbuch. Herausgegeben und kommentiert von Fritz Hennenberg. 3 Bände im Schuber. Leinen
- Das Verhör des Lukullus. Hörspiel. es 740
- Der aufhaltsame Aufstieg des Arturo Ui. es 144
- Der Brotladen. Ein Stückfragment. Die Bühnenfassung und Texte aus dem Fragment. Herausgegeben von Manfred Karge und Matthias Langhoff. es 339
- Der gute Mensch von Sezuan. es 73
- Der Jasager und Der Neinsager. Vorlagen, Fassungen und Materialien. Herausgegeben und mit einem Nachwort versehen von Peter Szondi. es 171
- Der kaukasische Kreidekreis. es 31
- Der Ozeanflug. Die Horatier und die Kuriatier. Die Maßnahme. es 222
- Der Tui-Roman. Fragment. es 603
- Die Antigone des Sophokles. Materialien zur ›Antigone‹. es 134
- Die Bibel und andere frühe Einakter. BS 256
- Die Dreigroschenoper. es 229
- Die Gedichte in einem Band. Leinen
- Die Geschäfte des Herrn Julius Caesar. es 332
- Die Gesichte der Simone Machard. es 369
- Die Gewehre der Frau Carrar. es 219
- Die heilige Johanna der Schlachthöfe. es 113
- Die Maßnahme. Kritische Ausgabe mit einer Spielanleitung von Reiner Steinweg. es 415
- Die Mutter. Leben der Revolutionärin Pelagea Wlassowa aus Twer. es 200
- Die Tage der Commune. es 169

11/2/4.86

Bertolt Brecht
im Suhrkamp Verlag und
im Insel Verlag

- Einakter und Fragmente. es 449
- Flüchtlingsgespräche. BS 63
- Frühe Stücke: Baal. Trommeln in der Nacht. Im Dickicht der Städte. st 201
- Furcht und Elend des Dritten Reiches. es 392
- Gedichte. Ausgewählt von Autoren. Mit einem Geleitwort von Ernst Bloch. st 251
- Gedichte für Städtebewohner. st 640
- Gedichte über die Liebe. Ausgewählt von Werner Hecht. Leinen, Leder und st 1001
- Gedichte und Lieder aus Stücken. es 9
- Gesammelte Gedichte. 4 Bände. es 835-838
- Geschichten. BS 81
- Geschichten vom Herrn Keuner. st 16
- Herr Puntila und sein Knecht Matti. es 105
- Im Dickicht der Städte. Erstfassung und Materialien. es 246
- Kuhle Wampe. Protokoll des Films und Materialien. Herausgegeben von Wolfgang Gersch und Werner Hecht. es 362
- Leben des Galilei. es 1
- Leben Eduards des Zweiten von England. Vorlage, Texte und Materialien. es 245
- Liebesgedichte. IB 852
- Mann ist Mann. Lustspiel. es 259
- Me-ti. Buch der Wendungen. BS 228
- Mutter Courage und ihre Kinder. es 49 und BS 710
- Prosa. 4 Bände. es 182-185
- Schriften zum Theater. Über eine nichtaristokratische Dramatik. Zusammengestellt von Siegfried Unseld. BS 41
- Schriften zur Politik und Gesellschaft. st 199
- Schweyk im zweiten Weltkrieg. es 132
- Stücke in einem Band. Gebunden
- Stücke. Bearbeitungen. 2 Bände. es 788/789
- Svendborger Gedichte. Mit dem Kommentar von Walter Benjamin »Zu den Svendborger Gedichten«. BS 335
- Trommeln in der Nacht. Komödie. es 490
- Über den Beruf des Schauspielers. Herausgegeben von Werner Hecht. es 384
- Über die bildenden Künste. Herausgegeben von Jost Hermand. es 691

11/3/4.86

Bertolt Brecht
im Suhrkamp Verlag und
im Insel Verlag

- Über die irdische Liebe und andere gewisse Welträtsel in Liedern und Balladen. Auswahl Günter Kunert. Illustrationen von Klaus Ensikat. Mit einer Schallplatte, besungen von Helene Weigel und Bertolt Brecht. (Insel Verlag)
- Über experimentelles Theater. Herausgegeben von Werner Hecht. es 377
- Über Lyrik. es 70
- Über Politik auf dem Theater. Herausgegeben von Werner Hecht. es 465
- Über Politik und Kunst. Herausgegeben von Werner Hecht. es 442
- Über Realismus. Herausgegeben von Werner Hecht. es 485

Bertolt Brecht singt. Die Moritat von Mackie Messer. Lied von der Unzulänglichkeit menschlichen Strebens. Schallplatte

Materialien zu Brechts Werk:
- Brechts ›Aufhaltsamer Aufstieg des Arturo Ui‹. Herausgegeben von Raimund Gerz. stm st 2029
- Brechts ›Buchower Elegien‹. Mit Kommentaren von Jan Knopf. es 1397
- Brechts ›Gewehre der Frau Carrar‹. Herausgegeben von Klaus Bohnen. stm. st 2017
- Brechts ›Guter Mensch von Sezuan‹. Herausgegeben von Jan Knopf. stm. st 2021
- zu ›Der gute Mensch von Sezuan‹. es 247
- zu ›Der kaukasische Kreidekreis‹. es 155
- zu ›Die heilige Johanna der Schlachthöfe‹. es 427
- Brechts ›Mann ist Mann‹. Herausgegeben von Carl Wege. stm. st 2023
- Die Rundköpfe und die Spitzköpfe. Bühnenfassung. Einzelszenen, Varianten. Herausgegeben von Gisela Bahr. es 605
- Brechts ›Leben des Galilei‹. Herausgegeben von Werner Hecht. stm. st 2001
- zu ›Leben des Galilei‹. es 44
- Brechts Lyrik. Herausgegeben von Jan Knopf. stm. st 2071
- Brechts ›Mutter Courage und ihre Kinder‹. Herausgegeben von Klaus-Detlef Müller. stm. st 2016
- zu ›Mutter Courage und ihre Kinder‹. es 50
- zu ›Die Mutter‹ (nach Gorki). Zusammengestellt von Werner Hecht. es 305
- Brechts Romane. Herausgegeben von Wolfgang Jeske. stm. st 2042

11/4/4.86

Bertolt Brecht
im Suhrkamp Verlag und
im Insel Verlag

– zu ›Schweyk im zweiten Weltkrieg‹. Herausgegeben von Herbert Knust. es 604
– Brechts ›Tage der Commune‹. Herausgegeben von Wolf Siegert. stm. st 2031
– Brechts Theorie des Theaters. Herausgegeben von Werner Hecht. stm. st 2074

Bertolt Brecht. Sein Leben in Bildern und Texten. Herausgegeben von Werner Hecht. Gestaltet von Willy Fleckhaus. Leinen
– Leben Brechts in Wort und Bild. Von Ernst und Renate Schumacher. Leinen

Bertolt Brecht – Leben und Werk in Daten und Bildern. Herausgegeben von Werner Hecht. it 406

Brecht im Gespräch. Diskussionen, Dialoge, Interviews. Herausgegeben von Werner Hecht. es 771

Brecht in Augsburg. Erinnerungen, Texte, Fotos. Eine Dokumentation von W. Frisch und K. W. Obermeier. st 297

Auf Anregung Bertolt Brechts: Lehrstücke mit Schülern, Arbeitern, Theaterleuten. Herausgegeben von Reiner Steinweg. es 929

Brechts ›Kreidekreis‹, ein Revolutionsstück. Eine Interpretation von Betty Nance Weber. Mit Texten aus dem Nachlaß. es 928

Brechts Modell der Lehrstücke. Zeugnisse, Diskussion, Erfahrungen. Herausgegeben von Reiner Steinweg. es 751

Brecht-Journal. Herausgegeben von Jan Knopf. es 1191

Brecht Journal 2. Herausgegeben von Jan Knopf. es 1396

11/5/4.86

suhrkamp taschenbücher
Eine Auswahl

Abish: Wie deutsch ist es 1135
Achternbusch: Alexanderschlacht 1232
– Die Atlantikschwimmer 1233
– Die Olympiasiegerin 1031
– 1969 1231
Adorno: Erziehung zur Mündigkeit 11
– Studien zum autoritären Charakter 107
Aitmatow: Der weiße Dampfer 51
Alain: Die Pflicht, glücklich zu sein 859
Alberti: Der verlorene Hain 1171
Alegría: Die hungrigen Hunde 447
Anders: Erzählungen. Fröhliche Philosophie 432
Ansprüche. Verständigungstexte von Frauen 887
Ansprüche. Verständigungstexte von Männern 1173
Antonioni: Zabriskie Point 1212
Arendt: Die verborgene Tradition 303
Armstrong: Kiss Daddy Goodnight 995
Artmann: The Best of H. C. Artmann 275
– Gedichte über die Liebe 1033
Augustin: Eastend 1176
Ba Jin: Die Familie 1147
Bachmann: Malina 641
Ball: Hermann Hesse 385
Ballard: Billenium 896
– Die Dürre 975
– Hallo Amerika! 895
– Das Katastrophengebiet 924
– Mythen der nahen Zukunft 1167
– Der tote Astronaut 940
Barnet: Das Lied der Rachel 966
Baur: Überleben 1098
Beach: Shakespeare and Company 823
Beck: Krankheit als Selbstheilung 1126
Becker, Jürgen: Die Abwesenden 882
Becker, Jurek: Aller Welt Freund 1151
– Irreführung der Behörden 271
– Jakob der Lügner 774
Beckett: Der Ausgestoßene 1006
– Endspiel 171
– Glückliche Tage 248
– Malone stirbt 407
– Der Namenlose 546
– Warten auf Godot 1
– Wie es ist 1262
Behrens: Die weiße Frau 655
Beig: Hochzeitslose 1163
– Rabenkrächzen 911
Bender: Der Hund von Torcello 1075
Benjamin: Deutsche Menschen 970
– Illuminationen 345
Benjamin/Scholem: Briefwechsel 1211
Berkéwicz: Josef stirbt 1125
Bernhard: Frost 47
– Gehen 5
– Der Kulterer 306
Bertaux: Hölderlin 686
Beti: Perpétue und die Gewöhnung ans Unglück 677
Bierce: Das Spukhaus 365
Bioy Casares: Die fremde Dienerin 962
– Morels Erfindung 939

2/1/8.86

2/2/8.86

2/3/8.86

2/4/8.86

2/5/8.86

2/6/8.86

2/7/8.86